网络知识产权保护教程

陈和芳　陈　娟　杨馨淼　主编

哈爾濱工業大學出版社
HARBIN INSTITUTE OF TECHNOLOGY PRESS

图书在版编目（CIP）数据

网络知识产权保护教程/陈和芳，陈娟，杨馨淼主编. 一哈尔滨：哈尔滨工业大学出版社，2025.8.
ISBN 978-7-5767-2379-3

I.D923.404

中国国家版本馆 CIP 数据核字第 20254ZX239 号

策划编辑　李艳文　　范业婷
责任编辑　马　媛
出版发行　哈尔滨工业大学出版社
社　　址　哈尔滨市南岗区复华四道街 10 号　　邮编 150006
传　　真　0451-86414749
网　　址　http：//hitpress.hit.edu.cn
印　　刷　哈尔滨圣铂印刷有限公司
开　　本　787 毫米×1092 毫米　1/16　印张 14　字数 332 千字
版　　次　2025 年 8 月第 1 版　2025 年 8 月第 1 次印刷
书　　号　ISBN 978-7-5767-2379-3
定　　价　49.80 元

前　　言

20 世纪 90 年代以来，我国互联网技术大力普及，网络空间中知识产品越来越丰富，促进了网络经济的快速发展，但同时也带来了知识产权侵权问题，如盗版软件、侵权网站、假冒商标等严重损害了创作者的合法权益。因此，加强对网络知识产权的保护，具有提高公众对知识产权的认识和尊重程度、为知识产权法律制度的完善提供理论支持和实践指导、促进国际合作与交流的重要意义。基于结构安排的需要，本书加上绪论部分共计 9 章。

绪论部分为网络知识产权保护概述。首先，介绍网络知识产权保护教程撰写的背景和重要意义，包括：网络知识产权保护教程撰写的背景，即党和国家的政策性要求，互联网技术的飞速发展，网络知识产权侵权现象的频发，国际社会的重视；网络知识产权保护教程撰写的必要性，即保护创作者权益，激发创新活力；促进知识成果的转化与应用；维护市场秩序，促进经济发展；网络知识产权保护教程撰写的重要意义，即提高公众对知识产权的认识和尊重程度；为知识产权法律制度的完善提供理论支持和实践指导；促进国际合作与交流，提升国家竞争力；网络知识产权保护教程的适用对象和整体结构，涉及网络知识产权保护概述、网络知识产权保护的法律框架、网络知识产权的主要类型、网络知识产权的保护路径及案例分析、网络知识产权保护的实践指导等内容。其次，分析了网络知识产权保护的概念、特征和范围。再次，阐述了网络知识产权保护的分类，例如，按照知识产权类型分类、按照侵权行为类型分类、按照保护手段分类。最后，分析了网络知识产权保护体系的构成。

第一章为网络知识产权保护的法律框架。首先，介绍了网络知识产权保护的国际规定，包括世界知识产权组织（WIPO）的相关条约、《世界知识产权组织版权条约》（WCT）与《保护计算机软件示范条款》对网络知识产权的保护、其他国际公约与协议对网络知识产权的影响。其次，介绍了网络知识产权保护的国内立法，包括《中华人民共和国著作权法》（简称《著作权法》）对网络知识产权的保护和《中华人民共和国商标法》（简称《商标法》）《中华人民共和国专利法》（简称《专利法》）等相关法律在网络环境中的应用、行政法规与部门规章对网络知识产权的补充保护。最后，阐述了网络知识产权保护的完善建议，包括“平衡保护与公共利益的关系：构建和谐的知识产权保护环境”“加强跨国合作与协调：构建网络知识产权保护的全球防线”等。

第二章为网络知识产权的版权保护。首先，介绍了网络知识产权的版权保护的概念、特点和范围，包括网络知识产权的版权保护的概念、网络知识产权的版权保护的特点、网络知识产权的版权保护的范围、网络知识产权的版权保护需要关注的重点。其次，概述了信息网络传播权的内涵及其面临的挑战和应对策略，包括信息网络传播权的定义与特点、信息网络传播权的保护范围与限制、信息网络传播权的保护面临的挑战、信息网络传播权保护的应对策略。再次，介绍了技术措施的法律保护，包括国际立法保护、国内立法保护、技术措施法律保护的完善措施。复次，介绍了权利管理信息的法律保护，包括国际立法保护框架、国内立法保护实践、权利管理信息法律保护存在的问题、权利管理信息法律保护的完善策略。最后，介绍了数据库的特殊权利保护，包括数据库特殊权利保护的必要性、数据库版权保护的特点、数据库面临的不正当竞争行为、数据库特别权利保护存在的主要问题、数据库特别权利保护的完善策略。

第三章为网络知识产权的商标权保护。首先，介绍了网络商标权的内涵与特点。其次，分析了网络商标权的侵权认定，包括网络商标权的常见侵权形式、网络商标侵权的认定标准。最后，概括了网络商标权的保护策略，包括加强网络商标的注册与管理、提高网络商标权的维权意识、完善网络商标权的法律保护机制。

第四章为网络知识产权的专利权保护。首先，介绍了计算机程序与商业方法的可专利性，包括计算机程序的可专利性探讨、商业方法的可专利性分析。其次，分析了电子商务对可专利性主题的影响，包括电子商务的定义、分类、实质与特点，以及电子商务对可专利性主题的影响分析。再次，介绍了网络专利权的保护策略，包括加强网络专利权的申请与审查、提高网络专利权的维权效率、完善网络专利权的法律保护体系。

第五章为网络知识产权的域名保护。首先，进行了域名概述。其次，介绍了域名与商标权、企业名称权的冲突，包括域名与商标权的冲突、域名与商标权冲突的解决途径、域名与企业名称权的冲突及其协调机制。再次，分析了域名纠纷的法律后果。一是抢注类域名纠纷及其法律后果；二是盗用类域名纠纷及其法律后果。最后，提出了域名纠纷的解决策略与法律建议，包括域名纠纷的解决策略、构建域名的法治保护制度机制。

第六章为网络知识产权的反不正当竞争保护。首先，介绍了网络不正当竞争行为的认定，包括网络不正当竞争行为的定义与特点、网络不正当竞争行为的常见类型及认定标准。其次，阐述了网络不正当竞争行为的法律责任，包括民事责任、行政责任、刑事责任。再次，分析了网络不正当竞争行为的法律救济途径，包括“民事诉讼：维护经营者合法权益的司法保障”“行政投诉：维护市场秩序和公共利益的重要手段”“刑事报案：打击网络犯罪、维护社会稳定和安全的有力武器”。最后，交代了网络不正当竞争行为的防范与应对，包括加强网络不正当竞争行为的监管与处罚、提高企业防范网络不正当竞争行为的能力、完善网络不正当竞争问题相关的法律体系。

第七章为网络知识产权的保护路径及案例分析。首先，介绍了网络知识产权的保护路径，包括法律手段在网络知识产权保护中的应用、技术手段在网络知识产权保护中的作用、道德手段在网络知识产权保护中的补充。其次，概述了网络知识产权典型案例分析，包括国内外网络知识产权典型案例介绍、“案例分析：侵权行为的认定与法律责任”和“案例分析：保护策略的成效与不足”等。最后，分析了网络知识产权保护的未来趋势，包括网络知识产权保护的发展趋势预测、面对新挑战的网络知识产权保护策略创新。

第八章为网络知识产权保护的实践指导。首先，分析了企业网络知识产权管理，包括企业网络知识产权管理制度的建立与完善、企业网络知识产权风险的识别与防控、企业网络知识产权保护的策略与实践。其次，介绍了个人网络知识产权保护，包括个人在网络环境中的知识产权保护意识培养、个人网络知识产权侵权风险的防范、个人网络知识产权维权的途径与方法。再次，阐述了网络知识产权教育的普及与提高，包括加强网络知识产权教育的必要性与紧迫性、网络知识产权教育的内容与形式创新、网络知识产权教育存在的问题及其表现、网络知识产权教育存在问题的解决策略、网络知识产权教育的效果评估与改进建议。

本书3位编者按照各自的学科背景分别撰写了不同章节，合计33.2万字，其中，陈和芳老师作为本书主要负责人负责提纲设计、统稿并撰写了绪论、第一章、第二章的第一节和第二节，共约14万字；陈娟老师撰写了第二章的第三、四、五节和思考题，以及第三章、第四章，共约7.2万字；杨馨淼老师撰写了第五章、第六章、第七章、第八章，共约12万字。

需要特别指出的是，由于编者受到自身知识结构和工作实践范围等的限制，书中难免存在疏漏和不足之处，敬请各位读者多多指正。

编　者

2025年5月

目　录

绪论　网络知识产权保护概述 1

第一节　网络知识产权保护教程撰写的背景和重要意义 1

第二节　网络知识产权保护的概念、特征和范围 18

第三节　网络知识产权保护的分类 26

第四节　网络知识产权保护体系的构成 33

思考题 38

第一章　网络知识产权保护的法律框架 39

第一节　网络知识产权保护的国际规定 39

第二节　网络知识产权保护的国内立法 49

第三节　网络知识产权保护的完善建议 59

思考题 64

第二章　网络知识产权的版权保护 65

第一节　网络知识产权的版权保护的概念、特点和范围 65

第二节　信息网络传播权的内涵及其面临的挑战和应对策略 72

第三节　技术措施的法律保护 89

第四节　权利管理信息的法律保护 95

第五节　数据库的特殊权利保护 101

思考题 108

第三章　网络知识产权的商标权保护 109

第一节　网络商标权的内涵与特点 109

第二节　网络商标权的侵权认定 114

第三节　网络商标权的保护策略 119

思考题 127

第四章　网络知识产权的专利权保护 128

第一节　计算机程序与商业方法的可专利性 128
第二节　电子商务对可专利性主题的影响 131
第三节　网络专利权的保护策略 133
思考题 138

第五章　网络知识产权的域名保护 139

第一节　域名概述 139
第二节　域名与商标权、企业名称权的冲突 145
第三节　域名纠纷的法律后果 152
第四节　域名纠纷的解决策略与法律建议 155
思考题 159

第六章　网络知识产权的反不正当竞争保护 160

第一节　网络不正当竞争行为的认定 160
第二节　网络不正当竞争行为的法律责任 165
第三节　网络不正当竞争行为的法律救济途径 167
第四节　网络不正当竞争行为的防范与应对 172
思考题 178

第七章　网络知识产权的保护路径及案例分析 179

第一节　网络知识产权的保护路径 179
第二节　网络知识产权典型案例分析 186
第三节　网络知识产权保护的未来趋势 194
思考题 202

第八章　网络知识产权保护的实践指导 203

第一节　企业网络知识产权管理 203
第二节　个人网络知识产权保护 205
第三节　网络知识产权教育的普及与提高 207
思考题 213

参考文献 214

绪论　网络知识产权保护概述

摘要：自20世纪90年代以来，互联网技术的普及极大地改变了人们的生活方式和知识传播方式。网络空间中知识产品的丰富促进了网络经济的快速发展，但同时也带来了知识产权侵权问题。盗版软件、侵权网站、假冒商标等，严重损害了创作者的合法权益。因此，对网络知识产权进行科学分类和保护具有重要意义。本部分概述了网络知识产权保护的重要性，分析了网络知识产权保护教程撰写的背景、必要性及重要意义，并探讨了网络知识产权保护的法律框架、主要类型及保护路径。

重点：网络知识产权保护的重要性；撰写教程的必要性；法律框架与主要类型；保护路径。

难点：网络知识产权的复杂性；跨国侵权的应对；法律法规的完善。

自20世纪90年代以来，互联网技术的快速普及和广泛应用，极大地改变了人们的生活方式、工作方式和交流方式。在网络空间中，大量的知识产品被创作、传播和使用，如网络文学作品、音乐作品、视频作品、计算机软件等。这些网络知识产品不仅丰富了人们的精神文化生活，也推动了网络经济的快速发展。然而，随着网络知识产品的日益增多，网络知识产权的侵权问题也日益突出，如盗版软件、侵权网站、假冒商标等，严重损害了创作者的合法权益，阻碍了网络经济的健康发展。因此，根据网络知识产权的具体特征，对其进行分类别的科学保护，对于维护创作者的合法权益，激发创新活力，促进网络经济健康发展，具有非常重要的现实意义。

第一节　网络知识产权保护教程撰写的背景和重要意义

随着全球数字化进程的加速，网络空间已成为经济社会发展的关键领域，知识产权作为创新驱动发展的核心要素，其在网络环境中的保护问题越发凸显复杂性与重要性。深入探究网络知识产权保护教程撰写的背景，能让我们清晰地认识到这项工作的时代必然性；明确其重要意义，则能为教程的撰写与推广提供强大的动力支撑。本节将主要从背景和重要意义两大维度展开，系统剖析为何当下必须着力推进网络知识产权保护教程的撰写工作。

一、网络知识产权保护教程撰写的背景

网络知识产权保护教程的撰写并非偶然之举，而是多种因素共同作用的结果。它既

响应了国家的战略与政策，也源于互联网技术发展带来的新课题，更是应对网络侵权乱象、顺应国际保护趋势的必然选择。以下将从党和国家的政策性要求、互联网技术的飞速发展、网络知识产权侵权现象的频发及国际社会的重视等多个角度，全面阐述这一背景的丰富内涵。

（一）党和国家的政策性要求

党和国家的政策导向是推动各项事业发展的重要指引，在网络知识产权保护领域更是如此。一系列政策法规的出台与完善，不仅彰显了国家对网络知识产权保护的高度重视，也为网络知识产权保护工作搭建了坚实的制度框架，而网络知识产权保护教程的撰写正是将这些政策要求落到实处、普及推广的关键环节。

1.国家层面的战略部署

在国家发展的宏观蓝图中，知识产权保护始终占据着重要位置，尤其是在网络环境下，其战略意义更加凸显。2008 年，《国家知识产权战略纲要》制定与实施，其将网络知识产权保护纳入国家战略层面，不仅是对时代发展趋势的准确把握，更是为了在日益激烈的国际竞争中占据有利地位。该纲要为全国范围内的网络知识产权保护工作确立了总基调，使得各级政府、企业及社会各界都能围绕这一目标协同发力。

《国家中长期科学和技术发展规划纲要（2006—2020 年）》同样将网络知识产权保护置于科技创新和经济发展的重要位置。在科技创新驱动发展的大背景下，知识产权作为创新成果的重要体现，对其在网络环境中的保护直接关系到创新主体的积极性和创造性。该纲要进一步强化了网络知识产权保护在国家整体发展战略中的地位，为各项具体保护措施的制定与实施提供了更高层面的战略支撑，也让网络知识产权保护教程的撰写有了明确的战略依据。

2.具体政策性要求

国家层面的战略部署需要通过具体的政策措施来落地生根。各级政府和相关部门围绕网络知识产权保护出台的一系列具体政策，如同细密的网络，织就了一张全方位的保护网，网络知识产权保护教程的撰写正是要将这些具体政策传递给每一个相关主体，从而确保政策的有效执行。

国家知识产权局等部门联合发布的《加强网购和进出口领域知识产权执法实施办法》，针对网络执法这一关键环节做出了详细规定，明确了执法部门的职责与分工，细化了执法流程与标准，为严厉打击网络侵权盗版行为提供了具体的操作指南。该办法的实施，使得网络知识产权执法工作有章可循，有效提升了执法的针对性和威慑力，使创作者和企业的合法权益在受到侵害时能够得到更及时、更有力的保障，也为教程中关于执法实践部分的内容提供了丰富的素材。

国家版权局印发的《关于规范网盘服务版权秩序的通知》则聚焦于网盘这一新兴的网络服务领域。随着网盘用户数量的激增，其成为侵权盗版作品传播的重要渠道之一。该通知明确要求网盘服务提供商履行版权保护责任，从源头上防范侵权行为的发生。这一政策的出台，填补了网盘服务版权监管的空白，规范了网盘服务市场的秩序，为教程中讲解特定网络服务场景下的知识产权保护提供了具体案例。

3.法律法规的完善

法律是保护知识产权最坚实的屏障，网络知识产权保护同样需要健全的法律法规体系作为支撑。我国不断完善相关法律法规，为网络知识产权保护提供了明确的法律依据，教程的撰写则是为了让这些法律条文走进大众，成为指导人们网络行为的准则。

《著作权法》等一系列法律法规，根据网络环境的特点，对网络著作权的保护范围、侵权认定、法律责任等做出了明确规定。这些规定为处理网络知识产权纠纷提供了清晰的法律标尺，使得司法机关在审理相关案件时能够准确适用法律，有效维护了创作者的合法权益。法律法规的不断完善，让网络知识产权保护有法可依，增强了法律的权威性和公信力，也为教程中法律知识部分的讲解奠定了坚实基础。

在数字时代，数据作为一种重要的生产要素，其知识产权保护问题日益突出。《中华人民共和国数据安全法》（简称《数据安全法》）和《中华人民共和国个人信息保护法》（简称《个人信息保护法》）等法律法规，专门针对数据的收集、存储、使用、传输等环节做出了规范，为数据知识产权保护构建了法律框架。这些法律的实施，不仅保护了个人信息安全，也促进了数据资源的合理利用和有效保护，适应了数字经济发展的新需求，同时，也为教程中关于数据知识产权保护的内容增添了新的法律依据。

（二）互联网技术的飞速发展

互联网技术的每一次突破都深刻改变着社会的生产生活方式，在为知识产权领域带来发展机遇的同时，也带来了前所未有的挑战。深入了解互联网技术的发展态势，有助于我们在教程中准确把握网络知识产权保护所面临的新情况、新问题，从而使教程更具针对性和实用性。

1.互联网普及率的提高

互联网从最初少数人使用的工具，发展成为如今全民参与的公共空间，其普及率的大幅提升使得网络知识产权保护不再是少数人的事情，而是关乎每一个网民的切身利益。

中国互联网络信息中心（CNNIC）发布的第 49 次《中国互联网络发展状况统计报告》显示，我国网民规模达 10.32 亿，互联网普及率达 73.0%，直观地展现了我国互联网发展的庞大体量。如此众多的网民在网络空间中进行信息获取、交流互动、创作分享和商业活动，使得网络知识产权的创造更加丰富多样、传播更加迅速广泛，但同时也使得知识产权的保护范围急剧扩大，保护难度显著提高。在这样的背景下，越来越多的创作者将网络平台作为展示和传播作品的主要渠道，越来越多的企业依托网络开展创新活动和商业运营。网络的开放性使得任何人都可以轻易接触到海量的知识产权成果，匿名性又使得侵权者的身份难以追踪，导致侵权行为的门槛大大降低。因此，通过撰写和普及网络知识产权保护教程，向网民传递知识产权保护的理念和知识，提高公众的保护意识，规范网络行为，成为维护网络空间秩序的当务之急。

2.互联网技术的不断创新

互联网技术的创新步伐从未停歇，云计算、大数据、人工智能、区块链等新技术的涌现，为知识产权的全链条管理带来了革命性的变化，但同时也对传统的知识产权保护模式提出了全新的挑战，教程的撰写需要紧跟这些技术发展的步伐，为应对挑战提供思路。

云计算技术实现了计算资源和存储资源的集中化、虚拟化，使得知识产权成果的存储不再受限于本地设备，传播也突破了时空的限制，创作者和企业可以更加便捷地管理和利用自己的知识产权。大数据技术则能够对海量的知识产权信息进行分析和挖掘，为创新活动提供数据支持，提高创新效率。人工智能技术在知识产权创造领域展现出巨大潜力，例如自动生成文章、音乐、设计等作品，这为知识产权带来了新的创造模式。区块链技术凭借其去中心化、不可篡改的特性，为知识产权的确认、登记和交易提供了全新的解决方案，能够有效降低交易中的信任成本和风险。

然而，这些新技术的应用也带来了一系列新的问题。在云计算环境下，知识产权的归属和侵权认定变得极为复杂，因为数据和应用可能分布在多个节点；大数据技术在处理海量信息时，容易涉及未经授权的信息抓取和使用，侵犯他人知识产权；人工智能生成的作品是否具有著作权、其权利归属如何确定等问题尚无明确答案；区块链技术的应用也需要相应的法律规范来界定其法律效力和责任划分。因此，网络知识产权保护教程需要深入解读这些新技术带来的影响，帮助相关主体理解并应对这些新挑战，从而推动相关法律法规的完善。

（三）网络知识产权侵权现象的频发

网络知识产权侵权现象的日益严重，不仅是对创作者和企业合法权益的直接侵害，更是对创新精神和市场秩序的严重破坏。深入分析这些侵权现象的表现和危害，能让我们更加深刻地认识到撰写网络知识产权保护教程的紧迫性和必要性。

1.网络盗版行为的猖獗

网络盗版作为最常见、最直接的网络知识产权侵权形式，其已经对多个行业的健康发展造成了严重威胁，遏制网络盗版离不开全社会对知识产权保护知识的普及，而网络知识产权保护教程正是普及这些知识的重要载体。

在网络空间中，盗版音乐可以通过各种音乐分享平台轻易获取，盗版电影在视频网站和下载站点随处可见，盗版软件通过非法链接传播，盗版图书则在网络上低价售卖甚至免费分享。这些行为严重侵犯了音乐创作者、电影制作方、软件开发者、图书作者等的著作权，使得他们的智力劳动成果无法获得应有的回报，极大地挫伤了他们的创作积极性。

从市场角度来看，网络盗版打破了公平竞争的平衡，那些投入大量资金和精力进行原创的企业和个人，在面对盗版产品的低价冲击时，往往陷入经营困境，这不仅阻碍了文化产业的转型升级，也制约了科技创新的步伐。尽管各级政府和相关部门采取了加强网络巡查、开展专项整治、加强宣传教育、推进国际合作等多种措施，但网络的虚拟性、跨地域性使得盗版行为难以彻底根除。因此，撰写和普及网络知识产权保护教程，让更多人了解盗版的危害和法律后果，从源头上减少盗版行为的发生，显得尤为重要。

2.网络抄袭的泛滥

网络抄袭对创作者的精神损害和对创新环境的破坏同样不可小觑。通过网络知识产权保护教程引导公众树立正确的创作观念，尊重他人知识产权，是遏制网络抄袭的重要途径。

在互联网上，一些自媒体作者为了追求流量和关注度，未经授权抄袭他人的原创文章，稍作修改便署上自己的名字发布；一些设计师剽窃他人的创意和设计作品，用于商业活动；甚至一些学术研究中也存在抄袭他人观点和成果的现象。这些行为不仅侵犯了原创者的著作权，损害了他们的声誉和潜在的经济利益，更在网络空间中助长了不劳而获的不良风气，破坏了社会的诚信体系。

创新是社会进步的动力，而网络抄袭严重扼杀了创作者的创新热情，导致原创作品越来越少，最终将导致文化市场的同质化和低俗化。虽然相关部门加强了网络内容审核，对抄袭行为进行查处，也开展了各种形式的教育活动，但由于抄袭行为往往具有一定的隐蔽性，如改变表达方式、截取部分内容等，给认定和查处工作带来了很大难度。因此，网络知识产权保护教程的撰写和普及，对于提高公众的辨别能力，增强其对抄袭行为的抵制意识，营造尊重原创、鼓励创新的网络文化环境，具有十分重要的意义。

（四）国际社会的重视

在经济全球化的大背景下，知识产权的保护早已超越国界，成为国际社会共同关注的议题。国际社会在网络知识产权保护方面的努力和举措，既为我国提供了可借鉴的经验，也带来了新的挑战，网络知识产权保护教程的撰写需要兼顾国际视野，以适应经济全球化发展的要求。

1.国际知识产权法律框架的完善

国际组织在推动全球知识产权保护法律体系建设方面发挥了不可替代的作用，国际法律框架为各国开展网络知识产权保护合作提供了共同的准则，教程中融入相关国际规则的内容，有助于提升我国相关主体的国际合规能力。

世界知识产权组织（World Intellectual Property Organization，WIPO）制定的《保护文学和艺术作品伯尔尼公约》（*Berne Convention for the Protection of Literary and Artistic Works*，简称《伯尔尼公约》）、《保护工业产权巴黎公约》（简称《巴黎公约》）等国际条约，确立了知识产权保护的基本原则和最低标准，覆盖了著作权、商标权、专利权等多个领域。这些公约在网络时代依然具有重要的指导意义，为各国处理跨国网络知识产权纠纷提供了基本的法律依据。世界贸易组织（WTO）的《与贸易有关的知识产权协定》（*Trade-Related Aspects of Intellectual Property Rights*，TRIPs）将知识产权保护与国际贸易紧密挂钩，通过贸易制裁等手段保障协议的实施，极大地推动了各国知识产权保护水平的提升，也使得网络知识产权保护成为国际贸易中的重要考量因素。

这些国际法律框架的不断完善，为我国参与国际知识产权合作与交流提供了平台和规则。我国可以借鉴国际先进经验，结合本国实际情况，完善国内网络知识产权保护法律法规。同时，国际法律框架也为网络知识产权保护教程的撰写提供了广阔的国际视角，有助于教程使用者了解国际规则，提升在国际交往中的知识产权保护意识和能力。

2.跨国知识产权纠纷的增多

随着国际贸易和投资的日益频繁，跨国网络知识产权纠纷的数量不断攀升，这些纠纷的复杂性和特殊性对我国的应对能力提出了更高的要求，而网络知识产权保护教程的撰写可以为提升这种应对能力提供知识支持。

跨国网络知识产权纠纷涉及不同国家的法律体系、司法程序和文化背景，其在知识产权的确认标准、侵权认定、损害赔偿等方面往往存在差异，使得纠纷的解决难度大大提高。例如，一件在多个国家拥有知识产权的作品，在网络上被侵权，可能涉及侵权行为地、侵权结果地、当事人所在地等多个国家的管辖权问题；不同国家对侵权行为的认定标准和处罚力度不同，也会影响纠纷的处理结果。

为了有效应对跨国知识产权纠纷，我国积极开展国际合作与交流。通过与 WIPO、WTO 等国际组织合作，参与国际知识产权规则的制定和修订；在双边和多边框架下，与其他国家建立知识产权保护合作机制，开展信息共享、执法协作和司法互助等活动。网络知识产权保护教程，将这些国际合作的经验和案例纳入其中，有助于提高我国企业和相关机构在面对跨国纠纷时的应对能力，更好地维护国家的利益和形象。

二、网络知识产权保护教程撰写的必要性

在当今数字时代，互联网的普及使知识传播变得前所未有地便捷，但同时也使得网络知识产权侵权问题日益凸显。网络知识产权保护不仅关系到创作者的个人利益，更与社会的创新发展、经济的健康运行及市场秩序的稳定息息相关。撰写网络知识产权保护教程，正是应对这些挑战、解决这些问题的重要举措。它能够系统地向不同群体传递知识产权保护的相关知识，让更多人了解其重要性、相关方法和法律依据等，从而在全社会形成良好的知识产权保护氛围。无论是创作者、企业，还是普通公众，都能从这样的教程中获益，进而推动整个社会在知识产权保护方面迈向更高的水平。

（一）保护创作者权益，激发创新活力

创作者是社会知识和文化的源泉，他们的辛勤付出和创新成果是推动社会进步的重要力量。然而，在网络环境中，创作者的权益常常受到侵害，这不仅打击了他们的创作积极性，也不利于整个社会创新活力的激发。网络知识产权保护教程的撰写，正是从保护创作者权益这一根本点出发，进而为激发全社会的创新活力奠定坚实基础。通过教程的普及，能够让创作者清楚如何维护自身权益，让公众明白尊重他人知识产权的重要性，从而形成良性的创作和创新生态。

1.维护创作者的合法权益

随着互联网的快速发展，网络已成为知识传播和创新活动的重要平台。然而，网络空间的开放性和匿名性也为知识产权侵权行为提供了温床。盗版、抄袭、非法复制等现象在网络环境中屡见不鲜，严重侵犯了创作者的合法权益。网络知识产权保护教程的撰写和普及，旨在通过教育公众了解知识产权的重要性和保护方式，从而减少网络侵权行为的发生。

首先，网络知识产权保护教程可以帮助创作者明确自己的权利边界。知识产权包括著作权、专利权、商标权等，每种权利都有其特定的保护对象和范围。创作者通过学习网络知识产权保护教程，可以清晰地了解自己的作品在哪些方面受到法律保护，从而在

日常创作和发布过程中有意识地采取保护措施。例如，《著作权法》规定，作者对其创作的文学、艺术和科学作品享有发表权、署名权、修改权、保护作品完整权等权利。创作者在上传作品到网络平台时，可以通过添加版权声明、水印等方式，明确标示自己的权利，防止他人未经授权使用。

其次，网络知识产权保护教程可以提升公众对知识产权的尊重意识。知识产权保护不仅关乎创作者的利益，也关系到整个社会的创新氛围和文化繁荣。通过教育公众了解知识产权的法律地位和重要性，可以促使更多人自觉遵守法律法规，尊重他人的知识成果。例如，教程可以介绍一些网络侵权案例，展示侵权行为对创作者造成的实际损害，以及法律对侵权行为的严厉制裁，从而增强公众的法治观念和道德意识。

最后，网络知识产权保护教程可以为创作者提供有效的法律救济途径。当创作者发现自己的作品被侵权时，往往面临维权难的问题。教程可以详细介绍知识产权侵权的法律后果、维权流程和注意事项，帮助创作者在遭遇侵权时能够及时、有效地寻求法律救济。例如，教程可以介绍收集侵权证据、向网络平台投诉、向法院提起诉讼等具体的操作步骤，为创作者提供实用的维权指南。

2.激发创新活力

创新是社会发展的核心驱动力，而良好的知识产权保护环境是创新能够持续迸发的关键。如果创新成果得不到应有的保护，创作者的积极性就会受到严重挫伤，整个社会的创新动力也会逐渐枯竭。网络知识产权保护教程的撰写和普及，正是通过构建清晰、有序的知识产权保护认知体系，让创新者看到自己的付出能够得到回报，让更多人愿意投身到创新活动中，从而全方位激发社会的创新活力，为社会进步和经济发展注入源源不断的动力。

首先，网络知识产权保护教程可以提高公众对知识产权价值的认识。知识产权是创作者的智力劳动成果，具有极高的经济价值和社会价值。通过教育公众了解知识产权的法律地位和重要性，可以促使更多人认识到创新成果的价值所在，从而激发更多人的创新热情和创造力。

其次，网络知识产权保护教程可以为创新者提供稳定的收益预期。创新是一项高风险、高投入的活动，创新者往往需要投入大量的时间、精力和资金来研发新产品、新技术。如果创新成果得不到有效的保护，创新者就可能面临收益被侵夺的风险，从而失去创新的动力。网络知识产权保护教程的普及，可以帮助创新者明确自己的权利边界和保护方式，为创新成果提供稳定的法律保障和收益预期。例如，教程可以介绍专利权的申请流程、保护期限和维权途径等，帮助创新者在研发过程中及时申请专利保护，防止技术成果被他人窃取或模仿。

最后，网络知识产权保护教程可以促进创新成果的转化和应用。创新成果的转化和应用是推动社会进步和经济发展的重要途径。然而，很多创新成果难以得到有效的转化和应用。网络知识产权保护教程的普及，可以提高公众对知识产权转化重要性的认识和理解程度，促进创新成果与市场需求有效对接和融合。例如，网络知识产权保护教程可以介绍知识产权许可、转让等转化方式，帮助创新者了解如何将创新成果转化为实际生产力，并获取相应的经济回报。

（二）促进知识成果的转化与应用

知识成果只有通过转化与应用，才能真正实现其价值，为社会带来实际的效益。在网络时代，知识成果的传播速度更快，但如果缺乏有效的知识产权保护，其转化与应用就会受到诸多阻碍。网络知识产权保护教程的撰写，就是要消除这些阻碍，让知识成果能够在合法合规的前提下，顺利地从理论走向实践，从实验室走向市场，从而充分发挥其在推动科技进步、促进经济发展和提升社会福祉等方面的重要作用。

1.推动知识成果的转化

知识成果的转化是连接创新与实际生产力的桥梁，没有这一环节，再多的创新成果也只能是停留在纸面上的理论或设计。而在网络环境中，知识成果的转化面临着侵权风险高、市场对接难等问题。网络知识产权保护教程的撰写和普及，能够为解决这些问题提供有力的支持，它可以让创新者掌握保护自己成果的方法，让市场主体敢于投入资源进行成果转化，从而推动知识成果更高效、更有序地转化为现实生产力。

首先，网络知识产权保护教程可以提高公众对知识产权转化的重要性的认识。知识产权转化是将创新成果转化为实际产品、技术或服务的过程，是推动科技进步和经济发展的重要途径。网络知识产权保护教程的普及，可以帮助公众认识到知识产权转化的重要性和紧迫性，从而激发更多人投身于创新成果的转化工作中去。例如，教程可以介绍一些成功的知识产权转化案例，展示创新成果如何为企业和个人带来巨大的经济效益和社会效益，从而增强公众对知识产权转化的认同感和参与感。

其次，网络知识产权保护教程可以促进创新成果与市场需求有效对接。创新成果的转化需要与市场需求紧密结合，才能实现其价值最大化。网络知识产权保护教程的普及，可以帮助创作者了解市场需求和趋势，为创新成果的转化提供针对性的指导和支持。例如，教程可以介绍如何进行市场调研、分析竞争对手、制定营销策略等，帮助创新者更好地了解市场需求和竞争环境，为创新成果的转化提供有力支持。

最后，网络知识产权保护教程可以为知识成果的转化提供法律保障。知识产权转化过程中涉及的法律问题较多，如专利权的许可、转让、质押等。网络知识产权保护教程的普及，可以帮助创新者了解相关法律法规和政策规定，为知识成果的转化提供法律保障和支持。例如，教程可以介绍专利权的许可、转让等转化方式的具体操作流程和注意事项，帮助创作者在知识成果转化过程中避免法律风险。

2.促进知识成果的广泛应用

知识成果的价值不仅在于其可以转化为具体的产品或服务，更在于其能够在更广泛的领域得到应用，产生辐射效应，带动相关产业的发展和社会整体水平的提升。在网络环境下，知识成果的广泛应用容易受到侵权行为的干扰，导致其应用范围受限。网络知识产权保护教程的撰写和普及，能够规范知识成果的应用行为，明确应用过程中的权利和义务，让更多人能够在合法的前提下使用知识成果，从而促进知识成果在社会各个领域得到充分应用。

首先，网络知识产权保护教程可以提高公众对知识产权价值的认识。知识产权是创作者智力劳动的成果，具有极高的经济价值和社会价值。通过教育公众了解知识产权的法律地位和重要性，可以促使更多人认识到创新成果的价值所在，从而激发更多人对创新成果的应用和推广。例如，教程可以介绍一些成功的知识产权应用案例，展示创新成果如何为社会带来实际效益和改变，从而增强公众对知识产权应用的认同感和参与感。

其次，网络知识产权保护教程可以促进创新成果在更广泛的领域得到应用和推广。创新成果的广泛应用需要跨越不同领域和行业的界限，实现跨领域的合作和共享。网络知识产权保护教程的普及，可以帮助创新者了解不同领域和行业的需求和特点，为创新成果的跨领域应用提供指导和支持。例如，教程可以介绍如何与其他领域和行业进行合作、如何共享创新成果等，帮助创新者拓宽应用渠道和推广范围。

最后，网络知识产权保护教程可以为知识成果的广泛应用提供法律保障。知识成果在广泛应用的过程中涉及的法律问题较多，如著作权的合理使用、专利权的侵权判定等。网络知识产权保护教程的普及，可以帮助创新者和应用者了解相关法律法规和政策规定，为知识成果的广泛应用提供法律保障和支持。例如，教程可以介绍著作权的合理使用范围、专利权的侵权判定标准等，帮助创新者和应用者在应用过程中避免法律风险。

（三）维护市场秩序，促进经济发展

市场秩序的稳定是经济健康发展的前提，而知识产权保护是维护市场秩序的重要基石。在网络经济日益发达的今天，知识产权侵权行为不仅损害权利人的利益，更破坏市场的公平竞争环境，阻碍经济的正常运转。网络知识产权保护教程的撰写和普及，能够让市场主体明确知识产权保护的重要性和相关规则，减少侵权行为的发生，从而维护公平、公正的市场秩序，为经济的持续、健康发展创造良好的条件。

1.打击假冒伪劣产品

假冒伪劣产品是网络市场的一颗毒瘤，它不仅侵犯了正品的知识产权，还以次充好，欺骗消费者，扰乱了正常的市场竞争秩序。如果任由假冒伪劣产品泛滥，不仅会损害消费者的权益，还会让诚信经营的企业受到排挤，最终导致市场失去活力。网络知识产权保护教程的撰写和普及，就是要通过普及相关知识，让公众能够识别假冒伪劣产品，让企业掌握维权的方法，让社会各界形成打击假冒伪劣产品的合力，从而净化市场环境。

首先，网络知识产权保护教程可以提高公众对假冒伪劣产品危害性的认识。假冒伪劣产品不仅侵犯了创作者的知识产权，还损害了消费者的合法权益和市场的公平竞争秩序。通过教育公众了解假冒伪劣产品的危害性，可以促使更多人自觉抵制假冒伪劣产品，维护市场秩序和消费者权益。例如，教程可以介绍一些假冒伪劣产品的案例，展示其对消费者和市场造成的实际损害，以及法律对假冒伪劣产品的严厉制裁，从而增强公众的防范意识和法律意识。

其次，网络知识产权保护教程可以为打击假冒伪劣产品提供法律支持。打击假冒伪劣产品需要依靠法律手段进行规范和制裁。网络知识产权保护教程的普及，可以帮助公众了解相关法律法规和政策规定，为打击假冒伪劣产品提供法律支持。例如，教程可以介绍识别假冒伪劣产品、向相关部门举报、寻求法律救济等具体的操作步骤，为公众提供实用的维权指南。

最后，网络知识产权保护教程可以促进社会各界共同参与打击假冒伪劣产品的行动。

打击假冒伪劣产品需要政府、企业、消费者等多方面的共同努力。网络知识产权保护教程的普及，可以激发社会各界的参与热情和积极性，形成共同打击假冒伪劣产品的强大合力。例如，教程可以介绍政府、企业、消费者等各方在打击假冒伪劣产品中的职责和作用，以及如何通过合作和协调实现共同目标。

2.促进对外贸易发展

在经济全球化的大背景下，对外贸易已成为我国经济发展的重要组成部分，而知识产权保护水平是影响一个国家在国际市场上的竞争力的重要因素。我国企业在参与国际竞争时，面临着知识产权方面的诸多挑战，如果不能有效保护自身的知识产权，或者不了解国际知识产权规则，就可能在对外贸易中遭受损失。网络知识产权保护教程的撰写和普及，能够提高我国企业的知识产权保护意识和应对能力，增强我国在国际知识产权领域的话语权，从而促进对外贸易的健康、稳定发展。

首先，网络知识产权保护教程可以提高我国企业对知识产权国际保护的认识和重视程度。随着国际贸易的不断发展，知识产权已成为国际竞争的重要领域之一。我国企业在参与国际贸易过程中，需要了解并遵守国际知识产权法律法规和惯例，以维护自身权益和避免法律风险。网络知识产权保护教程的普及，可以帮助我国企业了解国际知识产权保护的最新动态和趋势，提高其在国际市场上的竞争力和信誉度。例如，教程可以介绍国际知识产权法律法规和惯例、国际知识产权争议解决机制等，帮助我国企业更好地适应国际贸易环境。

其次，网络知识产权保护教程可以为我国企业提供法律支持和服务。网络知识产权保护教程的普及，可以为我国企业提供法律支持和服务，帮助其解决国际贸易中的知识产权法律问题和纠纷。例如，教程可以介绍申请国际专利、进行商标国际注册等具体的操作步骤和注意事项，为我国企业提供实用的法律指导和服务。

最后，网络知识产权保护教程可以促进我国与其他国家在知识产权领域的合作与交流。加强网络知识产权保护教育不仅有助于我国企业在国际市场上的发展，还可以促进我国与其他国家在知识产权领域的合作与交流。通过向公众介绍国际知识产权保护的最新动态和趋势，可以帮助其了解我国与其他国家在知识产权领域的合作与交流情况。例如，教程可以介绍我国与其他国家在知识产权领域的合作与交流项目、合作成果等，展示我国在知识产权国际保护方面的积极贡献和影响力。

三、网络知识产权保护教程撰写的重要意义

在当今数字时代，互联网的飞速发展既带来了信息传播的便捷与高效，也使得知识产权保护面临着前所未有的挑战。在网络空间中，侵权行为屡见不鲜，不仅损害了创作者的合法权益，也扰乱了正常的市场秩序和社会诚信体系。网络知识产权保护教程的撰写，正是应对这些挑战的关键举措之一。它如同一个桥梁，连接起专业的知识产权知识与广大公众，又像是一把钥匙，能够打开知识产权法律制度完善的新思路，更如同一个助推器，为国际合作与国家竞争力的提升注入强大动力。深入探究其重要意义，有助于我们更清晰地认识到开展这项工作的必要性和紧迫性，从而更积极地推动教程的撰写与

普及。

（一）提高公众对知识产权的认识和尊重程度

公众作为网络活动的主要参与者，其对知识产权的认识和尊重程度直接影响着网络空间的秩序与健康发展。然而，当前公众对这方面的认知仍存在诸多不足，许多人对知识产权的概念认知模糊，对侵权行为的危害性认识不清。网络知识产权保护教程的撰写，正是针对这一现状，旨在通过系统的知识传递和理念引导，从根本上改变公众的认知状况，让尊重知识产权成为一种社会共识和自觉行为。

1.普及知识产权知识

网络知识产权保护教程的撰写和普及，对于提升公众对知识产权的认识和尊重程度具有至关重要的作用。知识产权，作为个人或集体在科学、技术、文学艺术等领域创造的精神财富，是现代社会不可或缺的一部分。然而，由于历史原因和认知水平的限制，公众对知识产权的认识较为薄弱，尊重程度也相对较低。

首先，知识产权涵盖的内容广泛，包括专利、商标、版权等多个方面。每一项知识产权都是创造者智慧和劳动的结晶，具有极高的价值。然而，由于知识产权的概念相对抽象，且在日常生活中并不直接涉及，因此很多人对其缺乏足够的了解。网络知识产权保护教程可以系统地介绍知识产权的基本概念、分类、特点及其在经济社会发展中的重要性，通过深入浅出的讲解，使公众对知识产权有一个全面而清晰的认识，从而增强对其价值的认同和尊重。

其次，知识产权保护涉及复杂的法律制度和操作程序。对于大多数人来说，这些法律制度和程序显得陌生而烦琐。网络知识产权保护教程可以详细解读知识产权相关法律法规，介绍知识产权的申请、审查、授权，以及侵权处理等各个环节的具体流程和要求。这不仅有助于公众了解知识产权保护的合法性和正当性，还能够提高他们在面对知识产权问题时的应对能力，减少侵权行为的发生。

例如，在版权保护方面，教程可以详细介绍版权的产生、保护范围、期限，以及如何进行版权登记等知识点。通过具体案例的讲解，使公众了解版权保护的重要性和必要性，以及如何在日常生活中遵守版权法律法规、尊重他人的创作成果。在商标保护方面，教程可以阐述商标的定义、功能、注册流程及商标侵权的法律后果等内容。通过生动的案例分析，帮助公众认识到商标对于企业品牌建设和市场竞争的重要性，从而自觉遵守商标相关法律法规，维护市场秩序和公平的竞争环境。

2.提升社会诚信水平

社会诚信是维系社会运转的重要纽带，网络空间的诚信建设更是关乎每个人的切身利益。在网络环境中，知识产权侵权行为往往伴随着诚信缺失，如盗用他人作品、仿冒知名商标等，这些行为不仅会破坏市场规则，也侵蚀着社会的诚信根基。网络知识产权保护教程的普及，能够从思想层面引导公众树立正确的诚信观，让公众明白尊重知识产权就是坚守诚信原则，从而在网络行为中自觉规范自身言行，共同筑牢社会诚信的防线。

网络知识产权保护教程的撰写，不仅有助于普及知识产权知识，还能够提升社会诚信水平。诚信是社会文明进步和经济发展的重要基石之一，然而，在网络空间中，由于信息不对称和监管难度加大等原因，诚信问题日益突出。加强网络知识产权保护教育，可以引导公众自觉遵守知识产权法律法规和社会道德规范，共同维护诚信、公正、有序的网络环境。

首先，网络知识产权保护教程的普及可以提高公众对知识产权价值的认识和尊重程度。当公众了解到知识产权是创作者辛勤劳动的成果，且具有极高的经济和社会价值时，他们就会更加珍惜和尊重这些成果。这种尊重和珍惜的态度会进一步转化为自觉遵守知识产权法律法规的行为，从而减少侵权行为的发生。

其次，网络知识产权保护教程的普及可以引导公众树立正确的价值观和行为准则。在教程中，可以通过介绍知识产权保护的典型案例和成功经验，展示尊重知识产权的正面效应和积极影响。同时，也可以剖析侵权行为的危害和后果，警示公众不要触碰法律红线。这种正面引导和反面警示相结合的方式，有助于公众树立正确的价值观和行为准则，自觉遵守社会道德规范和维护网络空间秩序。

最后，网络知识产权保护教程的普及还可以促进社会各界对知识产权保护的共同关注和参与。通过教程的广泛传播和深入讲解，可以激发社会各界对知识产权保护的热情和积极性。政府、企业、学校、媒体等各方可以携手合作，共同推动知识产权保护的深入开展。例如，政府可以加大知识产权保护的宣传力度和执法力度；企业可以加强自身的知识产权管理和保护能力；学校可以将知识产权教育纳入课程体系；媒体可以积极报道知识产权保护的典型案例和成功经验。这种全社会的共同参与和努力，将有效提升社会诚信水平，为知识产权保护的深入开展奠定坚实的基础。

（二）为知识产权法律制度的完善提供理论支持和实践指导

知识产权法律制度并非一成不变，需要随着时代的发展和社会的进步不断完善。在网络时代，新的知识产权问题层出不穷，现有的法律制度在应对这些问题时难免存在不足。网络知识产权保护教程的撰写过程，本身就是对现有法律制度的梳理、分析和反思过程，能够为法律制度的完善提供丰富的理论素材和实践依据，推动知识产权法律体系更加适应网络环境的需求。

1.推动理论创新

理论是实践的先导，知识产权保护领域的理论创新对于解决网络时代的新问题至关重要。当前，网络技术的发展使得知识产权的表现形式、传播方式和保护边界都发生了深刻变化，传统的知识产权理论在很多方面已经难以适用。网络知识产权保护教程的撰写，能够汇聚各方智慧，对这些新现象、新问题进行深入探讨，从而推动知识产权保护理论的创新与发展，为实践提供科学的理论指引。

网络知识产权保护教程的撰写和普及，对于推动理论创新具有重要意义。知识产权保护是一个涉及法律、经济、文化等多个领域的复杂问题。随着互联网的快速发展和普及，以及新技术的不断涌现，知识产权保护面临许多新的挑战和机遇。通过撰写网络知识产权保护教程并广泛传播，可以激发学术界和实务界对知识产权保护问题的深入研究和探讨，推动相关理论的创新和发展。

首先，网络知识产权保护教程的撰写可以促进对知识产权法律制度的深入研究。在教程中，可以系统梳理和分析现有的知识产权法律法规体系及其在实践中的应用情况。通过对比不同国家和地区的知识产权法律制度的差异点，可以揭示知识产权法律制度的共性和个性特征，以及存在的问题和不足之处。这种深入研究和系统分析有助于为知识产权法律制度的完善提供理论支持和实践指导。

其次，网络知识产权保护教程的普及可以激发对知识产权保护新问题的研究和探讨。例如，网络环境下的版权保护问题、数字作品的保护问题、遗传资源的保护问题等。这些问题都需要学术界和实务界进行深入研究和探讨以找到有效的解决方案。网络知识产权保护教程的普及可以为这些问题的研究提供思路和方向，促进相关理论的创新和发展。

例如，在版权保护方面，可以探讨网络环境下版权保护的新模式和新机制。随着数字技术的快速发展和普及，数字作品的创作和传播变得越来越便捷和高效。然而，这也给版权保护带来了新的挑战。如何在保护创作者权益的同时促进数字作品的传播和利用，成为一个亟待解决的问题。网络知识产权保护教程可以介绍一些新兴的版权保护模式和技术手段，如数字版权管理（DRM）、区块链技术等，并探讨它们在实际应用中的可行性和有效性。这种研究和探讨有助于推动版权保护理论的创新和发展，为数字作品的保护提供新的思路和方案。

在商标保护方面，可以探讨网络环境下商标保护的新问题和新挑战。随着电子商务的快速发展和普及，网络商标侵权问题日益突出。例如，恶意抢注他人商标、销售假冒伪劣商品等行为给商标权人带来了巨大的经济损失和声誉损害。网络知识产权保护教程可以介绍一些应对网络商标侵权的有效措施和手段，如加强商标监测和维权力度、建立网络商标侵权快速处理机制等，并探讨它们在实际应用中的效果和存在的问题。这种研究和探讨有助于推动商标保护理论的创新和发展，为网络商标保护提供有力的支持。

2.提供实践指导

知识产权保护不仅需要完善的理论，更需要切实可行的实践方法。在实际操作中，无论是执法部门、企业还是个人，都面临着如何有效保护知识产权、应对侵权行为等具体问题。网络知识产权保护教程能够将抽象的法律条文和理论知识转化为具体的操作指南和案例分析，为不同主体提供针对性的实践指导，帮助他们在实际工作和生活中更好地处理知识产权相关事务。

网络知识产权保护教程的撰写和普及，对于为实践提供指导具有重要意义。知识产权保护是一个实践性很强的过程，在实践中，有效地保护知识产权、打击侵权行为、促进知识成果的转化与应用等都需要具体的操作方法和策略。通过撰写网络知识产权保护教程并广泛传播，可以为相关部门、企业和个人提供实用的操作指南和案例参考，帮助他们更好地应对知识产权保护中的实际问题。

首先，网络知识产权保护教程可以为相关部门提供执法指导和支持。在教程中，可以详细介绍知识产权侵权的认定标准和处理流程，以及相关法律法规的规定和要求。这有助于相关部门在执法过程中更加准确地判断和处理知识产权侵权案件，提高执法效率和公正性。同时，教程还可以介绍一些先进的执法手段和技术，如网络监测技术、大数据分析技术等，帮助相关部门提高执法能力和水平。

其次，网络知识产权保护教程可以为企业提供知识产权管理和保护策略。在教程中，可以介绍企业如何建立和完善知识产权管理制度、加强知识产权的申请和维护工作，以及应对知识产权侵权的有效措施等。这有助于企业提高知识产权管理和保护能力，降低知识产权风险和维护自身合法权益。同时，教程还可以介绍一些成功的知识产权管理和保护案例，供企业参考和借鉴。

例如，在专利保护方面，教程可以介绍企业如何进行专利挖掘和布局，以及如何提高专利申请的成功率和质量。通过具体案例的讲解和分析，帮助企业了解专利保护的重要性和必要性，以及如何在实践中有效运用专利保护策略来维护自身的竞争优势和创新成果的价值。

在商标保护方面，教程可以介绍企业如何进行商标注册和维护，以及如何应对商标侵权等问题。通过生动案例的展示和分析，帮助企业认识到商标对于企业品牌建设和市场竞争的重要性，并了解如何在实践中加强商标保护和管理来维护自身品牌形象和市场地位。

最后，网络知识产权保护教程还可以为个人提供知识产权保护和维权指导。在教程中，可以介绍个人如何保护自己的知识产权成果，以及如何在遭受侵权时进行有效维权等。这有助于个人提高知识产权保护意识和能力，从而维护自身合法权益。

（三）促进国际合作与交流，提升国家竞争力

在经济全球化浪潮中，知识产权保护已成为国际合作与交流的重要议题，也是衡量国家竞争力的重要指标。网络的无国界性使得知识产权保护问题跨越国家界限，需要各国携手应对。网络知识产权保护教程的撰写和普及，能够促进我国与世界各国在知识产权领域的交流与合作，同时提升我国在知识产权保护方面的国际形象，增强国家的整体竞争力。

1.加强国际合作

知识产权保护是一项全球性的任务，没有任何一个国家能够独善其身。不同国家在知识产权法律制度、保护理念和实践经验上存在差异，通过交流与合作可以相互学习、取长补短。网络知识产权保护教程可以作为一个重要的交流载体，向国际社会展示我国在知识产权保护方面的成果和经验，同时也可以借鉴其他国家的先进做法，推动建立更加公平合理的国际知识产权保护秩序，促进全球知识产权事业共同发展。

网络知识产权保护教程的撰写和普及，对于加强国际合作与交流具有重要意义。知识产权保护是一个全球性的问题，需要各国共同应对和解决。通过撰写网络知识产权保护教程并广泛传播，可以促进不同国家和地区之间在知识产权保护方面交流与合作，共同推动全球知识产权保护水平的提升。

首先，网络知识产权保护教程的撰写可以促进国家间针对知识产权保护理念和原则达成共识。在教程中，可以介绍国际上关于知识产权保护的基本理念和原则，如尊重知识产权、促进知识传播和利用、维护公平竞争等，并阐述这些理念和原则在国际知识产权保护体系中的重要性和作用。这有助于增进各国对知识产权保护共同价值的认同和理解，为国际在知识产权保护方面的合作与交流奠定坚实的思想基础。

其次，网络知识产权保护教程的普及可以促进国际在知识产权保护方面的经验分享

和交流。在教程中，可以介绍不同国家和地区在知识产权保护方面的成功经验和做法，如先进的立法经验、有效的执法手段、完善的管理制度等，并探讨这些经验和做法的适用性和可借鉴性。这有助于各国之间相互学习和借鉴，共同推动全球知识产权保护水平的提升。

例如，在版权保护方面，可以介绍国际上一些先进的版权保护制度和经验，如美国的数字千年版权法（DMCA）、欧盟的《数字单一市场版权指令》等，并探讨这些制度和经验在保护数字作品版权方面的作用和影响。通过对比和分析不同国家和地区的版权保护制度和实践经验，为各国在版权保护方面的合作与交流提供有益的参考和借鉴。

在商标保护方面，可以介绍国际上一些成功的商标保护案例和经验，如跨国商标侵权案件的处理、国际商标注册和管理制度等，并探讨这些案例和经验对于加强国际商标保护合作的意义和价值。通过分享和交流这些成功的案例和经验，促进各国在商标保护方面的合作与交流，共同维护国际商标秩序和公平竞争环境。

最后，网络知识产权保护教程的普及还可以促进国家间在知识产权保护方面的技术合作和创新。在教程中，可以介绍一些新兴的知识产权保护技术和手段，如区块链技术、人工智能技术等，并探讨它们在知识产权保护中的应用前景和潜力。这有助于各国在知识产权保护技术方面进行合作与创新，共同推动知识产权保护技术的发展和进步。

2.提升国家竞争力

在知识经济时代，知识产权已成为国家核心竞争力的重要体现。一个国家的知识产权保护水平，直接影响着其创新能力、产业发展和国际地位。网络知识产权保护教程的普及，能够提高全社会的知识产权保护意识，完善知识产权保护体系，从而激发创新活力，推动产业升级，增强我国在国际市场上的竞争力，为国家的长远发展提供有力支撑。

网络知识产权保护教程的撰写和普及，对于提升国家竞争力具有重要意义。在经济全球化的背景下，知识产权已成为国家竞争力的重要组成部分。加强网络知识产权保护教育，可以提高我国企业在国际市场上的竞争力和信誉度，吸引更多的外商投资我国市场。同时，完善的知识产权保护制度也可以为我国企业提供有力的法律保障和支持，促进我国经济的持续健康发展。

首先，网络知识产权保护教程的普及可以提高我国企业在国际市场上的竞争力和信誉度。在经济全球化的背景下，企业之间的竞争越来越激烈，知识产权已成为企业竞争的重要内容之一。通过加强网络知识产权保护教育，我国企业可以更加深入地了解和掌握国际知识产权保护规则和标准，提高在国际市场上的竞争力和信誉度。同时，这也有助于我国企业树立尊重知识产权、保护知识产权的良好形象，赢得国际社会的认可和尊重。

其次，完善的知识产权保护制度可以为我国企业提供有力的法律保障和支持。知识产权保护制度是企业创新和发展的重要保障之一。通过完善知识产权保护制度，我国可以为企业提供更加全面、有效的法律保障和支持，降低企业在创新和发展过程中的知识产权风险。这有助于激发企业的创新活力，推动企业的持续健康发展。

最后，加强网络知识产权保护教育还可以促进我国经济结构的优化和升级。在知识经济时代，知识产权已成为推动经济发展的重要动力之一。通过加强网络知识产权保护教育，可以推动我国产业结构向高端化、智能化、绿色化方向发展，提高我国经济的整体竞争力。同时，这也有助于培育新的经济增长点和发展动能，为我国经济的持续健康发展提供有力支撑。

四、网络知识产权保护教程的适用对象和整体结构

网络知识产权保护教程不仅是针对高校法律和知识产权专业相关的本科生和研究生等高校学生，以及法律从业者、知识产权专家及企业法务人员的专业指南，也是面向广大互联网用户、创作者、企业经营者及政策制定者的普及性读物，其适用对象广泛，涵盖了从普通网民到高级管理人员的各个层次，旨在提升全社会对网络知识产权保护的认知与重视程度。本书的整体结构严谨而全面，涵盖了网络知识产权保护的各个方面，从理论基础到实践操作，从国内法到国际法，从著作权到专利权、商标权等，形成了完整的知识体系。

为了让不同层次的读者都能清晰地把握教程的脉络，接下来将对教程的具体结构进行详细拆解。从概述部分的重要性阐述，到法律框架的分析，再到各类知识产权的保护内容，以及保护路径、案例分析和实践指导，各部分之间有着紧密的逻辑联系，共同构成了本书的完整体系。

（一）网络知识产权保护概述

绪论部分首先阐述了网络知识产权保护的重要性和紧迫性。随着互联网的普及和数字化技术的飞速发展，网络知识产权侵权现象日益严重，给创作者、企业和国家带来了巨大损失。因此，加强网络知识产权保护，维护创新者的合法权益，已成为亟待解决的问题。绪论还介绍了教程的撰写背景和意义，为后续章节的展开奠定了基础。

这一部分作为教程的开篇，如同整个知识体系的基石。它不仅让读者明白了为何网络知识产权保护值得关注，还为后续深入探讨各项具体内容做好了铺垫，让读者能带着明确的目标去学习后面的章节。

（二）网络知识产权保护的法律框架

第一章详细分析了网络知识产权保护的法律框架，包括国际法和国内法两个层面。在国际法方面，介绍了 WIPO 制定的相关条约和协议，如《世界知识产权组织版权条约》（*World Intellectual Property Organization Copyright Treaty*，WCT）、《世界知识产权组织表演和录音制品条约》（*World Intellectual Property Organization Performances and Phonograms Treaty*，WPPT）等，以及这些条约对网络知识产权保护的具体规定和影响。在国内法方面，介绍了《著作权法》《商标法》《专利法》等相关法律在网络知识产权保护中的应用和完善的建议。通过国际与国内法律框架的对比和分析，帮助读者全面了解网络知识产权保护的法律依据和制度保障。

法律是保护网络知识产权的坚实后盾，第一章从国际和国内两个维度展开，让读者清楚在网络知识产权保护领域有哪些法律条文可以作为依据，以及这些法律之间的联系与区别，从而为理解后续各类知识产权的保护提供法律层面的支撑。

（三）网络知识产权的主要类型

网络知识产权的主要类型涉及第二章到第六章，这是本书的主体部分，分别阐述了网络知识产权的版权保护、商标权保护、专利权保护、域名保护、反不正当竞争保护等内容。

网络知识产权包含多种类型，每种类型都有其独有的特点和保护需求。这部分作为教程的核心，将逐一深入剖析各类网络知识产权，让读者全面掌握不同类型知识产权在网络环境下的保护要点和相关知识。

第二章专注于网络知识产权的版权保护，首先阐述了网络知识产权的版权保护的概念、特点和范围。随后，详细探讨了信息网络传播权的内涵、保护范围与限制，以及技术措施和权利管理信息的法律保护，还有数据库的特殊权利保护。信息网络传播权作为网络环境中著作权人享有的一项重要权利，其保护对于促进文化的传播与交流、推动数字经济的繁荣发展具有重要意义。技术措施和权利管理信息的法律保护是保障网络版权得以实现的重要手段。本章还通过案例分析，展示了网络版权侵权的认定与法律责任，以及维权途径与策略。

版权在网络环境中面临着诸多新的挑战和问题，第二章聚焦版权保护，从基本概念到具体权利，再到保护手段和实际案例，全面解析版权保护的相关内容，帮助读者深入理解如何在网络环境中维护版权权益。

第三章围绕网络知识产权的商标权保护展开，首先介绍了网络商标权的概念、特点及其与传统商标权的区别。随后，详细分析了网络商标权的常见侵权形式、认定标准及保护策略。网络商标权作为企业在网络环境中的重要无形资产，其保护对于维护企业的品牌形象和商业信誉具有重要意义。

商标在网络营销中占据重要地位，网络商标权与传统商标权存在差异，第三章围绕网络商标权的特点、侵权认定、保护策略等方面进行阐述，同时关注相关冲突的解决，使读者了解如何保护企业的网络商标权益。

第四章聚焦于网络知识产权的专利权保护，首先阐述了网络专利权保护的重要性和面临的挑战。随后，介绍了网络专利权的申请与审查流程，以及网络专利权的侵权认定标准与法律责任。第四章还重点探讨了网络专利权的保护策略，包括加强专利权的申请与审查、提高维权效率、完善法律保护体系等方面。此外，还分析了网络环境下商业方法专利的保护范围与有效性问题。

专利权是激励创新的重要保障，在网络环境下，专利权保护面临着新的挑战。第四章深入探讨了网络专利权保护的重要性、申请审查流程、侵权认定及保护策略等内容，为读者提供了网络专利权保护的全面知识。

第五章专门讨论了网络知识产权的域名保护问题，首先介绍了域名的概念、特点和价值，以及域名的注册与管理流程。随后，分析了域名与商标权、企业名称权的冲突及解决途径，包括法律途径、协商调解途径及预防措施等。域名是企业在网络上的重要标识，具有独特的价值，同时也容易与其他标识产生冲突。第五章详细介绍了域名的相关知识，包括注册管理、冲突解决等内容，帮助读者认识到域名保护的重要性及相关解决办法。

第六章深入探讨了网络环境下的反不正当竞争保护，首先定义了网络不正当竞争行为的概念与特点，并分析了其常见类型及认定标准。随后，阐述了网络不正当竞争行为的法律责任，包括民事责任、行政责任和刑事责任等，以及救济途径。第六章还讨论了网络不正当竞争问题的防范与应对策略，包括加强监管与处罚、提高企业防范能力、加强国际合作与协调等方面。

网络环境下的不正当竞争行为扰乱市场秩序，损害相关方利益。第六章对网络不正当竞争行为进行了深入分析，明确了其认定标准、法律责任及应对策略，帮助读者了解如何防范和应对网络不正当竞争。

（四）网络知识产权的保护路径及案例分析

第七章总结了网络知识产权的保护路径，并通过案例分析展示了各种保护策略在实际操作中的应用效果。第七章首先介绍了法律手段、技术手段和道德手段在网络知识产权保护中的作用与局限性，随后通过国内外典型案例的分析，展示了侵权行为的认定与法律责任，以及保护策略的成效与不足，最后还探讨了网络知识产权保护的未来趋势，包括法律法规的完善、技术手段的创新、保护范围的扩大及国际化合作的加强等方面。

了解保护路径和实际案例对于掌握网络知识产权保护手段至关重要。第七章总结了多种保护手段，结合具体案例进行分析，并展望未来趋势，使读者不仅知道如何保护，还能从实际案例中汲取经验，把握行业发展方向。

（五）网络知识产权保护的实践指导

第八章提供了网络知识产权保护的实践指导，包括企业网络知识产权管理制度的建立与完善、个人网络知识产权保护的意识培养与风险防范，以及网络知识产权教育的普及与提高等方面。第八章通过具体案例和实用建议，帮助读者掌握网络知识产权保护的实际操作方法，提升维权能力和法律意识。

理论最终要服务于实践，第八章从企业、个人等不同角度提供实践指导，通过具体案例和实用建议，让读者能够将所学知识运用到实际中，切实提升网络知识产权保护的能力和意识。

第二节　网络知识产权保护的概念、特征和范围

网络知识产权保护的前提是网络知识产权的存在。对网络知识产权保护进行全面阐述的前提是对网络知识产权和网络知识产权保护的概念、特征和范围等进行全面的界定，从而为后续的进一步深入论述奠定良好的基础。

一、网络知识产权和网络知识产权保护的概念

网络知识产权保护作为当前数字时代重要的议题，其涉及范围广泛，与网络环境下

的各类创新成果及权益保障紧密相关。深入理解这一概念，需要从网络知识产权本身的内涵出发，进而明晰保护工作的具体所指以及实现保护的各项措施，从而构建起对网络知识产权保护的完整认知。

（一）网络知识产权的概念

网络知识产权是在网络技术飞速发展和广泛应用的背景下应运而生的，它既与传统知识产权存在着内在的联系，又因网络环境的特殊性而呈现出独特的形态。明确其概念，是理解网络知识产权保护的基础，有助于我们界定哪些成果应纳入保护范畴，以及这些成果在网络空间中的权利属性。

网络知识产权是指在网络环境下，基于数字网络发展而产生的或与数字网络紧密相关的各类知识产权。这些知识产权涵盖了传统知识产权形式，如著作权、专利权、商标权等，同时也包括网络环境下特有的新型知识产权形式，如域名权、数据库权、计算机软件著作权等。网络知识产权的核心在于保护网络环境下的知识创造和创新成果，确保创作者和权利人的合法权益不受侵犯。

（二）网络知识产权保护的概念

在明确了网络知识产权的概念之后，网络知识产权保护的概念便有了具体的指向。它围绕着网络知识产权的维护展开，涉及多个层面和多种手段的综合运用。探讨这一概念，能够让我们清楚保护工作的目标、核心及实施路径，为实际的保护行动提供理论指引。

网络知识产权保护是指在网络环境下，通过法律、技术和行政等多方面的措施，对网络知识产权进行保护和管理，以确保知识产权创造者和权利人的合法权益不受侵犯。网络知识产权保护的核心在于平衡知识产权创造者的权益与社会公众的利益，维护网络秩序，促进网络经济健康发展。

1.法律保护

法律保护作为网络知识产权保护体系的重要组成部分，具有强制性和规范性的特点。它为网络知识产权保护提供了坚实的制度基础，明确了各方的权利与义务，是打击侵权行为、保障权利人合法权益的关键手段。了解法律保护的具体内容，有助于我们认识到法律在网络知识产权保护中的核心作用。

网络知识产权保护的法律措施主要包括制定和完善相关法律法规，明确知识产权的权利归属、保护范围、侵权责任等。通过法律手段打击侵权行为，维护知识产权创造者和权利人的合法权益。

2.技术保护

随着网络技术的不断发展，侵权的手段也日益多样化和隐蔽化，这使得技术保护在网络知识产权保护中显得尤为重要。技术措施能够直接作用于网络知识产权作品本身，从技术层面构建起防护屏障，有效防范未经授权的使用和传播行为，是法律保护的重要补充。

网络知识产权保护的技术措施主要包括采用数字水印、加密技术、访问控制等手段，对网络知识产权作品进行保护和管理。这些技术手段可以有效防止未经授权的复制、传播和使用行为，提高作品的保护级别和难度。

3.行政保护

行政保护在网络知识产权保护中发挥着不可或缺的作用，它通过行政机关的监管和干预，能够及时有效地打击侵权行为，维护正常的网络市场秩序。同时，行政保护也注重对公众意识的培养，为网络知识产权保护营造良好的社会环境。

网络知识产权保护的行政措施主要包括加强知识产权行政管理部门的监管力度，打击侵权行为，维护市场秩序。同时，通过宣传教育等手段提高公众的知识产权保护意识，形成良好的知识产权保护氛围。

二、网络知识产权和网络知识产权保护的特征

网络知识产权是在网络环境下产生的一类特殊的知识产权，其自身具有诸多有别于传统知识产权的特点，而针对它的保护也因这些特点呈现出独特之处。深入了解网络知识产权及其保护的特征，对于完善相关保护体系、有效维护权利人的合法权益具有重要意义。

（一）网络知识产权的特征

网络知识产权依托于互联网技术而存在和发展，其特征与网络的特性紧密相连，这些特征既体现了网络环境下知识传播与创新的优势，也带来了一系列保护难题。

1.数字化

网络知识产权的作品形式主要以数字化形态存在，如电子书籍、数字音乐、网络视频等。这种数字化形态使得作品易于复制和传播，但同时也增加了侵权的风险。

2.网络化

网络知识产权的传播和使用主要依赖于网络环境。互联网的普及使得作品可以跨越地域限制，实现全球范围内的快速传播和共享。这种网络化特征使得网络知识产权的保护范围更加广泛，同时也提高了跨国侵权的复杂性。

3.无形性

网络知识产权作为一种无形资产，其价值主要体现在其创造性、独特性和市场需求上，而非物理形态的存在。这种无形性使得网络知识产权的价值评估和保护更加复杂，需要依靠法律和技术手段。

4.易侵权性

由于网络知识产权的数字化和网络化特征，其侵权行为更加隐蔽和难以发现。侵权者可以轻易复制和传播作品，而权利人往往难以有效维权。这种易侵权性要求我们必须加强网络知识产权的保护力度，提高侵权成本，降低维权难度。

（二）网络知识产权保护的特征

网络知识产权的独特属性决定了对其进行保护也必然呈现出与传统知识产权保护不同的特征。这些特征反映了网络环境下知识产权保护的复杂性和特殊性，也为制定保护策略提供了重要依据。

1.综合性

网络知识产权保护涉及法律、技术、行政等多个方面，需要综合运用多种手段进行保护和管理。这种综合性特征要求我们在制定保护策略时必须考虑多方面因素，确保保护措施的全面性和有效性。

2.动态性

随着网络技术的不断发展和应用领域的不断拓展，网络知识产权的保护范围和保护手段也在不断变化和更新。这种动态性特征要求我们必须密切关注网络技术的发展趋势和应用领域的变化情况，及时调整和完善保护策略。

3.国际性

网络知识产权的保护具有跨国性特点，因为互联网是全球性的网络。这使得网络知识产权保护需要国际社会的共同努力和协作。通过国际合作和交流，共同打击跨国侵权行为，从而维护网络知识产权的国际秩序。

4.平衡性

网络知识产权保护需要在保护知识产权创造者和权利人合法权益的同时，兼顾社会公众的利益和需求。通过制定合理的保护政策和措施，平衡知识产权创造者、权利人与社会公众之间的利益关系，促进网络经济健康发展。

三、网络知识产权和网络知识产权保护的范围

随着互联网技术的飞速发展和广泛应用，网络已经深度融入人们的生产生活，成为社会经济发展的重要引擎。在这一背景下，网络环境中产生的各类智力成果及其相关权利，即网络知识产权，日益受到人们的关注。同时，如何对网络知识产权进行有效保护，明确其保护的范围和边界，成为法律界、学术界及产业界共同探讨的重要课题。本部分将详细阐述网络知识产权及网络知识产权保护的范围，旨在清晰界定相关概念和范畴，为理解网络知识产权保护体系提供基础。

（一）网络知识产权的范围

如前所述，网络知识产权是在网络空间中产生并存在的一类特殊的知识产权，它既继承了传统知识产权的核心特征，又因网络的虚拟性、开放性和传播的迅捷性而具有独特的表现形式和内容。明确网络知识产权的范围，是对其进行有效保护的前提和基础，只有清晰知晓哪些智力成果和权利属于网络知识产权的范畴，才能针对性地制定保护策略和措施。以下将从多个方面具体剖析网络知识产权所涵盖的内容。网络知识产权的范围广泛，包括但不限于以下几个方面。

1.著作权

著作权包括网络文学作品、音乐作品、视频作品、计算机软件等数字化作品的著作权。这些作品以数字化形式存在并通过网络进行传播和使用，其著作权保护涵盖了作品的复制权、发行权、表演权、信息网络传播权等。

在网络环境下，著作权的表现形式呈现出多样化的特点。网络文学作品打破了传统

纸质出版的限制，通过各类文学网站、移动阅读 APP 等平台广泛传播，使读者能够随时随地获取丰富的阅读资源；音乐作品借助音乐流媒体平台，实现了即时播放、下载等功能，改变了人们欣赏音乐的方式；视频作品则通过短视频平台、长视频网站等，以海量的内容满足不同用户的观看需求；计算机软件更是网络运行和各类应用的基础，从操作系统到各类应用软件，都在网络空间中发挥着重要作用。这些数字化作品的著作权保护，不仅关系到创作者的切身利益，也影响着网络文化产业的健康发展。复制权确保了创作者对其作品复制行为的控制，防止他人未经授权擅自复制作品；发行权则规范了作品的传播渠道，保障创作者通过合法发行获得收益；表演权在网络直播、在线演出等场景中显得尤为重要，维护了创作者在公开表演方面的权利；信息网络传播权更是网络环境下著作权的核心权利之一，它赋予了创作者许可或禁止他人通过信息网络向公众提供其作品的权利，对于遏制网络侵权行为具有关键意义。

2.专利权

专利权包括在网络环境下产生的发明、实用新型和外观设计等专利。这些专利技术成果可以通过网络进行传播和使用，为网络经济的发展提供重要的技术支持和保障。专利权保护涵盖了专利技术的独占权、许可权、转让权等。

网络技术的不断创新催生了在网络环境下产生的大量专利技术。发明方面，可能涉及网络通信协议的改进、数据加密技术的创新、云计算架构的优化等，这些发明为网络的高效、安全运行提供了核心技术支撑；实用新型则可能体现在网络设备的结构改进、网络应用接口的优化设计等方面，其提升了网络相关产品的实用性和可靠性；外观设计则常见于网络界面设计、APP 图标设计等，良好的外观设计能够提升用户体验，增强产品的市场竞争力。这些专利技术成果通过网络可以快速传播到世界各地，被不同的企业及个人了解和应用，推动了网络经济的蓬勃发展。专利权所赋予的独占权，使专利权人能够在一定期限内独家享有其专利技术的实施权，防止他人擅自使用；许可权允许专利权人通过签订许可合同，授权他人使用其专利技术并获得相应报酬，促进了专利技术的推广和应用；转让权则使得专利权人可以将其专利所有权转让给他人，实现专利技术的市场化流动，进一步激发创新活力。

3.商标权

商标权包括在网络环境下使用商标、商号等标识的权利。这些商标和商号可以通过网络进行传播和使用，对于维护企业的品牌形象和商业信誉具有重要意义。商标权保护涵盖了商标的独占使用权，以及禁止他人未经授权使用其商标进行商品或服务的销售、广告宣传等行为。

在网络时代，商标和商号的使用场景得到了极大的拓展。企业通过官方网站、电子商务平台、社交媒体等网络渠道展示和使用其商标、商号，使消费者能够在网络空间中快速识别和区分不同的商品或服务提供者。一个知名的网络商标或商号，代表着企业的产品质量、服务水平和市场信誉，是企业重要的无形资产。例如，在电子商务平台上，消费者往往会根据商标来选择购买商品，商标成为消费者识别和信任商品的重要依据。商标权的独占使用权确保了企业在网络环境中能够独家使用其商标，维护了商标的独特性和显著性；禁止他人未经授权使用其商标进行商品或服务的销售、广告宣传等行为，则有效防止了商标被侵权和滥用，保护了企业的品牌形象和商业利益，避免了消费者因商标混淆而遭受损失。

4.域名权

域名权指对互联网域名进行注册、使用和保护的权利。域名作为互联网上的重要标识和入口点，其注册和使用受到法律的保护。域名权的保护有助于防止恶意抢注、盗用他人域名等行为。

域名是互联网上用于识别和定位计算机的字符串，相当于网络空间中的“门牌号”，用户通过域名可以便捷地访问各类网站。一个好的域名往往具有易记、与企业品牌或业务相关等特点，能够为企业带来巨大的商业价值。例如，许多知名企业的域名与其商标或商号高度一致，既方便了用户记忆和访问，也强化了品牌在网络空间的传播。域名权的确立，使得域名注册人能够合法地对其域名进行使用和管理。然而，在域名注册和使用过程中，恶意抢注、盗用他人域名等行为时有发生，这些行为不仅侵犯了他人的合法权益，也扰乱了互联网的正常秩序。恶意抢注者往往将知名企业的商标、商号等注册为域名，然后以高价向企业出售，或者利用该域名从事与企业相关的虚假宣传等活动，误导消费者。域名权的保护就是要通过法律手段规范域名的注册和使用行为，打击此类侵权行为，保障域名注册人的合法权益，维护互联网的公平竞争环境。

5.数据库权

数据库权指对网络数据库中的数据进行收集、整理和保护的权利。数据库作为网络环境下重要的信息资源和工具之一，其数据的合法性和完整性需要得到保障。数据库权的保护有助于防止未经授权复制、传播或使用数据库中的数据等行为。

在网络时代，数据成为重要的生产要素，数据库则是数据存储、管理和利用的重要形式。网络数据库涵盖了各行各业的信息，如学术数据库收录了大量的科研论文和文献，商业数据库包含了丰富的市场调研数据和客户信息，政府数据库则存储了各类公共服务信息等。这些数据库的建设往往需要投入大量的人力、物力和财力，对数据进行收集、筛选、整理、核实等一系列工作，才能形成具有实用价值的信息集合。数据库权的核心在于保护数据库建设者对其数据库所享有的合法权利，确保其投入能够得到合理回报。未经授权复制、传播或使用数据库中的数据，不仅会损害数据库建设者的经济利益，还可能导致数据的泄露、篡改，影响数据的完整性和可靠性，进而对依赖这些数据的用户造成损失。例如，一些商业数据库中的市场数据是企业制定经营策略的重要依据，若被非法获取和使用，可能会使企业的商业机密被泄露，导致其失去市场竞争优势。因此，保护数据库权对于鼓励数据资源的开发和利用，维护数据市场的正常秩序，具有重要意义。

6.其他新型知识产权

随着网络技术的不断发展和应用领域的不断拓展，还可能产生其他新型的知识产权形式。例如，云计算环境下的数据主权、人工智能生成内容的著作权等。这些新型知识产权形式的出现将对网络知识产权保护提出新的挑战和要求。

网络技术的日新月异使得知识产权的形式也在不断创新和演变，一些以往未曾出现或未被充分关注的知识产权形式逐渐显现出来。云计算的广泛应用使得数据存储和处理方式发生了巨大变化，数据在不同的云端服务器之间流动，由此引发了云计算环境下的数据主权问题，即数据的归属、控制和利用等权利如何界定和保护。人工智能技术的快速发展则带来了人工智能生成内容的著作权问题，当人工智能系统能够独立创作出具有独创性的文字、图像、音乐等作品时，这些作品的著作权归属于谁，以及如何进行保护，成为学术界和法律界争论的焦点。这些新型知识产权形式的出现，打破了传统知识产权的界限和保护模式，对现有的法律体系和保护机制提出了新的挑战。如何适应这些变化，及时完善相关的法律法规和保护措施，确保新型知识产权得到合理保护，是网络知识产权保护工作面临的重要课题。

（二）网络知识产权保护的范围

网络知识产权保护是一项系统工程，其范围并非局限于某一个特定的环节或方面，而是贯穿于网络知识产权从产生到应用的整个生命周期。网络知识产权具有传播速度快、范围广、易复制等特点，因此其保护面临着诸多复杂的问题和挑战。明确网络知识产权保护的范围，有助于构建全方位、多层次的保护体系，确保网络知识产权在各个环节都能得到有效的法律和技术保障，从而维护创作者、权利人的合法权益，促进网络经济和文化的健康发展。以下将从创作、传播、使用和管理 4 个关键环节详细阐述网络知识产权保护的具体范围。网络知识产权保护的范围涵盖了网络知识产权的各个方面和环节，主要包括以下几个方面。

1.创作环节的保护

在创作环节，网络知识产权保护主要关注对原创作品的保护。通过法律手段打击抄袭、剽窃等侵权行为，保护创作者的合法权益。同时，通过技术手段，如数字水印、加密技术等，提高作品的保护级别和难度。

创作是网络知识产权产生的源头，原创作品是网络文化和经济发展的核心动力。在网络环境中，创作的门槛相对较低，任何人都可以通过网络平台发布自己的作品，但这也使得抄袭、剽窃等侵权行为变得更加容易和隐蔽。一些不法分子为了追求短期利益，未经授权擅自复制、篡改他人的原创作品，并以自己的名义在网络上传播，严重侵犯了创作者的智力成果和合法权益，打击了创作者的积极性。因此，在创作环节加强保护至关重要。法律手段是保护原创作品的坚实后盾，通过明确抄袭、剽窃等侵权行为的法律责任，对侵权者进行处罚，能够形成有效的威慑。同时，技术手段的应用也为创作环节的保护提供了有力支持。利用数字水印技术可以在作品中嵌入不易察觉的标识信息，即使作品被复制或传播，也能通过该标识追踪作品的来源和使用情况；加密技术则可以对作品进行加密处理，只有获得授权的用户才能解密和使用作品，有效防止了作品在创作完成后、正式发布前被非法获取和使用。通过法律与技术手段的结合，可以在创作环节为原创作品筑起一道坚固的防线。

2.传播环节的保护

在传播环节，网络知识产权保护主要关注对作品传播过程的保护。通过法律手段打击未经授权的传播行为，如非法下载、上传、分享等。同时，通过技术手段，如访问控制、版权保护技术等，防止作品非法传播和使用。

网络的开放性和便捷性使得作品的传播变得异常迅速和广泛，这在促进优秀作品传播的同时，也为非法传播行为提供了便利。未经授权的非法下载、上传、分享等行为，使得大量受知识产权保护的作品在网络上无序流动，严重损害了权利人的经济利益。例如，一些影视网站未经授权擅自上传最新的电影、电视剧供用户免费观看或下载，导致版权方的票房收入和正版视频平台的会员收入大幅减少。在传播环节进行保护，就是要遏制这些非法传播行为。法律手段方面，通过制定和执行相关法律法规，明确非法传播行为的法律后果，对侵权的网站、平台和个人进行处罚，能够有效规范网络传播秩序。技术手段方面，访问控制技术可以对作品的访问权限进行设置，只有获得授权的用户才能访问和传播作品；版权保护技术，如 DRM 系统，则可以对作品的使用进行全程监控和管理，限制作品的复制、传播次数和范围，防止作品被非法扩散。通过对传播环节加强保护，能够确保作品的传播符合法律规定和权利人的意愿，实现作品的有序传播和价值最大化。

3.使用环节的保护

在使用环节，网络知识产权保护主要关注对作品使用过程的保护。通过法律手段打击未经授权的使用行为，如未经授权复制、改编、演绎等。同时，通过技术手段，如使用许可协议、技术保护措施等，规范作品的使用行为。

作品的使用是实现其价值的关键环节，合理合法的使用能够促进知识的传播和创新，而未经授权的不当使用则会侵犯权利人的权益。在网络环境中，作品的使用方式多种多样，包括复制、改编、演绎、展示、表演等，这也使得使用环节的侵权行为呈现出多样化的特点。未经授权将他人的作品用于商业用途，如将网络小说改编成电视剧却未支付版权费用，或者对他人的音乐作品重新进行编曲后用于广告宣传等，都属于侵权行为。在使用环节进行保护，需要法律和技术手段双管齐下。法律手段通过明确各类使用行为的权利边界，对未经授权的使用行为进行制裁，保障权利人能够依法行使其使用权并获得相应报酬。技术手段方面，使用许可协议明确了用户使用作品的范围、期限和条件，用户只有同意协议内容才能使用该作品；技术保护措施则可以从技术层面限制作品的使用方式，如防止作品被擅自改编或演绎，确保作品的使用符合权利人的要求。通过规范使用环节的行为，既可保护权利人的利益，也可为用户提供清晰的使用指引，从而促进作品的合理使用。

4.管理环节的保护

在管理环节，网络知识产权保护主要关注对知识产权的管理和保护。通过建立健全知识产权管理制度和机制，加强对知识产权的监督和管理力度。同时，通过技术手段，如知识产权管理系统、数据库等，提高知识产权的管理效率和保护水平。

管理环节是网络知识产权保护的重要保障，有效的管理能够确保各项保护措施得到切实落实，提高保护工作的整体效能。建立健全知识产权管理制度和机制，包括明确各部门和人员在知识产权管理方面的职责，制定知识产权的申请、维护、运用和保护等流程和规范，能够使知识产权管理工作有章可循。加强对知识产权的监督和管理力度，则需要政府相关部门、行业协会、网络平台等多方主体协同合作，形成监管合力。政府部门通过加强市场监管，打击各类网络知识产权侵权违法行为；行业协会则可以制定行业标准和规范，引导企业加强知识产权保护；网络平台作为作品传播和使用的重要载体，负有对平台上的知识产权进行审核和管理的责任，及时删除侵权内容。技术手段在管理环节也发挥着重要作用，知识产权管理系统可以对知识产权的相关信息进行集中管理，包括权利归属、有效期、许可情况等，方便权利人进行查询和管理；知识产权数据库则可以收集和整理各类知识产权信息，为管理和保护工作提供数据支持。通过加强管理环节的保护，能够提升网络知识产权保护的规范化和科学化水平，确保保护工作持续、有效地开展。

第三节　网络知识产权保护的分类

网络知识产权保护是一个复杂而多维度的领域，其分类方式多种多样，有助于我们更深入地理解和应对不同类型的侵权行为。以下是对网络知识产权保护的几种常见分类方式的详细阐述。

一、按照知识产权类型分类

在网络技术飞速发展的当下，各类数字化成果层出不穷，知识产权的保护范畴也随之延伸至网络空间。按照知识产权的不同类型进行分类，能够更清晰地梳理网络环境下各类知识产权保护的具体内容与边界，从而为针对性地实施保护措施提供明确指引。以下将分别从著作权、专利权、商标权、域名权和数据库权 5 个方面，详细阐述网络环境中各类知识产权的保护要点。

（一）著作权保护

著作权作为知识产权的重要组成部分，在网络环境中其保护对象呈现出多样化的数字化形态。这些数字化作品依托网络实现了快速传播和广泛应用，与此同时，未经授权的侵权行为也越发频繁和隐蔽。明确网络环境下著作权的保护范围、侵权行为界定及权利归属等问题，对于维护创作者的合法权益、促进网络文化产业的健康发展至关重要。以下将具体介绍网络文学作品、网络音乐作品、网络视频作品和计算机软件这几类主要的数字化作品的著作权保护内容。

1.网络文学作品的著作权保护

网络文学作品是指在网络上发表的文学作品，包括小说、散文、诗歌等。这些作品的著作权归作者所有，未经作者许可，他人不得擅自复制、发行、表演或改编。著作权保护不仅涵盖对作品本身的保护，还包括对作品标题、角色名称、情节等独创性元素的保护。

2.网络音乐作品的著作权保护

网络音乐作品是指在网络上发表的音乐作品，包括歌曲、乐曲等。这些作品的著作权同样归作者所有，未经作者许可，他人不得擅自复制、发行、表演或改编。此外，对网络音乐作品的著作权保护还包括对音乐作品录音制作者权的保护，即保护录音制作者对其制作的录音制品享有的权利。

3.网络视频作品的著作权保护

网络视频作品是指在网络上发表的视频作品，包括电影、电视剧、短视频等。这些作品的著作权归制片人、导演、编剧等创作者所有，未经许可，他人不得擅自复制、发行、表演或改编。对于网络视频作品的著作权保护还包括对视频作品中的图像、声音等元素的保护。

4.计算机软件的著作权保护

计算机软件是指计算机程序及其有关文档。计算机软件的著作权归软件开发者所有，未经许可，他人不得擅自复制、发行、出租、信息网络传播或以其他方式使用。计算机软件的著作权保护对于促进软件产业的发展具有重要意义。

（二）专利权保护

在网络技术不断革新的浪潮中，各类新技术、新发明应运而生，这些技术成果是推动网络产业持续进步的核心动力。专利权保护为这些创新成果提供了法律屏障，确保发明者能够在一定期限内独享其创新带来的收益，进而激发全社会在网络相关领域的研发热情和创新活力。下面将分别针对发明专利、实用新型专利和外观设计专利在网络环境中的保护内容进行说明。

1.发明专利的保护

发明专利是指对产品、方法或者其改进所提出的新的技术方案。在网络环境下，发明专利可能涉及网络技术、信息安全技术、电子商务技术等多种技术。发明专利的保护期限通常为20年，自申请日起计算。在保护期限内，专利权人有权禁止他人未经许可实施其专利技术方案或销售专利产品。

2.实用新型专利的保护

实用新型专利是指对产品的形状、构造或者其结合所提出的适于实用的新的技术方案。与发明专利相比，实用新型专利更注重产品的实用性而非创新性。实用新型专利的保护期限通常为10年，自申请日起计算。在保护期限内，专利权人同样有权禁止他人未经许可实施其专利技术方案或销售专利产品。

3.外观设计专利的保护

外观设计专利是指对产品的整体或者局部的形状、图案或者其结合，以及色彩与形状、图案的结合所做出的富有美感并适于工业应用的新设计。外观设计专利主要保护产品的外观设计而非技术方案。外观设计专利的保护期限通常为10年，自申请日起计算。在保护期限内，专利权人有权禁止他人未经许可制造、销售或进口与其外观设计相同或相似的产品。

（三）商标权保护

在网络这个庞大的虚拟市场中，商标和商号是企业区别于其他经营者的重要标识，承载着企业的商业信誉和品牌价值。消费者往往通过这些标识来识别和选择商品或服务，因此，对网络环境下的商标权和商号权进行有效保护，是维护市场秩序、保障消费者权益及保护企业合法利益的关键所在。下面将具体介绍网络商标和网络商号的保护内容。

1.网络商标的保护

网络商标是指在网络环境下使用的商标，包括网站名称、域名、网页标识等。网络商标的保护范围涵盖了网络环境下的所有商标使用行为，如网站名称的使用、域名的注册和使用、网页标识的展示等。未经商标权人许可，他人不得擅自使用相同或相似的商标进行商品或服务的销售、广告宣传等行为。

2.网络商号的保护

网络商号是指企业在网络环境下使用的商号或字号。网络商号的保护范围涵盖了网络环境下的所有商号使用行为，如企业名称在网络上的展示、商号在网络广告中的使用等。未经商号权人许可，他人不得擅自使用相同或相似的商号进行商品或服务的销售、广告宣传等行为。

（四）域名权保护

域名作为互联网上的“门牌号”，是用户访问各类网站的重要入口，其不仅具有技术标识功能，还逐渐成为企业在网络空间塑造品牌形象、开展商业活动的重要载体。一个好的域名能够为企业带来巨大的商业价值，因此，规范域名的注册、使用行为，妥善解决域名争议，对于维护网络秩序和相关主体的合法权益具有不可忽视的作用。下面将详细介绍域名的注册和保护，以及争议解决等相关内容。

1.域名的注册和保护

域名的注册应遵循先申请先注册的原则，同时应遵守相关法律法规和域名注册管理机构的规定。域名注册后，注册人享有对域名的独占使用权，有权禁止他人未经许可使用其域名进行商业活动或造成混淆等行为。

2.域名的争议解决

域名争议是指因域名注册或使用而引发的纠纷，通常通过域名争议解决机构进行调解或裁决。域名争议解决机构应遵循公正、公平、高效的原则处理域名争议案件，保护域名权利人的合法权益。

（五）数据库权保护

随着信息时代的到来，网络数据库作为集中存储和管理海量信息的重要工具，在科研、商业、教育等各个领域发挥着日益重要的作用。这些数据库凝聚着开发者在数据收集、整理、筛选等过程中付出的大量智力和财力成本，其数据的合法性和完整性直接影响着数据库的价值和使用效能。对数据库权进行保护，能够鼓励更多优质数据库的建设和应用，推动信息资源的有效利用。下面将介绍数据库的保护范围和特殊权利保护。

1.数据库的保护范围

数据库的保护范围涵盖了数据库中的所有数据元素，包括文字、图像、声音等。未经数据库权利人许可，他人不得擅自复制、传播或使用数据库中的数据。

2.数据库的特殊权利保护

对于具有独创性的数据库，除了享有一般的著作权保护外，还可以获得特殊权利保护。特殊权利保护主要针对数据库的结构和内容提供额外的保护，防止他人未经许可对数据库进行整体或部分复制、传播或使用。

二、按照侵权行为类型分类

在知识产权保护领域，侵权行为的表现形式纷繁复杂，为了更清晰地认识和界定这些行为，以便采取有效的法律措施进行规制，可以按照侵权行为的具体类型进行分类，从而针对性地加以应对。这种分类方式能够从行为的直接性、间接性及涉及的特定主体等不同角度，全面梳理各类侵权行为的特征与内涵，为准确判断侵权性质、明确责任承担提供坚实的理论基础。通过这样的分类，我们可以系统地把握不同侵权行为之间的联系与区别，从而更好地应对知识产权保护中出现的各种问题。

（一）直接侵权行为

直接侵权行为作为知识产权侵权行为中最为核心和基础的类型，其认定往往是处理知识产权纠纷的首要环节。由于其具有直接性和明显性的特点，这类行为更容易被识别和判定，也是权利人维护自身权益时最先关注的对象。深入了解直接侵权行为的具体表现，对于明确侵权责任、及时制止侵权行为具有至关重要的意义。它直接触及知识产权权利人的专有权利，是对知识产权法律制度所保护的核心利益的直接挑战，因此有必要对其进行详细的剖析和列举。直接侵权行为是指未经权利人许可，直接实施受知识产权法保护的行为。这些行为直接侵犯了知识产权权利人的合法权益，是知识产权侵权行为最直接、最明显的表现形式。

1.复制行为

复制行为是指未经著作权人许可，擅自将作品制作成一份或多份副本的行为。在网络环境下，复制行为可能涉及数字化作品的复制、下载、上传等。

复制行为是直接侵权行为中最为常见的一种，它直接关系到作品的传播和使用范围。在不同的时代背景下，复制行为的表现形式有所不同，在网络环境中，其形式更加多样，对著作权人的权益影响也更为深远。明确复制行为的界定，有助于准确判断哪些行为构成侵权，从而为权利人提供有效的法律救济。

2.发行行为

发行行为是指未经著作权人许可，擅自向公众提供作品的原件或复制件的行为。在网络环境下，发行行为可能涉及数字化作品的在线销售、分享等。

发行行为作为作品向公众传播的重要途径，直接影响着著作权人的经济利益。无论是传统的发行方式，还是网络环境下的新型发行形式，其核心都是将作品的原件或复制件提供给公众。对发行行为的规范，是维护著作权人合法权益、保障市场秩序的关键环节。

3.表演行为

表演行为是指未经著作权人许可，擅自公开表演作品的行为。在网络环境下，表演行为可能涉及在线直播、网络音乐播放等。

表演行为使得作品能够以动态的方式呈现给公众，在给公众带来感官体验的同时，也涉及著作权人的表演权。尤其是在网络环境下，在线直播、网络音乐播放等表演形式的普及，使得表演行为的侵权问题日益突出。明确表演行为的侵权认定标准，对于保护著作权人的表演权益至关重要。

4.展示行为

展示行为是指未经著作权人许可，擅自将作品公之于众的行为。在网络环境下，展示行为可能涉及网络文学作品的在线阅读、网络视频的在线播放等。

展示行为使作品能够被公众知晓和欣赏，是作品传播的重要方式之一。随着网络技术的发展，网络文学在线阅读、网络视频在线播放等展示行为越来越普遍，这也使得展示行为的侵权问题逐渐显现。准确界定展示行为的侵权范围，能够有效防止著作权人的作品被非法展示和传播。

5.改编行为

改编行为是指未经著作权人许可，擅自对作品进行改编、翻译、注释等行为。在网络环境下，改编行为可能涉及对数字化作品的重新编辑、修改等。

改编行为是对原作品的再创作，虽然可能赋予作品新的内涵和形式，但必须以获得原著作权人的许可为前提。在网络环境中，对数字化作品的重新编辑、修改等改编行为层出不穷，若未经许可，便构成对原著作权人改编权的侵犯。规范改编行为，既能保护原权利人的利益，也能促进作品的合法创新。

（二）间接侵权行为

间接侵权行为虽然不像直接侵权行为那样直接实施受知识产权法保护的行为，但它在侵权行为的发生和扩散过程中扮演着重要的角色，其通过提供帮助、诱导等方式，为直接侵权行为的实施创造了条件，对知识产权权利人的权益造成了间接但同样严重的损害。研究间接侵权行为，有助于全面打击知识产权侵权行为，封堵侵权行为的漏洞，形成完整的知识产权保护体系。间接侵权行为是指虽未直接实施受知识产权法保护的行为，但为直接侵权行为提供了实质性帮助或诱导、教唆他人实施侵权行为的行为。间接侵权行为同样侵犯了知识产权权利人的合法权益，且往往与直接侵权行为相互关联、相互促进。

1.提供侵权作品的链接

提供侵权作品的链接是指未经著作权人许可，擅自为公众提供指向侵权作品的链接的行为。这种行为虽然未直接实施复制、发行等侵权行为，但为公众获取侵权作品提供了便利条件，从而促进了侵权行为的发生。

在网络时代，链接成为信息获取的重要桥梁，提供侵权作品的链接则为公众获取侵权内容打开了方便之门。这种行为看似只是提供了一个指向，但其对侵权作品的传播和扩散起到了推波助澜的作用，间接损害了著作权人的利益。明确该行为的侵权性质，对于规范网络链接服务、遏制侵权作品的传播具有重要意义。

2.传播侵权作品

传播侵权作品是指未经著作权人许可，擅自将侵权作品通过网络进行传播的行为。这种行为可能涉及将侵权作品上传至网络服务器、通过电子邮件等方式发送侵权作品等。

传播侵权作品的行为使得侵权内容能够在更广泛的范围内流转，扩大了侵权行为的影响。无论是将侵权作品上传至网络服务器，还是通过电子邮件等方式发送，都会导致著作权人的权益受到进一步的侵害。对这种行为进行规制，是切断侵权传播链条的关键。

3.诱导、教唆他人实施侵权行为

诱导、教唆他人实施侵权行为是指通过言语、行为等鼓励、引导他人实施侵权行为的行为。这种行为虽然未直接实施侵权行为，但对他人的侵权行为起到了推波助澜的作用。

诱导、教唆他人实施侵权行为，从主观上对他人的侵权意图起到了强化和推动的作用，是侵权行为发生的重要诱因。这种行为虽然没有直接参与侵权的实施，但却对侵权行为的发生负有不可推卸的责任。打击此类行为，能够从源头上减少侵权行为的发生，维护良好的知识产权保护环境。

（三）网络服务提供商的侵权责任

随着网络的普及和发展，网络服务提供商在信息传播中发挥着越来越重要的作用，其行为也直接关系到知识产权的保护。明确网络服务提供商的侵权责任，能够促使其履行应尽的义务，采取有效的措施防止侵权行为的发生。这不仅是对知识产权权利人权益的保护，也是维护健康网络秩序的必然要求，对于平衡网络服务提供商、权利人和公众之间的利益具有重要意义。网络服务提供商在提供网络服务的过程中，若未能履行合理的注意义务或采取必要的技术措施防止侵权行为发生，将承担相应的侵权责任。网络服务提供商的侵权责任是网络知识产权保护的重要内容之一。

1.网络服务提供商的责任类型

网络服务提供商的行为多样，其承担的侵权责任类型也相应不同。直接侵权责任和间接侵权责任分别从不同角度界定了网络服务提供商在侵权行为中的责任，明确责任类型有助于根据具体情况准确判断网络服务提供商的侵权性质和责任大小，为追究其法律责任提供依据。

网络服务提供商的责任类型主要包括直接侵权责任和间接侵权责任。直接侵权责任是指网络服务提供商直接实施了侵权行为，如未经许可擅自复制、发行他人作品等。间接侵权责任则是指网络服务提供商虽未直接实施侵权行为，但为侵权行为提供了实质性帮助或诱导、教唆他人实施侵权行为。

2.网络服务提供商的免责事由

在规范网络服务提供商侵权责任的同时，也需要明确其免责事由，以平衡其权利和义务。“通知-删除”规则、避风港原则等免责事由，为网络服务提供商提供了一定的行为指引，使其在履行相应义务后能够避免法律风险，同时也保障了网络服务的正常运行，实现了效率与公平的兼顾。

在特定情况下，网络服务提供商可以主张免责事由，以减轻或免除其侵权责任。这些免责事由要求网络服务提供商在接到权利人的侵权通知后，及时删除侵权内容或采取其他必要措施以防止侵权行为的扩散和传播。

三、按照保护手段分类

网络知识产权的保护需要多维度、多手段的协同配合，不同的保护手段从各自的角度出发，形成了一个相互补充、相互支撑的保护体系。按照保护手段的不同，可以将网络知识产权保护划分为法律保护、技术保护和行政管理保护三大类，每一类保护手段都有其独特的作用和具体的实施方式，共同为网络知识产权保驾护航。

（一）法律保护

法律作为一种具有强制性和普遍约束力的社会规范，在网络知识产权保护中处于基础性和核心性的地位。它为网络知识产权的界定、侵权行为的惩治及权利人权益的维护提供了最根本的依据和保障，是其他保护手段得以有效实施的前提和支撑。法律保护是网络知识产权保护的基础和核心。通过制定和完善相关法律法规，可以为网络知识产权提供明确的法律保障和有效的法律救济途径。

1.知识产权法律法规体系

我国已经建立了相对完善的知识产权法律法规体系，包括《著作权法》《专利法》《商标法》等。这些法律法规为网络知识产权保护提供了明确的法律依据和保障。

2.侵权责任认定标准

在知识产权侵权案件中，侵权责任的认定是关键环节之一。相关法律法规对侵权责任的认定标准进行了明确规定，包括侵权行为的构成要件、侵权责任的承担方式等。这些标准有助于司法机关在处理知识产权侵权案件时做出公正、合理的判决。

3.法律救济途径

对于网络知识产权侵权行为，权利人可以通过法律途径寻求救济。常见的法律救济途径包括提起民事诉讼、申请行政裁决、请求刑事制裁等。这些救济途径有助于维护权利人的合法权益并打击侵权行为。

（二）技术保护

在数字化、网络化环境中，技术手段凭借其精准性、高效性和预防性的特点，成为网络知识产权保护不可或缺的重要组成部分。它能够直接作用于网络知识产权的载体和传播过程，从技术层面为知识产权筑起一道坚固的防线。技术保护是网络知识产权保护的重要手段之一。运用技术手段对网络知识产权进行保护，可以有效防止侵权行为的发生，或便于侵权行为的追踪、取证。

1.数字水印技术

数字水印技术是一种将特定信息嵌入数字化作品的技术。这些信息可以是作者的标识、作品的版权信息等。利用数字水印技术，可以在不影响作品正常使用的情况下对作品进行标识和追踪，从而有效防止侵权行为的发生。

2.加密技术

加密技术是一种对数字化作品进行加密处理的技术。通过加密技术，可以将作品转换为只有特定用户才能解密的格式。这样即使作品被非法复制或传播，也无法被未经授权的用户正常使用。加密技术为数字化作品的保护提供了有力的技术支持。

3.访问控制技术

访问控制技术是一种限制对网络资源进行访问的技术。通过访问控制技术，可以对网络资源的访问进行精细化的控制和管理。例如，可以设置只有特定用户才能访问某些数字化作品或数据库等资源。访问控制技术有助于防止未经授权的访问和使用行为，从而保护权利人的合法权益。

（三）行政管理保护

行政管理保护凭借行政机关的权威性和主动性，在网络知识产权保护中发挥着重要的作用。它通过一系列的行政行为，对知识产权的产生、使用和侵权行为的查处等多个环节进行干预和管理，维护网络知识产权领域的正常秩序。行政管理保护是网络知识产权保护的重要组成部分。加强知识产权的审查、授权和管理工作，以及打击侵权行为等，可以维护网络知识产权的秩序和健康发展。

1.知识产权审查与授权

知识产权审查与授权是保护知识产权的重要环节之一。通过严格的审查程序确保符合知识产权法规定的作品或技术成果能够获得相应的知识产权授权。这有助于维护知识产权的合法性和有效性并防止侵权行为的发生。

2.知识产权执法与监管

知识产权执法与监管是打击侵权行为、维护知识产权秩序的重要手段之一。相关行政管理部门应加强对网络知识产权侵权行为的监管和打击力度，及时发现并处理侵权行为，维护权利人的合法权益和社会公共利益。

3.知识产权宣传与教育

知识产权宣传与教育是提高公众知识产权保护意识的重要途径之一。通过加强知识产权宣传和教育活动，普及知识产权法律法规和相关知识，提高公众对知识产权保护的认识和重视程度，从而形成全社会共同参与网络知识产权保护的良好氛围。

第四节　网络知识产权保护体系的构成

网络知识产权保护体系是一个涉及法律、技术、行政等多个方面的复杂的系统工程，其构建旨在确保网络环境下知识产权的创造、传播和使用能够在一个健康、有序的环境中进行。以下是对网络知识产权保护体系主要构成的详细阐述。

一、法律法规体系

法律法规体系作为网络知识产权保护的核心框架，是支撑整个保护工作有序开展的根基所在。它不仅为网络空间中各类知识产权的产生、运用、保护和管理提供了刚性的行为准则，更通过明确权利边界与侵权责任，为权利人维护合法权益、解决纠纷提供了坚实的法律依据。无论是国内层面针对本土网络环境制定的具体规范，还是国际层面协调各国保护标准的通用准则，共同构成了一张全方位、多层次的法律保护网络，以确保网络知识产权在复杂的数字生态中得到有效庇护。

法律法规体系是网络知识产权保护的基础，为网络环境下的知识产权活动提供了明确的法律规范和保障。这一体系不仅涵盖国内法律法规，还包括国际条约和协议。

（一）国内法律法规

国内法律法规是网络知识产权保护在国家主权范围内的具体体现，是结合本国网络发展实际、社会经济状况及文化传统制定的针对性规范。它直接作用于国内网络空间中的知识产权行为，明确各类主体在网络知识产权创造、传播、使用过程中的权利与义务，是司法机关和行政机关开展保护工作、处理侵权纠纷的直接依据，对于维护本国网络市场秩序和权利人利益具有不可替代的作用。

1.《著作权法》

《著作权法》在网络知识产权保护中占据着至关重要的地位，尤其针对数字化作品的特性进行了专门规范。随着网络成为作品传播的主要渠道，《著作权法》不断调整自身内容，以应对诸如作品上传、下载、分享等新型传播行为带来的挑战。《著作权法》中关于信息网络传播权的明确界定，从法律层面赋予了作者对其作品在网络空间中传播的控制权，有效遏制了未经许可的网络传播行为，为网络文学、音乐、视频等行业的健康发展筑牢了防线。

2.《专利法》

在网络技术飞速迭代的背景下，《专利法》对于保护网络领域的创新成果发挥着关键作用。网络环境中的发明创造，如具有创新性的软件程序、优化的算法模型、新型网络应用等，都被纳入《专利法》的保护范畴。通过清晰界定专利权的归属，规定合理的保护期限，以及明确侵权行为的法律后果，《专利法》激励了网络领域的技术研发与创新投入，推动了网络技术的持续进步。

3.《商标法》

网络的普及使得商标的使用场景从传统线下延伸至线上，网络商标成为企业品牌战略的重要组成部分。《商标法》针对网络环境下的商标使用特点，将网站名称、域名、网页标识等纳入保护范围，通过规范商标的注册流程、明确合法使用边界、打击商标侵权行为，维护了网络商标的显著性和专用权，保障了企业在网络市场中的品牌价值和商业信誉。

4.《反不正当竞争法》

网络市场的开放性和复杂性使得不正当竞争行为频发，《中华人民共和国反不正当竞争法》（简称《反不正当竞争法》）作为维护市场秩序的重要法律，为网络知识产权保护提供了补充保障。该法通过禁止仿冒他人知名网站设计、恶意抢注与他人商标或企业名称相关的域名、虚假宣传等不正当竞争行为，营造了公平竞争的网络市场环境，保护了经营者和消费者的合法权益，促进了网络经济的健康有序发展。

（二）国际条约和协议

在经济全球化背景下，网络知识产权的跨国界特性日益凸显，国际条约和协议成为协调各国保护标准、推动全球网络知识产权保护合作的重要纽带。它们为不同国家的知识产权法律制度提供了共同遵循的基本原则和最低保护标准，有效解决了网络知识产权在跨国传播和使用过程中产生的冲突与纠纷，促进了国际文化交流、技术合作与贸易往来。

1.WIPO 制定的条约

WIPO 作为全球知识产权领域的权威国际组织，其制定的相关条约在网络知识产权保护的国际协调中发挥着核心作用。WCT 和 WPPT 专门针对数字技术，以及网络环境下的著作权及邻接权保护做出了规定，不仅明确了作者、表演者、录音制作者在网络空间应享有的各项权利，还对网络服务提供商的责任承担、技术保护措施的法律效力，以及权利管理信息的保护等关键问题做出了规范，为全球范围内的网络著作权保护提供了统一的法律框架。

2.TRIPS

TRIPS 将知识产权保护与国际贸易紧密结合，通过设定各成员国必须达到的最低知识产权保护水平，有力推动了全球网络知识产权保护的标准化和规范化。该协定覆盖了网络环境中涉及的著作权、商标权、专利权等多个知识产权领域，对侵权认定、救济措施、执法程序等提出了具体要求，为解决国际贸易中的知识产权争端提供了有效的法律依据，保障了国际技术交流和贸易活动的顺利进行。

二、技术保护体系

技术保护体系作为网络知识产权保护的“技术屏障”，与法律法规体系相辅相成，通过运用先进的技术手段，从技术层面构建起防范网络知识产品被非法获取、复制、传播和篡改的防线。它能够及时响应网络环境下侵权手段的技术升级，弥补法律救济在时效性和预防性上的不足，为知识产权权利人提供更直接、更主动的保护方式，是网络知识产权保护体系不可或缺的重要组成部分。

技术保护体系是网络知识产权保护的重要手段，通过运用各种技术手段可以有效防止网络知识产品的非法复制和传播。

（一）数字水印技术

数字水印技术作为一种嵌入性的信息标识技术，在网络知识产权的追踪和防伪方面具有独特优势。它能够将包含作者身份信息、作品授权信息、版权声明等特定数据的水印悄无声息地嵌入数字化作品，且不影响作品的正常使用和观赏体验。当作品在网络中被非法复制、传播或篡改时，通过专门的检测工具可以提取出这些水印信息，从而准确识别作品的版权归属，追踪侵权源头，为侵权取证和维权行为提供有力的技术支持，有效遏制网络作品的盗版行为。

（二）加密技术

加密技术是保障网络知识产品内容安全的核心技术手段之一，通过对数字化作品进行复杂的加密算法处理，将其转换为只有拥有解密密钥的授权用户才能正常读取和使用的密文形式。即使加密后的作品在网络传输或存储过程中被非法获取，由于无法破解加密算法获得密钥，未经授权者也无法正常使用作品内容，从而可从根本上防止网络知识产品的非法复制、传播和滥用，为软件、电子书籍、付费视频等数字内容的安全分发和授权使用提供坚实保障。

（三）访问控制技术

访问控制技术通过对网络资源的访问权限进行严格管理和控制，可有效防止网络知识产品的未授权访问和使用。它可以根据用户的身份、角色、权限等级等因素，设定不同的访问规则，例如，只有付费用户才能访问特定的数据库资源，只有获得授权的企业内部人员才能使用特定的软件程序等。通过这种精细化的权限管理，访问控制技术确保了网络知识产品只能被合法授权者使用，最大限度地减少了非法获取和传播的风险，保护了权利人的经济利益。

（四）版权管理系统

版权管理系统是一种集成化的技术保护解决方案，它将数字水印、加密、访问控制等多种技术进行有机整合，可实现对网络知识产品从创作、授权、分发到使用、监控的全生命周期管理。该系统能够对作品进行版权登记信息的嵌入与管理，根据不同的授权模式对用户的访问和使用行为进行精准控制，同时，实时监测作品在网络中的传播情况，一旦发现侵权行为能够及时预警并采取相应措施。通过这种全方位、自动化的管理方式，版权管理系统大大提高了网络知识产权保护的效率和效果，为数字内容产业的可持续发展提供了有力支撑。

三、行政管理体系

行政管理体系是网络知识产权保护工作的具体执行和推进力量，它通过政府行政机关的专业管理和高效执法，将法律法规的原则性规定转化为实际的保护行动。该体系负责统筹规划网络知识产权保护工作，开展知识产权的申请审查与授权，受理和处理侵权投诉，组织专项执法行动，为权利人提供便捷的维权渠道，是连接法律规范与社会实践的重要桥梁，对于维护网络知识产权秩序具有直接而关键的作用。行政管理体系是网络知识产权保护的执行机构，负责网络知识产权的申请、审查、授权和维权等工作。行政管理体系的具体组成如下。

（一）知识产权管理机构

各国设立的专门的知识产权管理机构是行政管理体系的核心组成部分，承担着网络知识产权的日常管理和公共服务职能。以国家知识产权局为例，其不仅负责专利的申请受理、实质审查和授权公告，以及商标的注册审查与核准，还参与著作权相关的行政管理工作，通过制定和实施相关政策、法规和标准，引导和规范网络知识产权的创造、运用和保护行为，为网络知识产权事业的发展提供专业化、系统化的行政管理支持。

（二）知识产权维权援助中心

知识产权维权援助中心作为面向社会提供知识产权维权服务的专业机构，为网络知识产权权利人，尤其是中小企业和个体创作者，提供了重要的支持和帮助。知识产权维权援助中心通过提供免费的法律咨询服务，指导权利人收集侵权证据、制定维权策略，协助权利人向行政机关投诉或向司法机关提起诉讼，同时开展侵权监测和预警服务，帮助权利人及时发现和应对网络侵权行为，可有效降低权利人的维权成本，提高维权成功率。

（三）跨部门协作机制

网络知识产权保护涉及面广、专业性强，单靠某一个部门难以有效应对复杂的侵权问题，跨部门协作机制因此成为行政管理体系不可或缺的重要环节。通过建立由知识产权管理部门、公安机关、市场监管部门、司法机关等多个相关部门组成的联合工作机制，可以实现信息共享、资源整合、优势互补，形成打击网络知识产权侵权行为的合力。例如，在处理重大网络盗版案件时，知识产权管理部门负责证据固定和法律认定，公安机关负责案件侦查和侵权人员抓捕，司法机关负责案件审理和裁判，通过这种协同作战，大大提高了执法效率和打击力度，有效震慑了网络侵权违法行为。

四、社会共治体系

社会共治体系强调发挥社会各界的力量，形成政府主导、企业担当、公众参与、行业自律、国际协作的多元共治格局，其是网络知识产权保护体系的重要补充和延伸。它通过全社会的共同努力，营造尊重创新、保护知识产权的良好社会氛围，从根本上提升网络知识产权保护的效果和水平，推动网络知识产权保护从“被动监管”向“主动共治”转变。社会共治体系是网络知识产权保护的重要补充，通过加强社会监督、提高公众意识、推动行业自律、促进国际合作与交流等方式，形成全社会共同参与网络知识产权保护的良好氛围。

（一）加强社会监督

社会监督作为一种广泛而灵活的监督形式，能够充分调动社会各界的力量参与到网络知识产权保护中来，形成无处不在的监督网络。通过建立便捷高效的网络知识产权侵权举报平台和奖励机制，鼓励广大网民、行业从业者等社会公众积极举报侵权行为，这样能够及时发现大量隐蔽的网络侵权线索；同时，新闻媒体通过对典型侵权案例的曝光和深度报道，能够发挥舆论监督的作用，对侵权行为形成强大的社会压力，促使侵权者停止侵权行为，推动相关部门加大执法力度。

（二）提高公众意识

公众是网络的主要使用者和参与者，其知识产权保护意识直接影响着网络知识产权保护的成效。提高公众意识是一项基础性、长期性的工作，通过在学校教育中融入知识产权知识，在社区、企业、公共场所开展形式多样的宣传活动，如举办知识产权讲座、展览、知识竞赛等，能够使公众深入了解知识产权法律法规，认识到尊重和保护知识产权的重要性，自觉抵制盗版、侵权等违法行为，从源头上减少网络知识产权侵权行为的发生，形成“人人尊重知识产权、人人保护知识产权”的社会风尚。

（三）推动行业自律

行业自律是网络行业自我规范、自我管理、自我提升的重要方式，对于加强网络知识产权保护具有不可替代的作用。行业组织通过制定和实施行业内的知识产权保护自律公约和标准，明确企业在知识产权创造、使用、保护等方面的责任和义务，从而引导企业自觉规范自身行为；同时，通过开展行业内的知识产权培训、交流与合作，帮助企业提升知识产权管理水平和保护能力，建立行业内的侵权纠纷调解机制，有效化解行业内部的知识产权矛盾，形成良性竞争的行业生态，推动整个行业在尊重知识产权的基础上实现健康发展。

（四）促进国际合作与交流

网络的无国界性使得网络知识产权保护成为一项全球性的挑战，任何国家都难以独善其身，加强国际合作与交流是应对这一挑战的必然选择。通过与 WIPO、其他国家的知识产权管理机构、国际行业协会等开展多层次、多领域的合作，可以分享各国在网络知识产权保护方面的成功经验和先进技术，协调不同国家的法律制度和执法标准，建立跨国界的侵权监测与执法协作机制，共同打击跨国网络知识产权侵权行为。这种国际合作不仅能够提高各国自身的网络知识产权保护水平，还能促进全球网络知识产权保护体系的完善，为国际文化交流、技术创新和经济合作创造良好的知识产权环境。

思 考 题

1.在确保创新活力的同时，如何有效保护网络知识产权？

2.在跨国网络知识产权侵权行为增多的背景下，如何加强国际合作，共同应对挑战？

3.针对网络知识产权保护领域出现的新技术和新问题，如何及时修订和完善法律法规？

第一章　网络知识产权保护的法律框架

摘要：本章详细阐述了网络知识产权保护的法律框架，包括国际和国内两个方面的法律体系。随着互联网技术的发展，网络知识产权保护日益重要，已建立起涵盖国际条约和国内法律法规的完整框架。本章重点分析了 WIPO 的相关条约和《著作权法》《商标法》《专利法》等在网络知识产权保护中的应用，并探讨了法律框架的完善路径。

重点：国际法律框架；国内法律体系；法律框架的完善。

难点：法律条款的解读与应用；跨国法律协调；法律与技术的结合。

随着互联网技术的飞速发展和普及，网络知识产权保护日益成为法律关注的重点。在传统知识产权保护的基础上，网络知识产权保护日益完善，并逐渐建立起涵盖国际条约和国内相关法律的框架。本章就国际和国内两个方面对网络知识产权保护的法律框架进行详细阐述，并就这一框架可能的完善路径进行具体探讨。

第一节　网络知识产权保护的国际规定

随着互联网技术的迅猛发展，网络知识产权保护已成为国际社会共同面临的课题。为了构建公平、有序的网络环境，国际社会已经制定了一系列法律框架，旨在加强网络知识产权保护。以下是对相关国际规定的详细探讨。

一、WIPO 的相关条约

WIPO 作为联合国体系内专注于知识产权事务的机构，自 1967 年成立以来，便肩负着推动全球知识产权保护与创新发展的重任。WIPO 不仅是一个国际合作的平台，更是全球知识产权保护规则与标准的制定者和推广者，特别是在面对互联网技术的飞速发展所带来的网络知识产权挑战时，WIPO 通过制定一系列国际条约和协议，为全球知识产权保护构建了坚实的法律框架。

（一）WIPO 的成立与宗旨

WIPO 的成立是国际社会对知识产权保护重要性的认识的深化和升华。在经济全球化背景下，知识产权已成为国家竞争力的核心要素之一，它不仅关乎创新者的权益保护，更直接影响到经济、科技、文化乃至社会发展的方方面面。WIPO 的成立，正是为了响应这一时代需求，通过加强国际合作，促进全球范围内知识产权的有效保护和管理，从而激励创新，推动经济和社会的全面进步。

WIPO 的宗旨明确而深远，即通过国际合作，加强对全世界知识产权（涵盖专利、商标、著作权、工业设计、地理标志等多个领域）的保护，以鼓励创新活动，促进知识成果的广泛应用和传播，进而推动全球经济和社会的可持续发展。这一宗旨不仅体现了国际社会对知识产权作为创新激励机制的认可，也彰显了国际社会对构建公平、开放、包容的知识产权保护环境的共同追求。

随着互联网技术的兴起和普及，网络空间成为知识产权保护和创新活动的新阵地。网络环境的开放性、匿名性、跨国性等特点，使得传统知识产权保护制度面临前所未有的挑战。网络盗版、侵权行为的频发，不仅损害了创新者的合法权益，也破坏了市场公平竞争的秩序，阻碍了知识和技术的交流与进步。在此背景下，WIPO 逐步将工作重点扩展到网络知识产权领域，致力于构建适应数字时代需求的知识产权保护体系，为全球网络知识产权保护提供有力的法律支撑和制度保障。

（二）WCT

WCT 是 WIPO 在版权保护领域取得的一项重大成果，也是国际版权法发展史上的一个重要里程碑。WCT 的制定和生效，标志着国际版权保护制度进入了一个新的发展阶段，特别是在应对数字技术挑战、加强网络版权保护方面，WCT 发挥了至关重要的作用。

1.保护范围的扩大与明确

WCT 在传统版权保护制度的基础上，对版权保护的范围进行了显著的扩大和明确。首先，WCT 明确将计算机程序、数据库、多媒体作品等新型作品形式纳入版权保护范畴，这些作品形式随着互联网技术的发展而兴起，成为数字时代版权保护的重要对象。其次，WCT 规定了作品在网络上的传播行为也构成版权意义上的“发行”或“传播”，这一规定打破了传统版权法中“发行”概念的地域限制，使得版权人在网络环境下的权利得到了有效的保护。无论是通过网络向公众提供作品，还是通过无线方式向公众广播作品，都被视为版权意义上的传播行为，需要得到版权人的授权或许可。

2.技术措施的保护

随着数字技术的发展，版权人为了保护其作品免受未经授权的访问和使用，纷纷采取各种技术措施（如加密、访问控制、数字水印等）。然而，这些技术措施往往成为侵权者攻击的目标。为了保障版权人采取的技术措施的有效性，WCT 要求各成员国提供法律手段，保护版权人为了防止未经授权访问其作品而采取的技术措施。这意味着，任何未经授权破解、规避或破坏技术措施的行为都被视为侵权行为，都将受到法律的制裁。这一规定不仅增强了版权人在网络环境下的保护能力，也促进了技术保护措施的研发和应用，为数字作品的保护提供了更加全面和有效的手段。

3.权利管理信息的保护

在数字环境下，权利管理信息（如版权声明、作者身份标识、作品使用条件等）对于维护版权秩序、保障版权人权益具有重要意义。然而，这些信息往往容易被擅自删除或篡改，导致权利管理混乱和失真。为了保障版权管理信息的真实性和完整性，WCT 规定了对版权管理信息的保护。任何未经授权删除或篡改版权管理信息的行为都被视为侵权行为，都要承担相应的法律责任。这一规定不仅有助于维护版权信息的准确性和可信度，也为版权人维护其权益提供了有力的法律保障。

（三）WPPT

与 WCT 同时通过的 WPPT，是 WIPO 在表演者和录音制品制作者权利保护领域取得的一项重要成果。WPPT 专注于表演者和录音制品制作者在网络环境下的权利保护，为他们提供了更加全面和有效的法律保障。

1.表演者权利的保护

WPPT 赋予了表演者对其表演享有的一系列权利，这些权利不仅涵盖了传统的复制权、发行权、出租权等，还特别强调了在网络环境下的权利保护。例如，表演者享有通过无线方式向公众表演和传播其作品的权利，这包括通过互联网向公众提供其表演的视频、音频等。这一规定确保了表演者在数字时代也能够有效地控制其表演的传播和使用，维护其合法权益。同时，WPPT 还规定了表演者对其表演享有的精神权利，如署名权、保护表演完整权等，这些权利同样适用于网络环境下的表演活动。

2.录音制品制作者权利的保护

除了表演者权利之外，WPPT 还规定了录音制品制作者对其制作的录音制品享有的权利。这些权利包括复制权、发行权、出租权及通过网络向公众传播录音制品的权利等。与表演者权利相似，录音制品制作者在网络环境下的权利也得到了充分的保护。无论是通过互联网向公众提供录音制品的下载服务，还是通过流媒体向公众播放录音制品，都需要得到录音制品制作者的授权或许可。这一规定不仅保障了录音制品制作者的合法权益，也促进了录音制品产业的健康发展。

（四）WIPO 的其他相关活动

除了制定和推广 WCT、WPPT 等重要条约外，WIPO 还通过举办研讨会、发布研究报告等多种方式，不断探讨和推动网络知识产权保护的国际合作与发展。这些活动不仅加深了各国对网络知识产权保护重要性的认识，也促进了各国在知识产权保护方面的交流与合作。

1.成员国大会

WIPO 定期召开成员国大会，这是 WIPO 最高级别的决策机构。成员国大会不仅讨论和决定 WIPO 的重大政策和战略方向，还就全球知识产权保护的最新趋势和挑战进行深入探讨。在大会期间，各国代表就网络知识产权保护、数字技术发展对知识产权制度的影响等议题进行广泛交流，共同寻求解决方案和合作途径。这些讨论和决策为成员国提供了政策指导和建议，推动了全球知识产权保护体系的不断完善和发展。

2.专题研讨会与培训

为了提升各国在网络知识产权保护方面的能力和水平，WIPO 经常组织专题研讨会与培训活动。这些活动邀请来自世界各地的专家、学者和实践者，就网络知识产权保护的热点问题进行深入剖析和探讨。通过分享经验、交流观点、探讨解决方案等方式，不仅增强了各国对网络知识产权保护的理解和认识，也提升了各国在相关领域的实践能力和水平。

3.研究报告与分析数据

WIPO 还积极开展网络知识产权保护领域的研究工作，发布了一系列研究报告与分析数据。这些报告和数据不仅揭示了全球网络知识产权保护的现状和趋势，还深入分析了数字技术发展对知识产权制度的影响。通过这些研究和分析，WIPO 为各国提供了有价值的参考信息和决策依据，推动了全球知识产权保护体系的科学化和规范化发展。

4.国际合作与交流

WIPO 积极促进各国在网络知识产权保护方面的合作与交流。通过与其他国际组织和机构的合作，WIPO 推动了全球知识产权保护网络的构建和发展。同时，WIPO 还鼓励各国加强双边和多边合作，共同打击网络侵权行为，维护公平的市场竞争秩序。这些合作与交流不仅增强了各国在网络知识产权保护方面的协同作战能力，也促进了全球知识产权保护体系的完善和统一。

综上所述，WIPO 在推动全球知识产权保护方面发挥了至关重要的作用。通过制定和推广一系列国际条约和协议，WIPO 为各国提供了共同遵循的知识产权保护标准，特别是在网络知识产权领域，WIPO 的相关条约构成了国际法律框架的重要组成部分。同时，WIPO 还为全球知识产权保护体系的完善和发展做出了重要贡献。

然而，随着数字技术的不断发展和网络环境的日益复杂，网络知识产权保护仍然面临着诸多挑战和困难。为了应对这些挑战和困难，需要进一步加强国际合作与交流，共同探索适应数字时代需求的知识产权保护制度。同时，也需要加强法律法规的制定和完善，提高执法效率和公正性，确保知识产权人的合法权益得到有效保护。只有这样，才能构建一个公平、开放、包容的知识产权保护环境，激励创新活动，促进知识成果的广泛应用和传播，进而推动全球经济和社会的可持续发展。

在未来的发展中，WIPO 将继续发挥其作为国际知识产权保护领导者的作用，推动全球知识产权保护体系不断完善和发展。通过加强国际合作与交流、推动技术创新与制度创新、提高知识产权保护意识和能力等方式，WIPO 将为构建更加美好的知识产权保护体系贡献自己的力量。同时，各国应携手共进，共同应对网络知识产权保护面临的挑战和困难，为创新和发展提供更加有力的法律保障和支持。

此外，值得注意的是，网络知识产权保护不仅仅是法律问题，更是涉及技术、经济、文化等多个领域的综合性问题。因此，在加强网络知识产权保护的同时，也需要关注其与其他领域的关联和影响。例如，网络经济的繁荣离不开知识产权的有效保护；网络文化的多样性和包容性也需要知识产权制度的支撑和保障。只有综合考虑这些因素，才能更好地理解和应对网络知识产权保护面临的挑战和困难。

二、WCT 与《保护计算机软件示范条款》对网络知识产权的保护

在数字时代，网络知识产权保护显得尤为关键。随着信息技术的飞速发展，作品的创作、传播和利用方式都发生了深刻变革，这对传统版权保护制度提出了新的挑战。为了应对这些挑战，国际社会制定了一系列法律文件，其中 WCT 和《保护计算机软件示范条款》（*Model Law for Computer Programs*）具有举足轻重的地位。接下来将详细阐述

这两个法律文件对网络知识产权的保护作用。

（一）WCT 的深入解读

WCT 是 WIPO 于 1996 年通过的一项重要的国际法律文件，旨在加强和更新版权保护，以适应数字技术和网络环境的挑战。WCT 不仅扩大了版权的保护范围，还针对数字技术的特点，对版权保护制度进行了创新性的发展。在网络知识产权保护领域，WCT 的以下几个方面尤为重要。

1.信息网络传播权的确认

正如前文所述，WCT 明确将作品在网络上的传播行为视为版权意义上的“发行”或“传播”。这一规定具有里程碑式的意义，它首次在国际法律层面上确认了信息网络传播权的合法性，为版权人在数字环境下的权益保护提供了坚实的法律基础。

在数字技术出现之前，作品的传播主要依赖于传统的物理媒介，如书籍、唱片、电影胶片等。然而，随着互联网的普及，作品开始以数字化形式在网络上广泛传播。这种新的传播方式不仅速度快、范围广，而且具有互动性和可复制性等特点，给版权保护带来了前所未有的挑战。WCT 通过确认信息网络传播权，为版权人提供了控制其作品在网络上传播的权利，包括通过网站、社交媒体、在线视频平台等渠道向公众提供作品的行为。

信息网络传播权的确认，意味着版权人可以像控制传统物理媒介的传播一样，控制其作品在网络上的传播。这不仅可以防止未经授权的复制和传播行为，还可以确保版权人获得应有的经济回报。同时，它也促进了网络文化的繁荣和发展，为创作者提供了更广阔的创作空间和市场机会。

2.技术保护措施和权利管理信息的保护

除了确认信息网络传播权外，WCT 还要求成员国提供法律手段，保护版权人采取的技术保护措施和权利管理信息。这一规定对于维护版权人在数字环境下的权益至关重要。

如前所述，技术保护措施是指版权人为防止未经授权的访问、复制或传播其作品而采取的技术手段，如加密、数字水印、访问控制等。这些技术措施是版权人在数字环境下保护其作品的重要手段，但往往容易被非法破解或绕过。因此，WCT 要求成员国通过法律手段保护这些技术措施的有效性，防止其被非法破解或绕过。权利管理信息是指附着于作品的有关版权人身份、作品使用情况、授权许可等信息。这些信息对于维护版权人的权益、追踪作品的传播和使用情况具有重要意义。WCT 要求成员国保护这些权利管理信息的完整性、真实性和准确性，防止其被篡改或删除。

通过保护技术保护措施和权利管理信息，WCT 为版权人在数字环境下提供了更加全面和有效的保护，这不仅可以防止未经授权的复制和传播行为，还可以确保版权人能够准确地追踪和管理其作品的使用情况，从而维护其合法权益。

3.数字环境下版权保护的全面升级

WCT 的出台标志着数字环境下国际社会对版权保护的全面升级。它不仅确认了信息网络传播权的合法性，还通过保护技术保护措施和权利管理信息等手段，在数字环境下为版权人提供了更加全面和有效的保护。

这种全面升级的保护制度，不仅适应了数字技术和网络环境的发展需求，还促进了全球文化的繁荣和发展。它鼓励创作者积极创作和分享作品，为公众提供更加丰富和多样的文化产品。同时，它也促进了数字经济的健康发展，为版权产业提供了更加稳定和可靠的法律环境。

（二）《保护计算机软件示范条款》的出台与意义

鉴于计算机软件在数字经济中的重要地位，WIPO 于 1978 年发布了《保护计算机软件示范条款》，为各国制定计算机软件保护法律提供了参考和示范。虽然该示范条款并非具有强制约束力的国际条约，但其对全球计算机软件保护法律制度的发展产生了深远影响。

1.软件版权的确认与保护范围

《保护计算机软件示范条款》明确将计算机软件视为受版权保护的作品，并规定了软件版权的内涵和外延。这一规定为计算机软件的版权保护提供了明确的法律依据，确立了软件作为版权保护对象的法律地位。

软件版权是指软件开发者对其创作的软件作品享有的专有权利。根据《保护计算机软件示范条款》的规定，软件版权包括复制权、发行权、修改权、翻译权等。复制权是指软件开发者有权禁止他人未经授权复制其软件作品；发行权是指软件开发者有权控制其软件作品的发行和传播；修改权是指软件开发者有权禁止他人未经授权修改其软件作品；翻译权是指软件开发者有权禁止他人未经授权将其软件作品翻译成其他语言。

这些权利的保护范围涵盖了软件作品的所有重要方面，为软件开发者提供了全面的法律保护。通过确认软件版权并明确其保护范围，《保护计算机软件示范条款》为计算机软件的创作、开发和使用提供了法律保障，促进了软件产业的健康发展。

2.软件租赁权的限制与平衡

《保护计算机软件示范条款》规定，除非软件许可协议另有约定，否则软件租赁权不属于软件版权人。这一规定旨在平衡软件开发者与使用者之间的利益，防止软件开发者通过控制租赁权来限制软件的使用和传播。

在软件产业中，租赁是一种重要的商业模式。通过租赁软件，使用者可以在不购买软件的情况下使用软件，从而降低了成本风险。然而，如果软件开发者拥有租赁权，他们可能会通过控制租赁条件来限制软件的使用和传播，导致损害使用者的利益。

《保护计算机软件示范条款》通过限制软件版权人的租赁权，保护使用者的合法权益。它允许使用者在遵守软件许可协议的前提下自由租赁软件，从而促进软件的广泛传播和使用。同时，它也鼓励软件开发者通过创新和提高软件质量来赢得市场，而不是通过控制租赁权来限制竞争。

这一规定体现了《保护计算机软件示范条款》在保护软件开发者权益的同时，也充分考虑了使用者的利益和需求。它促进了软件产业的健康发展，为软件开发者和使用者之间建立了良好的合作关系。

3.软件保护的技术措施与法律支持

《保护计算机软件示范条款》鼓励成员国采取法律措施，保护软件开发者为了防止未经授权复制或访问软件而采取的技术措施。这一规定为软件开发者提供了法律支持，增强了他们保护软件作品的能力。

在数字环境下，软件作品容易受到未经授权的复制和访问。为了防止这种情况的发生，软件开发者通常会采取各种技术措施来保护其软件作品。然而，这些技术措施往往容易被非法破解或绕过，因此，需要法律手段来保护这些技术措施的有效性。

《保护计算机软件示范条款》通过鼓励成员国采取法律措施来保护软件开发者采取的技术措施，为软件作品的保护提供更加有力的法律支持。它要求成员国制定相关法律，禁止未经授权破解或绕过技术措施的行为，并规定了相应的法律责任和处罚措施。

这一规定不仅增强了软件开发者保护软件作品的能力，还促进了技术措施的创新和发展。它鼓励软件开发者采用更加先进和有效的技术措施来保护其软件作品，从而提高软件作品的安全性和可靠性。

4.《保护计算机软件示范条款》的全球影响力

《保护计算机软件示范条款》的出台，为全球计算机软件保护法律制度的确立和发展提供了重要参考。许多国家在制定本国计算机软件保护法律时，参考或借鉴了该示范条款的相关规定。

该示范条款的成功之处在于它提供了一个全面、灵活且易于适应各国法律体系的框架。它不仅明确了软件版权的保护范围和权利内容，还平衡了软件开发者与使用者之间的利益。同时，它还考虑了数字环境下软件保护的新挑战和新需求，为技术措施的保护提供了法律支持。它不仅促进了各国计算机软件保护法律制度的协调和统一，还推动了全球软件产业的健康发展。

此外，《保护计算机软件示范条款》的成功也为其他领域的国际法律制定提供了有益的经验和启示。它表明，通过制定示范法或模型法等国际法律文件，可以为各国提供有益的参考和示范，从而促进国际法律制度的协调和统一。

5.对数字经济发展的推动作用

《保护计算机软件示范条款》的出台和实施，对数字经济的发展起到了重要的推动作用。它不仅保护了软件开发者的合法权益，还促进了软件的广泛传播和使用，为数字经济的繁荣和发展提供了有力的法律保障。

在数字经济领域，软件是关键的生产要素之一。它不仅是数字产品和服务的重要组成部分，还是推动数字化转型和创新的重要驱动力。通过保护软件版权和鼓励技术创新，《保护计算机软件示范条款》为软件产业的健康发展提供了有保障的法律环境。

同时，《保护计算机软件示范条款》也促进了软件的广泛传播和使用。它允许使用者在遵守软件许可协议的前提下自由使用和传播软件，从而降低软件的使用成本，提高软件的普及率。这不仅有助于提升数字经济的整体效益，还可以促进数字鸿沟的缩小和数字包容性的增强。

此外，《保护计算机软件示范条款》还推动了全球软件产业的合作和交流。它通过提供国际法律框架和参考标准，促进了各国软件产业的协调和统一。这不仅有助于提升全球软件产业的竞争力和创新能力，还可以促进数字经济的全球化和一体化发展。

三、其他国际公约与协议对网络知识产权的影响

在网络知识产权保护的广阔领域中，除了 WIPO 所制定的相关条约发挥着核心作用外，还有一系列重要的国际公约和协议，它们同样对网络知识产权保护产生了深远且持久的影响。这些公约和协议，虽然可能并非专为网络环境而设计，但它们的原则和精神在网络空间中依然具有强大的生命力和适用性。以下，我们将详细探讨《伯尔尼公约》、TRIPS 及《反假冒贸易协议》（*Anti-Counterfeiting Trade Agreement*，ACTA）这 3 个具有代表性的国际公约和协议对网络知识产权保护的具体影响。

（一）《伯尔尼公约》

《伯尔尼公约》是版权领域最古老且最为重要的国际公约之一。尽管这一公约的制定时间早于数字时代的兴起，但其所确立的基本原则在今天的网络环境下依然具有不可替代的重要性。

1.国民待遇原则的深远影响

《伯尔尼公约》所确立的国民待遇原则是其在网络知识产权保护中最为核心的一项原则。根据这一原则，成员国应给予其他成员国国民的作品以与本国作品相同的保护。这意味着，无论作品的来源国是哪里，只要其作者是《伯尔尼公约》的成员国国民，那么该作品在任何一个成员国境内都应享受到与该成员国本国作品同等的版权保护。

在网络环境下，这一原则的重要性尤为凸显。随着互联网的普及和经济全球化的深入，作品的传播已经不再局限于某一特定的地域或国家。网络使得作品能够迅速跨越国界，被全球范围内的用户访问和使用。在这种情况下，国民待遇原则为外国作品在网络上的传播提供了强有力的法律保障。它确保了外国作者在网络空间中的权益不会因其国籍而受到歧视或限制，从而促进了国际文化交流与传播。

2.版权自动保护原则的坚定实施

除了国民待遇原则外，《伯尔尼公约》还规定了版权自动保护原则。根据这一原则，作品自创作完成之日起即自动受到版权保护，无须进行注册或登记。这一原则同样适用于网络作品。在网络环境中，作品的创作和发布往往更加迅速和便捷。许多创作者通过网络平台发布自己的作品，如文章、图片、音乐等，这些作品在发布之际就立即获得了版权的保护。

版权自动保护原则的存在，为网络创作者提供了极大的便利和保障。它使得创作者无须担心因未进行注册或登记而失去对作品的版权控制。同时，这一原则也强调了版权保护的即时性和普遍性，即无论作品以何种形式存在，只要其符合版权的定义，就立即受到法律的保护。

在网络环境下，版权自动保护原则还有助于打击盗版和侵权行为。由于网络传播的快速和广泛，盗版和侵权行为往往更加难以察觉和制止。然而，版权自动保护原则为权利人提供了强有力的法律武器。一旦发现有侵权行为发生，权利人可以立即依据版权法追究侵权者的法律责任，从而维护自己的合法权益。

综上所述，《伯尔尼公约》作为版权领域的基石性公约，其国民待遇原则和版权自

动保护原则在网络知识产权保护中发挥着至关重要的作用。它们为外国作品在网络上的传播提供了法律保障，为网络创作者提供了便利和保障，同时也为打击盗版和侵权行为提供了有力的法律支持。

（二）TRIPS

TRIPS 是 WTO 框架下的一项重要协议。该协议于 1994 年签署，并于 1995 年正式生效。TRIPS 对包括版权、商标、专利、工业设计等在内的知识产权进行了全面而严格的保护，并强调了知识产权执法的重要性。在网络知识产权领域，TRIPS 的影响深远且广泛。

1.最低保护标准的设立与意义

TRIPS 的一个核心特点是设定了知识产权保护的最低标准，这些标准涵盖了知识产权的各个方面，包括版权的保护范围、商标的注册和使用、专利的授予和维权等。对于成员国而言，这些最低标准是必须遵守的底线，也是国际进行知识产权保护合作的基础。

在网络知识产权领域，最低保护标准的设立具有重大的意义。

首先，它确保了网络环境中的知识产权能够得到充分、有效的保护。随着网络技术的不断发展和普及，知识产权在网络中的传播和利用越来越频繁。然而，网络环境的复杂性和匿名性也使得侵权行为更加难以防范和打击。因此，TRIPS 所设定的最低保护标准为成员国提供了明确的指导，使得各国在制定和执行网络知识产权保护法律时能够有所依据。

其次，最低保护标准的设立促进了国际知识产权保护的协调和统一。在经济全球化的大背景下，各国之间的经济和文化交流日益频繁。然而，由于各国法律体系的差异，知识产权保护的标准和做法各不相同。TRIPS 的最低保护标准为各国提供了共同的基础和框架，有助于减少因标准不一致而引发的争议和冲突。

最后，最低保护标准的设立还有助于提升成员国自身的知识产权保护水平。对于许多发展中国家而言，加强知识产权保护是提升国际竞争力和促进经济发展的重要途径。通过遵守 TRIPS 的最低保护标准，这些国家可以不断完善自身的知识产权法律体系，提高知识产权保护的效率和水平。

2.执法措施的强化与实施

除了设定最低保护标准外，TRIPS 还强调了知识产权执法的重要性，并规定了成员国应采取的执法措施。这些措施包括民事、行政和刑事程序，旨在确保知识产权得到有效执行。在网络知识产权领域，这些执法措施同样具有重要的作用。

首先，民事程序为权利人提供了救济途径。当权利人的知识产权在网络环境中受到侵害时，他们可以通过民事诉讼的方式寻求赔偿和制止侵权行为。TRIPS 要求成员国提供有效的民事救济措施，如禁令、损害赔偿等，以确保权利人的合法权益得到保障。

其次，行政程序为打击侵权行为提供了快速而有效的手段。在网络环境中，侵权行为往往具有迅速扩散和难以追踪的特点。因此，行政程序在打击网络侵权行为方面具有独特的优势。TRIPS 鼓励成员国建立专门的行政机构或授权现有机构负责知识产权的执法工作，以便更加迅速和有效地应对网络侵权行为。

最后，刑事程序对于打击严重的网络侵权行为具有威慑作用。对于情节严重、影响恶劣的侵权行为，仅仅依靠民事和行政程序可能难以达到有效的震慑效果。因此，TRIPS要求成员国对严重的侵权行为应予以刑事处罚，以维护知识产权的严肃性和权威性。

综上所述，TRIPS 作为 WTO 框架下的一项重要协议，在网络知识产权保护中发挥着举足轻重的作用。它所设定的最低保护标准为成员国提供了明确的指导和框架，促进了国际知识产权保护的协调和统一；同时，它所规定的执法措施为打击网络侵权行为提供了有力的法律武器，确保了知识产权在网络环境中得到有效执行。

（三）ACTA 的探讨与启示

虽然 ACTA 因多方反对而未能正式生效，但其对网络知识产权保护的探讨和尝试仍具有一定的参考价值。ACTA 所提出的加强国际合作、提高执法效率等理念，对于网络知识产权保护仍具有一定的启示意义。

1.加强国际合作的必要性

ACTA 的核心理念是加强国际在打击假冒和盗版行为方面的合作。在网络环境中，侵权行为的跨国性特征越发明显。许多侵权者利用网络的匿名性和开放性，进行跨国的盗版和假冒活动，这使得单一国家难以有效地打击这些侵权行为。因此，加强国际合作成为打击网络侵权行为的必然选择。

ACTA 所倡导的国际合作理念，为网络知识产权保护提供了新的思路。首先，国际合作可以促进各国之间的信息共享和情报交流。通过加强国际合作，各国可以更加及时地了解和掌握跨国侵权行为的动态和趋势，从而更加有效地制定和执行打击策略。其次，国际合作可以协调各国的法律制度和执法实践。通过国际合作，各国可以就共同关心的问题进行协商和讨论，寻求更加统一和协调的解决方案。最后，国际合作可以增强打击网络侵权行为的力度和效果。通过联合行动和协同作战，各国可以更加有效地打击跨国侵权行为，维护知识产权的严肃性和权威性。

2.提高执法效率的紧迫性

除了加强国际合作外，ACTA 还强调提高执法效率的紧迫性。在网络环境中，侵权行为的迅速扩散和难以追踪给执法工作带来了极大的挑战。因此，提高执法效率成为打击网络侵权行为的关键所在。

ACTA 所提出的提高执法效率的理念，对于网络知识产权保护具有重要的启示意义。首先，提高执法效率需要完善法律制度和执法机制。各国应不断完善自身的知识产权法律体系，明确执法机构的职责和权限，优化执法流程和方法。同时，还应加强执法机构之间的协作和配合，形成合力，打击网络侵权行为。其次，提高执法效率需要加强技术手段的应用和创新。随着网络技术的不断发展和普及，侵权手段也更加多样化和隐蔽化。因此，执法机构应不断引进和应用新的技术手段，如大数据分析、人工智能等，以提高执法效率和准确性。最后，提高执法效率还需要加强社会监督和公众参与。公众是知识产权保护的受益者，也是参与者。通过加强社会监督和公众参与，可以形成全社会共同打击网络侵权行为的良好氛围和强大合力。

虽然 ACTA 最终未能正式生效，但其所提出的加强国际合作、提高执法效率等理念仍然具有重要的参考价值。这些理念为网络知识产权保护提供了新的思路和方向，有助于各国更加有效地应对网络侵权行为的挑战。在未来的发展中，各国应继续加强国际合作与交流，不断完善自身的知识产权法律体系和执法机制，共同构建更加公平、透明、高效的国际知识产权保护环境。

第二节　网络知识产权保护的国内立法

在信息化时代，随着网络技术的飞速发展，网络知识产权问题逐渐成为社会各界关注的焦点。为了更好地实现网络知识产权保护，我国通过相关立法，在确立相关网络知识产权法律地位的同时，规定了一系列的相应保护措施。

一、《著作权法》对网络知识产权的保护

《著作权法》作为我国知识产权保护法律体系的核心组成部分，在网络技术飞速发展的背景下，其对于网络知识产权的保护作用越发凸显。该法通过不断修订与完善，持续回应网络环境中著作权保护的新问题、新挑战，为数字化作品的创作、传播和使用提供了稳定的法律预期，是维护网络文化市场秩序、激励创新的重要制度保障。

作为知识产权法律体系的重要组成部分，《著作权法》自 1990 年颁布实施以来，已经历了多次修订，以应对社会发展和技术进步带来的新挑战。特别是在网络环境下，如何有效保护著作权人的合法权益，防止网络侵权行为的蔓延，成为《著作权法》修订的重要议题。以下将详细阐述《著作权法》的修订历程、网络版权保护的相关规定及网络侵权的法律责任，以期全面展现我国在网络知识产权保护方面的法律框架和实践。

（一）《著作权法》的修订历程

《著作权法》的修订历程，本质上是法律制度与技术发展、社会需求持续适配的过程。随着网络从无到有、从弱到强的发展，著作权保护的范围、方式和力度也随之调整，《著作权法》的每一次修订都体现了对网络环境下版权保护问题更深入的回应，逐步构建起适应数字时代的著作权保护体系。

1.初创与奠基阶段

《著作权法》的颁布，标志着我国著作权保护步入法制化轨道，为后续的著作权法律制度发展奠定了坚实基础。该法确立的著作权保护基本原则、权利内容和侵权责任等核心框架，为后来应对网络时代的挑战提供了制度根源，是我国著作权保护史上的里程碑。

《著作权法》也标志着中国著作权法律制度的正式建立。这部法律的颁布，不仅填补了我国著作权保护领域的法律空白，也为后续的知识产权保护奠定了坚实基础。然而，由于当时网络技术尚未普及，网络版权问题并未成为法律关注的重点，因此，当时的《著作权法》更多地聚焦于传统作品形式的保护，如文学、艺术和科学作品等。

2.适应网络时代的修订

进入21世纪，网络技术的迅猛发展使得作品的传播方式发生了根本性变革，网络版权侵权现象日益突出，原有的法律规定已难以满足实践需求。这一阶段的修订具有鲜明的问题导向，通过将数字化作品、信息网络传播权等纳入法律调整范围，初步构建了网络版权保护的法律框架，为应对网络带来的挑战提供了直接的法律依据。

第一次修订：2001年对《著作权法》进行了首次修订。这次修订主要围绕数字化作品的保护展开，明确了数字化作品与传统作品享有同等的著作权保护。同时，修订还增加了对计算机程序和数据库等新型作品形式的保护，为网络环境下的著作权保护提供了初步的法律框架。

第二次修订：随着网络技术的进一步发展和网络版权问题的日益严峻，2010年再次对《著作权法》进行了修订。这次修订更加注重网络环境下的著作权保护，明确了信息网络传播权的定义和内涵，为版权人在网络上的传播行为提供了明确的法律保障。同时，修订还加强了对技术保护措施和权利管理信息的保护，防止这些措施和信息被擅自破坏或篡改。

第三次修订：2020年的修订是在移动互联网、云计算、大数据等新兴技术深度融入社会生活的背景下进行的，网络版权保护面临的形势更为复杂，新型侵权行为不断涌现。此次修订在总结以往经验的基础上，进一步细化了网络版权保护的规则，扩大了保护范围，加大了侵权惩处力度，使《著作权法》更适应数字经济时代的发展要求，为网络知识产权保护提供了更加强有力的法律支撑。这次修订不仅进一步细化了网络版权保护的相关规定，还增加了对新型作品形式（如网络直播、短视频等）的保护，加强了对网络版权侵权行为的打击力度。

通过多次修订，《著作权法》逐渐完善了网络知识产权保护体系，为版权人在网络环境下的合法权益提供了有力的法律保障。

（二）网络版权保护的相关规定

网络版权保护的相关规定是《著作权法》在网络环境下的具体应用和体现，这些规定从作品的界定、权利的赋予到保护措施的规范，构建了一个完整的保护体系。它们不仅明确了著作权人在网络空间的权利边界，也为网络服务提供者和使用者的行为提供了指引，是维护网络版权秩序的核心规则。

1.作品的定义与范围

作品是著作权保护的客体，明确作品的定义与范围是实现网络版权保护的前提和基础。在网络环境下，作品的形式更加多样且不断创新，《著作权法》通过对作品定义的适时调整和范围的合理扩展，确保了各类具有独创性的网络智力成果都能获得应有的法律保护，为网络创作活动提供了稳定的预期。

在《著作权法》中，作品是著作权保护的核心对象。为了适应网络时代的发展，《著作权法》明确将计算机程序、网络作品等新型作品形式纳入保护范围。这一规定不仅扩大了著作权的保护范围，也确保了这些作品在网络环境下的版权得到应有的保护。

计算机程序：作为现代信息技术的核心组成部分，计算机程序在网络环境下具有极高的经济价值和社会效益。因此，《著作权法》将计算机程序明确列为保护对象，确保了程序开发者对其创作的程序享有著作权。

网络作品：指通过网络创作、传播和使用的作品，如网络小说、网络音乐、网络视频等。这些作品在网络环境下具有广泛的受众和影响力，因此成为《著作权法》保护的重点对象。

除了计算机程序和网络作品外，《著作权法》还保护其他多种形式的作品，如文学、艺术和科学作品等，这些作品在网络环境下同样可能遭受侵权，因此也需要得到法律的保护。

2.信息网络传播权

信息网络传播权是网络环境下著作权人享有的一项关键性权利，它直接回应了作品通过网络进行传播的特性。这项权利的设立，使得著作权人能够有效控制其作品在网络空间的传播和使用，防止他人未经许可擅自将作品置于网络中供公众获取，是在网络时代维护著作权人的经济利益和精神利益的重要法律武器。

信息网络传播权是《著作权法》为应对网络环境下作品传播方式的变革而设立的一项新型权利，是指版权人有权通过有线或无线方式向公众提供作品，使公众可以在其个人选定的时间和地点获得作品的权利。这一规定为版权人在网络上的传播行为提供了明确的法律保障，也是网络版权保护的核心内容之一。

权利内容：信息网络传播权涵盖了作品在网络环境下的多种传播方式，如网络直播、在线点播、下载服务等。版权人可以根据自己的意愿和利益需求，选择适合的传播方式，并享有相应的权利。

权利行使：版权人可以通过许可、转让等方式行使其信息网络传播权。同时，版权人也可以采取技术措施和管理措施来保护其权利，如加密、数字水印、访问控制等。

权利限制：虽然信息网络传播权为版权人提供了广泛的保护，但《著作权法》也对其进行了必要的限制。例如，为了公共利益和科学研究等目的，法律允许在特定情况下对作品进行合理使用和法定许可使用。

3.技术保护措施与权利管理信息

在网络环境中，作品的复制和传播变得极为便捷，仅靠法律的事后救济难以充分保护著作权。如前所述，技术保护措施与权利管理信息作为著作权人主动保护其权利的技术手段，在网络版权保护中发挥着至关重要的作用。《著作权法》对二者的保护，从法律层面认可了其合法性和有效性，为著作权人构筑了一道主动防御的屏障。

在网络环境下，技术保护措施和权利管理信息是保护版权人权益的重要手段。因此，《著作权法》对这两个方面进行了明确规定。

技术保护措施：指版权人为了防止其作品被未经授权地访问、复制、传播等而采取的技术手段，这些手段包括但不限于加密、数字水印、访问控制等。根据《著作权法》的规定，任何组织或个人都不得故意避开或破坏这些技术保护措施，否则将承担相应的法律责任。

权利管理信息：指与作品著作权有关的信息，如版权人姓名、作品名称、授权使用情况等。这些信息对于确认作品的版权归属和授权情况具有重要意义。因此，《著作权法》规定，任何组织或个人都不得故意删除或更改这些权利管理信息，否则将承担相应的法律责任。

（三）网络版权侵权的法律责任

网络版权侵权的法律责任是确保《著作权法》相关规定得以遵守和执行的保障机制。通过设定不同层级、不同类型的法律责任，能够对网络版权侵权行为形成有效的威慑和惩戒，使侵权者承担相应的法律后果，同时为被侵权的著作权人提供充分的法律救济，从而维护网络版权保护的严肃性和权威性。

1.民事责任

网络版权侵权行为的民事责任是网络版权侵权行为最主要、最常见的法律责任形式，其核心目的在于弥补著作权人因侵权行为所遭受的损失，恢复其权利的圆满状态。通过责令侵权人承担停止侵害、赔偿损失等民事责任，既能使著作权人的合法权益得到救济，也能促使侵权人停止侵权并承担相应的后果，体现了民法的补偿和救济功能。

网络版权侵权行为的民事责任是指侵权人因其侵权行为而给版权人造成的损害所应承担的民事法律后果。根据《著作权法》的规定，网络版权侵权行为的民事责任主要包括停止侵害、消除影响、赔礼道歉及赔偿损失等。

停止侵害：当侵权人实施网络版权侵权行为时，版权人有权要求其立即停止侵害行为，包括删除侵权内容、关闭侵权网站等。

消除影响：如果侵权行为给版权人的声誉造成了不良影响，侵权人应当采取措施消除这种影响，如发布道歉声明、恢复名誉等。

赔礼道歉：侵权人应当向版权人赔礼道歉，以表达其对自己的侵权行为的悔过和歉意。

赔偿损失：侵权人应当赔偿其侵权行为给版权人造成的经济损失和合理支出，包括版权人的直接损失、间接损失及为制止侵权行为所支付的合理费用等。

2.行政责任

网络版权侵权行为的行政责任是国家行政机关通过行使行政管理权，对网络版权侵权行为进行的干预和制裁，其具有主动性和强制性的特点，能够及时制止侵权行为，维护市场秩序。通过对侵权人处以罚款、没收违法所得等行政处罚，不仅可以惩罚侵权行为，还能起到警示和教育作用，防止类似的侵权行为再次发生。

网络版权侵权行为的行政责任是指侵权人因其侵权行为而应承担的由行政机关给予的行政处罚或行政强制措施等法律后果。根据《著作权法》及相关行政法规的规定，网络版权侵权行为的行政责任主要包括罚款、没收违法所得、责令停业整顿、吊销许可证等。

罚款：行政机关可以对侵权人处以一定数额的罚款，以惩罚其侵权行为并促使其改正错误。

没收违法所得：如果侵权人通过侵权行为获得了违法所得，行政机关可以予以没收，以剥夺其非法利益。

责令停业整顿：对于情节严重的侵权行为，行政机关可以责令侵权人停业整顿，以整顿市场秩序并保护版权人的合法权益。

吊销许可证：如果侵权人持有相关许可证或资质证书，并且其侵权行为严重违反了相关法律法规的规定，行政机关可以吊销其许可证或资质证书，以取消其从事相关活动的资格。

3.刑事责任

网络版权侵权行为的刑事责任是网络版权侵权行为最严重的法律后果，适用于那些情节严重、社会危害性较大的侵权行为，已构成犯罪的情形。通过追究侵权人的刑事责任，如判处有期徒刑、罚金等，能够对严重侵权行为形成强大的威慑力，打击和遏制大规模、有组织的网络版权犯罪活动，维护正常的社会经济秩序和法治环境。

网络版权侵权行为的刑事责任是指侵权人因其侵权行为而应承担的由司法机关给予的刑事处罚等法律后果。根据《著作权法》及《中华人民共和国刑法》（简称《刑法》）的相关规定，网络版权侵权行为的刑事责任主要包括有期徒刑、拘役、罚金等。

有期徒刑：对于情节严重的网络版权侵权行为，司法机关可以判处侵权人有期徒刑，以剥夺其人身自由并惩罚其犯罪行为。

拘役：对于情节较轻的网络版权侵权行为，司法机关可以判处侵权人拘役，以短期剥夺其人身自由并促使其改正错误。

罚金：司法机关可以对侵权人处以一定数额的罚金，以惩罚其犯罪行为并剥夺其非法利益。

在网络版权保护方面，《著作权法》通过明确规定作品的定义与范围、信息网络传播权、技术保护措施与权利管理信息等内容，为版权人在网络环境下的合法权益提供了有力的法律保障。同时，通过设定民事责任、行政责任和刑事责任等法律责任制度，确保了对网络版权侵权行为的有效打击和制裁。这些规定不仅体现了我国对网络知识产权保护的重视和决心，也为促进网络文化的繁荣和发展提供了坚实的法律基础。

二、《商标法》《专利法》等相关法律在网络环境中的应用

在数字时代，互联网已成为全球经济和社会活动的重要载体。随着网络技术的飞速发展，网络知识产权问题日益凸显，成为知识产权保护领域的新挑战。为了有效应对这些挑战，我国不断完善相关法律法规，构建起一套涵盖《商标法》《专利法》以及其他相关法律在内的网络知识产权保护体系，为网络环境下的知识产权提供全面而有力的法律保障。

（一）《商标法》与网络商标保护

商标，作为区分商品或服务来源的重要标志，其在网络环境下的保护尤为重要。随着互联网的普及，网络商标问题逐渐浮出水面，成为知识产权保护的新热点。《商标法》作为商标保护的基本法律，对网络商标的保护进行了全面而细致的规定。

1.网络商标的注册与管理

《商标法》明确规定，任何能够将自然人、法人或者其他组织的商品与他人的商品

区别开的标志，包括文字、图形、字母、数字、三维标志、颜色组合和声音等，以及上述要素的组合，均可以作为商标申请注册。在网络环境下，这些标志同样可以作为网络商标进行注册。

网络商标的注册程序与传统商标相似，包括申请、审查、公告和注册等步骤。申请人可以通过国家知识产权局商标局（简称商标局）的官方网站或指定机构提交商标注册申请，并按照要求填写申请文件、提交商标图样等材料。商标局将对申请进行审查，符合注册条件的将予以公告，公告期满无异议的，将颁发商标注册证书。

网络商标的管理也遵循《商标法》的相关规定。商标注册人享有商标专用权，有权在核定使用的商品或服务上使用其注册商标，并有权禁止他人未经许可在同一种或类似商品或服务上使用与其注册商标相同或近似的商标。同时，商标注册人应当规范使用注册商标，不得自行改变注册商标的文字、图形等要素，也不得将注册商标用于非核定使用的商品或服务上。

2.网络商标侵权行为的处理

网络商标侵权行为是指在网络环境下，未经商标注册人许可，擅自使用、销售、伪造、变造、擅自制造他人注册商标标识或者销售伪造、变造、擅自制造的注册商标标识，以及其他损害商标注册人合法权益的行为。这些行为不仅侵犯了商标注册人的商标专用权，也扰乱了市场秩序，损害了消费者的合法权益。

为了有效打击网络商标侵权行为，《商标法》提供了多种法律救济措施。首先，商标注册人可以通过行政途径向商标局或工商行政管理部门投诉、举报侵权行为，要求相关部门依法查处。其次，商标注册人还可以通过司法途径向人民法院提起诉讼，要求侵权人承担停止侵权、赔偿损失等法律责任。此外，《商标法》还规定了侵权行为的法律责任，包括行政处罚、民事赔偿和刑事责任等，为打击网络商标侵权行为提供了有力的法律武器。

在网络商标侵权行为的处理中，有几个特殊问题值得关注。一是域名抢注问题。域名作为互联网上的地址标识，与商标具有相似的识别功能。一些不法分子为了谋取不正当利益，恶意抢注与他人注册商标相同或近似的域名，导致商标注册人的合法权益受到侵害。对此，《商标法》明确规定，将他人注册商标恶意注册为域名并使用的行为属于侵权行为，应当依法承担法律责任。二是商标淡化问题。商标淡化是指将与他人注册商标相同或近似的标志用于非类似商品或服务上，从而削弱该商标的显著性和识别性。在网络环境下，商标淡化行为更加隐蔽和复杂。为了防止商标淡化，《商标法》规定，将与他人注册商标相同或近似的标志作为商品或服务的名称、包装、装潢等使用，误导公众的行为属于侵权行为。

3.网络商标保护的实践案例

近年来，我国在网络商标保护方面取得了显著成效，以下是一些典型的实践案例。

腾讯公司针对某公司恶意抢注“微信”商标的行为向商标局提出异议。经过审理，商标局认为该抢注行为违反了《商标法》的相关规定，裁定不予注册。这一案例有效维护了腾讯公司的商标权益，也警示了其他企业不要试图通过恶意抢注来获取不正当利益。

京东集团发现某电商平台在未经授权的情况下使用“京东”商标进行虚假宣传。京东集团随即向工商行政管理部门投诉、举报。经过调查取证，工商行政管理部门认定该电商平台存在商标侵权行为，并依法对其进行了行政处罚。这一案例体现了《商标法》在打击网络虚假宣传方面的有力作用。

拼多多公司发现某商家在某平台上销售假冒其注册商标的商品，拼多多公司立即向该平台投诉并要求下架相关商品。同时，拼多多公司也向人民法院提起诉讼，要求侵权商家承担法律责任。经过审理，判决侵权商家停止侵权并赔偿损失。这一案例展示了《商标法》在保护电商平台知识产权方面的积极作用。

这些实践案例表明，《商标法》在网络商标保护方面发挥着重要作用。通过依法打击网络商标侵权行为，不仅维护了商标注册人的合法权益，也促进了网络市场的健康发展。

（二）《专利法》与网络专利保护

专利作为创新成果的重要保护形式，在网络环境下同样面临着严峻的挑战。《专利法》作为专利保护的基本法律，对网络专利的保护进行了全面而深入的规定。

1.网络专利的申请与审查

《专利法》规定，发明、实用新型和外观设计均可以申请专利保护。在网络环境下，许多创新成果以软件、算法、界面设计等形式存在，并通过网络进行传播和应用。这些创新成果只要符合《专利法》规定的新颖性、创造性和实用性要求，就可以申请专利保护。

网络专利的申请程序与传统专利相似，包括提交申请文件、缴纳申请费、等待审查等步骤。申请人可以通过国家知识产权局专利局（简称专利局）的官方网站或指定机构提交专利申请，并按照要求填写申请文件、提交说明书和权利要求书等材料。专利局将对申请进行初步审查和实质审查，符合授权条件的将颁发专利证书。

在网络专利的审查过程中，有几个特殊问题值得关注。一是软件专利的保护问题。软件作为网络环境下的重要创新成果，其专利保护一直备受关注。为了加强软件专利的保护，《专利法》明确规定，软件可以作为发明专利或实用新型专利的保护对象，前提是其符合《专利法》规定的新颖性、创造性和实用性要求。二是算法专利的保护问题。算法作为网络环境下的核心技术，其专利保护也面临诸多挑战。为了加强算法专利的保护，《专利法》规定，算法只要能够产生新的技术效果，并且符合《专利法》规定的新颖性、创造性和实用性要求，就可以申请专利保护。

2.网络专利权的行使与保护

专利权人享有对其专利的独占实施权，有权禁止他人未经许可实施其专利。在网络环境下，专利权的行使和保护面临更加复杂的情况。一方面，网络技术的快速发展使得专利权的行使方式更加多样化；另一方面，网络环境的开放性和匿名性使得专利侵权行为更加难以防范和打击。

为了加强网络专利权的保护，《专利法》提供了多种法律救济措施。首先，专利权人可以通过行政途径向专利局或地方知识产权管理部门投诉、举报侵权行为，要求相关部门依法查处。其次，专利权人还可以通过司法途径向人民法院提起诉讼，要求侵权人承担停止侵权、赔偿损失等法律责任。此外，《专利法》还规定了侵权行为的法律责任，包括行政处罚、民事赔偿和刑事责任等，为打击网络专利侵权行为提供了有力的法律武器。

在网络专利权的行使和保护中，有几个特殊问题值得关注。一是专利侵权的判定问题。由于网络环境的复杂性和多样性，专利侵权的判定往往更加困难。为了准确判定专利侵权，《专利法》规定，专利侵权行为的判定应当以专利权的有效性和侵权行为的成立为前提。同时，专利局和人民法院在判定专利侵权时，还应当充分考虑网络环境下的特殊情况和因素。二是专利侵权的赔偿问题。由于网络环境下的专利侵权行为往往涉及面广、影响大，因此，赔偿数额的确定成为一个难点问题。为了合理确定赔偿数额，《专利法》规定，专利侵权赔偿数额应当根据侵权行为的性质、情节和侵权人的获利情况等因素综合考虑。同时，专利局和人民法院在处理专利侵权赔偿案件时，还应当充分考虑网络环境下的特殊情况和因素，确保赔偿数额的公正性和合理性。

3.网络专利保护的实践与创新

近年来，我国在网络专利保护方面取得了显著成效，并不断探索和创新保护方式和方法。以下是一些典型的实践与创新案例。

“云计算”专利保护：随着云计算技术的快速发展，越来越多的企业开始布局云计算专利。为了加强云计算专利的保护，国家知识产权局加强了云计算领域的专利审查和授权工作，并建立了云计算专利数据库和专利池，为云计算技术的创新和发展提供了有力的法律保障。

“大数据”专利保护：大数据作为网络环境下的重要资源，其专利保护备受关注。为了加强大数据专利的保护，一些企业开始探索将大数据技术与人工智能技术相结合，通过智能分析和挖掘大数据中的专利信息，为大数据专利的保护提供更加精准和高效的服务。

“区块链”专利保护：区块链作为新兴技术，其专利保护面临诸多挑战。为了加强区块链专利的保护，国家知识产权局加强了区块链领域的专利审查和授权工作，并积极探索区块链技术在专利保护中的应用，如利用区块链技术实现专利信息的可追溯性和不可篡改性，为区块链技术的创新和发展提供了有力的法律保障。

这些实践与创新案例表明，《专利法》在网络专利保护方面发挥着重要作用。通过不断探索和创新保护方式和方法，不仅加强了网络专利的保护力度，也促进了网络技术的创新和发展。

（三）其他相关法律的应用

在中国，知识产权保护的法律体系是多元且全面的，不仅涵盖了《著作权法》《商标法》和《专利法》这三大核心法律，还融入了诸如《反不正当竞争法》与《中华人民共和国电子商务法》（简称《商务法》）等其他相关法律，共同构建起一个严密的网络知识产权保护网。这些法律各司其职，相互补充，有效应对了随着互联网技术飞速发展而日益复杂化的知识产权挑战。

1.《反不正当竞争法》在网络知识产权保护中的作用

《反不正当竞争法》作为维护市场经济秩序、促进公平竞争的重要法律，其在网络知识产权保护方面的作用不容小觑。在互联网这个信息高速流通的平台上，不正当竞争行为往往以更加隐蔽和多变的形式出现，如虚假宣传、商业诋毁、混淆行为，以及利用技术手段干扰或破坏其他经营者合法提供的网络产品或服务等。这些行为不仅损害了消费者的合法权益，也严重侵扰了市场主体的正当竞争秩序和知识产权权益。

《反不正当竞争法》通过明确规定何为不正当竞争行为，并设定相应的法律责任，为网络环境中的知识产权人提供了有力的法律武器。例如，对于通过网络发布虚假广告，夸大产品性能或效果，误导消费者的行为，该法规定了严格的法律责任，包括罚款、停止违法行为、消除影响等，有效遏制了此类行为的蔓延。同时，对于商业诋毁，即故意散布虚假信息、损害竞争对手商誉的行为，同样给予严厉制裁，保护了企业的名誉权和市场份额不受非法侵害。

2.《电子商务法》对电商平台知识产权保护的明确要求

随着互联网经济的崛起，电子商务平台已成为商品和服务交易的重要渠道，也是知识产权侵权行为频发的高地。《电子商务法》的出台正是为了规范电商行业的运营，特别是针对知识产权保护提出了明确要求，强化了电商平台的责任与义务。

该法明确规定，电子商务平台经营者应当建立知识产权保护规则，采取必要措施防止知识产权侵权行为的发生，包括但不限于对平台内经营者的资质审核、商品信息的监控、侵权投诉的处理机制等。这意味着电商平台不能仅作为交易的中介，而需积极参与到知识产权保护中来，主动识别并下架侵权商品，协助权利人维权，甚至在某些情况下将承担连带责任。

此外，《电子商务法》还鼓励电商平台运用大数据、人工智能等现代技术手段，提高知识产权保护效率和精准度，如通过建立知识产权数据库，实现快速比对识别侵权商品；利用智能算法监测异常交易行为，及时发现并阻断侵权链接等。这些措施的实施，不仅提升了知识产权保护的效率，也促进了电商行业的健康可持续发展。

三、行政法规与部门规章对网络知识产权的补充保护

行政法规与部门规章在网络知识产权保护体系中扮演着连接基础性法律与具体实践的重要角色，它们以基础性法律为依据，针对网络环境的特殊性和复杂性，制定出更具操作性的规范，能够快速响应网络知识产权保护中出现的新问题，为法律的实施提供细化指引，是对网络知识产权保护的重要补充。

（一）行政法规与部门规章的制定背景与意义

在网络技术飞速发展的当下，网络知识产权侵权形式不断翻新，仅依靠基础性法律难以全面覆盖和有效应对各种具体情况。行政法规与部门规章的制定，正是为了填补基础性法律在具体适用中的空白，它们结合网络知识产权保护的实践需求，将法律原则转化为具体的行为规范和操作标准，使得网络知识产权保护工作更加精准、高效，对于提

升整体保护水平具有不可替代的作用。

随着互联网的迅猛发展，网络知识产权问题日益凸显，为了更加具体和细致地规范网络知识产权保护，我国政府在《著作权法》《商标法》《专利法》等基础性法律的基础上，制定了一系列行政法规和部门规章。这些行政法规和部门规章以其高度的专业性和针对性，为网络知识产权保护提供了更加详细和具体的指导和规范，有效填补了法律空白，增强了法律的可操作性和执行力。

（二）行政法规对网络知识产权的细化保护

行政法规作为由国务院制定的规范性文件，在法律效力层级上仅次于法律，它能够根据网络知识产权保护的实际需要，对法律规定进行细化和延伸。在网络知识产权保护领域，行政法规聚焦于具体的权利保护场景和突出问题，制定出具有针对性的保护规则，使得法律对网络知识产权的保护更加深入、具体，为相关执法和司法活动提供了明确的依据。

1.《信息网络传播权保护条例》的出台与意义

《信息网络传播权保护条例》（简称《条例》）是针对网络环境下信息网络传播权这一核心权利制定的专门行政法规，它紧密围绕信息网络传播权的行使与保护，将《著作权法》中关于该权利的原则性规定转化为具体的操作规范。《条例》的出台，为解决网络作品传播中的侵权认定、责任划分等难题提供了清晰指引，对于强化信息网络传播权的保护具有里程碑式的意义。

《条例》是专门针对信息网络传播权保护而制定的一部重要的行政法规，详细规定了信息网络传播权的保护范围，明确了权利行使的方式和条件，为网络版权保护提供了具体的法律依据。同时，《条例》还详细列举了侵权行为的认定标准，包括未经许可向公众提供作品、表演、录音录像制品等，为打击网络版权侵权行为提供了有力的法律武器。此外，《条例》还规定了侵权行为的法律责任，包括停止侵害、赔偿损失等，有效维护了著作权人的合法权益。

2.其他行政法规的补充作用

除了专门针对信息网络传播权的条例外，其他相关行政法规从不同角度对网络知识产权保护进行了补充，它们针对网络环境中特定类型的知识产权，如计算机软件等，制定了专门的保护规则，形成了覆盖广泛、各有侧重的行政法规保护网络，进一步完善了网络知识产权保护的法律框架，确保了不同领域的网络知识产权都能得到有效保护。

除了《信息网络传播权保护条例》外，国家还制定了其他相关行政法规，如《计算机软件保护条例》等，对网络环境下的特定知识产权进行了专门保护。这些行政法规针对网络知识产权的特殊性，提供了更加具体和细致的保护措施，有效遏制了网络侵权行为的蔓延。

（三）部门规章对网络知识产权的全方位保护

部门规章是由国务院各部门根据法律和行政法规制定的规范性文件，它们具有更强的专业性和行业针对性。在网络知识产权保护方面，各相关部门结合自身职责制定的部门规章能够深入网络知识产权保护的各个具体环节，从申请、审查到侵权处理等，形成全方位的保护网络，使保护措施更加贴合实际工作需要，提升了保护的实效性。

1.国家知识产权局的规章制定

国家知识产权局作为知识产权管理的核心部门之一，其制定的规章在网络知识产权保护中具有重要作用。这些规章紧密围绕专利、商标在网络环境中的申请、使用和保护等环节，对相关流程和标准进行细化，尤其针对电子商务等网络场景中的侵权问题，制定了具体的应对措施，为网络环境下专利和商标的保护提供了切实可行的操作指南。

国家知识产权局作为负责专利、商标等知识产权管理的部门，制定了一系列部门规章，对网络环境下的知识产权进行了补充保护。这些规章不仅细化了专利、商标的申请、审查、授权流程，还明确了侵权行为的判定标准和法律责任。特别是在网络环境下，针对电子商务平台上可能出现的专利、商标侵权行为，规章要求电商平台加强知识产权审核和管理，建立侵权投诉处理机制，及时下架侵权商品或断开链接，有效维护了知识产权人的合法权益。

2.工商总局的规章制定与执行

工商总局在网络商标保护方面制定的规章，是对《商标法》在网络领域的具体延伸和细化。这些规章充分考虑了网络环境下商标侵权的特点，从商标的注册使用规范到侵权判定与处理，都做出了详细规定，同时通过强化执行和专项执法，确保了规章的有效实施，为网络商标权人的合法权益提供了坚实保障。

工商总局也针对网络环境下的商标保护发布了相关规章。这些规章不仅规范了商标的注册和使用行为，还明确了商标侵权的判定标准和法律责任。针对网络环境下商标侵权行为的隐蔽性和多发性，规章要求网络服务提供者加强商标审核和管理，建立商标侵权投诉处理机制，及时删除侵权链接或下架侵权商品。同时，工商总局还加大了对网络商标侵权行为的打击力度，通过专项执法行动等，有效遏制了网络商标侵权行为的蔓延。

第三节　网络知识产权保护的完善建议

在网络时代，知识产权保护面临着前所未有的挑战。随着技术的不断进步和网络环境的日益复杂，网络知识产权问题层出不穷，给法律法规的制定和执行带来了巨大压力。为了有效应对这些挑战，我们需要在现有法律法规的基础上，不断完善和优化，以确保网络知识产权得到全面、有效的保护。以下是对网络知识产权保护的完善建议，旨在构建一个更加公正、合理、有效的保护体系。

一、平衡保护与公共利益的关系：构建和谐的知识产权保护环境

在网络知识产权保护中，既要充分保护知识产权人的合法权益，又要兼顾公共利益和社会发展的需要。这要求在立法和执法过程中，必须找到两者之间的平衡点。

（一）合理界定保护范围：促进知识的传播和应用

在界定网络知识产权的保护范围时，应充分考虑公共利益和社会发展的需要。对于那些对公共利益有重大影响的作品或技术，应适当放宽保护范围，以促进知识的传播和应用。

1.界定保护范围的依据

在界定网络知识产权的保护范围时，应依据法律法规的规定，结合实际情况进行综合考虑。可以考虑作品的创新性、技术的重要性及其对公共利益的影响等因素。对于那些具有重要社会价值和经济价值的作品或技术，应给予更广泛的保护。

2.适当放宽保护范围

对于那些对公共利益有重大影响的作品或技术，如基础研究成果、公共健康技术等，应适当放宽保护范围。可以通过设定合理的保护期限、允许一定范围内的免费使用等方式，促进知识的传播和应用。同时，还应加强对这些作品或技术的宣传和推广，提高其社会认知度和影响力。

3.严厉打击恶意侵权和滥用知识产权行为

在放宽保护范围的同时，必须严厉打击恶意侵权和滥用知识产权行为。对于故意侵犯他人知识产权、滥用知识产权进行不正当竞争等行为，应依法予以严厉打击。通过加大处罚力度、提高违法成本等方式，维护市场秩序和公平的竞争环境。

（二）建立利益平衡机制：协调知识产权人与社会公众的利益

为了平衡知识产权人与社会公众之间的利益，可以建立相应的利益平衡机制。通过设立知识产权基金、提供公共财政支持等方式，鼓励知识产权人将其作品或技术用于公共利益领域；同时，也可以通过制定合理的许可费标准、建立知识共享平台等方式，促进知识的传播和应用。

1.设立知识产权基金和提供公共财政支持

政府可以设立专门的知识产权基金，用于支持那些具有重要社会价值与经济价值的作品或技术的研发和推广。同时，还可以提供公共财政支持，鼓励知识产权人将其作品或技术用于公共利益领域。通过设立基金和提供财政支持，可以激发知识产权人的创新热情和社会责任感。

2.制定合理的许可费标准和建立知识共享平台

为了促进知识的传播和应用，可以制定合理的许可费标准，降低使用成本，鼓励更多的人使用和创新。同时，还可以建立知识共享平台，为知识产权人和使用者提供一个交流与合作的平台。通过知识共享平台，促进知识的交流和共享，提高知识的利用效率和价值。

综上所述，为了确保利益平衡机制的有效运行，必须加强监管和评估机制。一方面，应加强对知识产权基金和公共财政支持的使用情况的监管和评估，确保其用于支持公共利益领域的作品或技术。另一方面，还应加强对许可费标准和知识共享平台的监管和评估，确保其合理性和公正性。通过加强监管和评估机制，可以保障利益平衡机制的有效性和可持续性。

（三）加强公众教育和宣传：提高公众对知识产权的认识和尊重

提高公众对网络知识产权的认识和尊重也是平衡保护与公共利益关系的重要途径。通过加强公众教育和宣传，让公众了解知识产权的重要性和价值，培养尊重知识产权、保护创新的良好社会氛围。

1.开展多样化的教育活动

政府和社会各界应开展多样化的教育活动，如举办知识产权讲座、研讨会、展览等，让公众了解知识产权相关的基本概念和法律法规。同时，还可以将知识产权教育纳入学校课程体系，从小培养学生的知识产权意识和创新能力。通过多样化的教育活动，提高公众对知识产权的认识和理解。

2.加强媒体宣传和舆论引导

媒体应加强对知识产权的宣传和报道，通过电视、广播、报纸、网络等多种渠道，向公众传递知识产权的重要性和价值。同时，还应加强舆论引导，倡导尊重知识产权、保护创新的良好社会风尚。通过媒体宣传和舆论引导，营造全社会关注知识产权、支持创新的良好氛围。

3.发挥社会组织和企业的作用

社会组织和企业在知识产权教育和宣传中发挥着重要作用。社会组织可以组织各种形式的知识产权活动，如知识竞赛、创新大赛等，激发公众的创新热情。企业则可以通过加强内部管理、提高员工的知识产权意识等方式，推动知识产权文化的普及和传播。通过发挥社会组织和企业的作用，可以形成全社会共同参与知识产权保护和创新的良好局面。

二、加强跨国合作与协调：构建网络知识产权保护的全球防线

在数字化浪潮席卷全球的当下，网络知识产权保护已不再是单一国家的内部事务，而是关乎全球创新活力与经济秩序的共同课题。由于网络空间的无界性、侵权手段的技术性及利益链条的复杂性，任何国家都难以仅凭自身力量筑起坚固的防护壁垒。正因如此，将分散的国家力量凝聚成跨国协作的合力，通过系统性的合作与协调机制应对挑战，成为全球范围内保护网络知识产权的必然选择。以下将从“加强国际交流与合作：构建共治共享的国际网路”“推动制定国际规则：构建公正合理的国际秩序”“加强跨国企业合作：构建协同保护的产业生态”3 个维度，详细阐述如何编织一张覆盖全球的网络知识产权保护网络，为创新成果保驾护航。

（一）加强国际交流与合作：构建共治共享的国际网络

国际交流与合作是打破国家间壁垒、形成保护合力的基础路径。在网络知识产权保护领域，各国的法律体系、执法标准和技术水平存在差异，唯有通过持续、深入的交流与合作，才能增进理解、消除分歧，建立起跨越国界的保护网络。接下来将具体探讨如何通过积极参与国际组织活动、签署双边与多边协议及加强执法司法合作等方式，搭建起一个多方参与、责任共担、成果共享的国际合作框架，让每一个国家都能在这张网络

中发挥作用、获得支持。

1.积极参与国际组织活动

国际组织作为全球治理的重要平台，在协调各国立场、制定统一标准、分享实践经验等方面具有不可替代的作用。我国作为全球数字经济的重要参与者和贡献者，在 WIPO、WTO 等机构中的角色与行动，直接影响着全球网络知识产权保护的走向。我国通过积极参与这些国际组织的各项活动，不仅贡献了自身的实践经验，更在全球知识产权治理的对话中发出了声音，推动形成了更加公平合理的保护共识，进而提升了自身在国际知识产权领域的影响力与话语权。

2.签署双边与多边协议

双边与多边协议是将国际合作意愿转化为具体行动规则的重要载体。面对日益猖獗的跨国网络知识产权侵权行为，仅靠非正式的交流难以形成有效的约束与协作。因此，通过签署针对性的协议来明确各方权利与义务、规范合作流程至关重要。我国与其他国家通过签订专门的网络知识产权保护协定，在信息互通、联合执法、司法协助等关键环节建立起制度化的合作机制，从而构建起一张紧密衔接、反应迅速的跨境保护网络，有效遏制了侵权行为的跨国蔓延。

3.加强执法与司法合作

跨国网络知识产权侵权案件的处理，往往涉及多个国家的执法部门与司法机关，不同的法律程序和证据标准容易成为合作的障碍。因此，在执法与司法层面建立高效畅通的合作渠道，是确保跨国保护落到实处的关键。我国通过建立直接沟通机制实现了案件信息的快速流转，同时，积极探索跨国民事纠纷解决途径，为权利人提供便利，并通过联合执法行动形成震慑力，从而在实践层面打破国界限制，使侵权行为无处遁形。

（二）推动制定国际规则：构建公正合理的国际秩序

国际规则是全球网络知识产权保护的“游戏规则”，其公正性与合理性直接决定了保护体系的有效性与可持续性。在数字技术快速发展的背景下，传统规则已难以应对新问题、新挑战。因此，主动参与并推动国际规则的制定与完善，构建符合时代需求、兼顾各方利益的国际秩序，成为加强跨国合作的核心环节。以下将从倡导多边主义、推动规则创新以及关注发展中国家需求 3 个方面，阐述如何实现这一目标。

1.倡导多边主义

多边主义是应对全球性挑战、维护国际公平正义的基石。在国际知识产权规则制定领域，单边主义和霸权主义的做法往往导致规则向少数国家倾斜，损害多数国家的合法权益，最终破坏全球创新生态。我国在国际规则制定进程中坚定奉行多边主义原则，推动各国通过平等协商、达成广泛共识来制定规则，反对将知识产权问题政治化、工具化的行为，确保国际知识产权体系能够反映各国特别是发展中国家的意愿与诉求，真正成为维护全球共同利益的制度保障。

2.推动规则创新

数字经济的蓬勃发展催生了一系列新型知识产权形态与侵权模式，如数字版权的跨境传播、人工智能生成内容的权利归属、大数据的保护边界等，这些都对传统知识产权保护规则提出了全新挑战。若不能及时推动知识产权保护规则创新，现有体系将难以有效应对现实问题。我国积极参与国际社会对新型知识产权保护规则的探讨与制定，结合自身实践提出建设性方案，推动形成覆盖数字版权、商标权、专利权及新兴技术领域的、适应数字时代特征的国际规则体系，为全球知识产权保护提供与时俱进的制度框架。

3.关注发展中国家需求

在全球知识产权保护体系中，发展中国家由于经济发展水平、技术能力和制度建设等方面的差距，往往面临着保护能力不足与发展需求迫切的双重挑战。若国际规则一味强调高标准保护而忽视发展中国家的实际情况，不仅会加剧全球发展失衡，也会削弱全球知识产权保护的整体基础。我国作为最大的发展中国家，在国际规则制定中积极发声，推动规则向更加平衡、包容的方向发展，通过技术援助、能力建设等方式帮助其他发展中国家提升保护水平，同时在规则设计中充分考虑其发展阶段与承受能力，避免过度保护对其经济社会发展造成阻碍。

（三）加强跨国企业合作：构建协同保护的产业生态

跨国企业作为全球产业链、供应链和创新链的核心参与者，既是网络知识产权的主要创造者和拥有者，也是侵权行为的主要受害者。在经济全球化背景下，企业的知识产权保护需求往往跨越国界，单纯依靠政府层面的合作难以完全覆盖企业的实际需求。因此，推动跨国企业之间建立协同保护机制，构建健康有序的产业生态，是对政府间合作的重要补充，也是形成全球保护合力的关键一环。以下将从建立跨国企业知识产权保护联盟、开展联合执法行动、加强企业自律管理以及促进技术创新与合作 4 个方面，阐述如何构建这一协同保护的产业生态。

1.建立跨国企业知识产权保护联盟

单个企业的力量在面对复杂的跨国侵权行为时往往显得势单力薄，而通过联盟形式将具有共同利益的跨国企业组织起来，则能够实现资源共享、信息互通和行动协同，从而大幅提升保护效能。因此，应推动不同国家、不同行业的跨国企业建立知识产权保护联盟，特别是在高科技、文化创意等侵权高发领域，通过联盟机制整合各方资源，形成联合防御体系，降低企业单独维权的成本与难度，共同应对跨境侵权带来的挑战。

2.开展联合执法行动

跨国企业在日常运营中积累了大量关于侵权行为的信息与线索，其自身的法律团队具备专业的调查与应对能力。推动企业之间开展联合执法行动，能够将这些分散的力量汇聚起来，形成更具针对性和震慑力的保护力量。因此，跨国企业应通过协调内部团队、共享侵权信息、联合开展调查取证等方式，与各国政府执法部门形成联动，针对盗版软件、假冒商品等突出问题开展专项打击行动，有效遏制跨国侵权行为的滋生与蔓延。

3.加强企业自律管理

企业自身的知识产权保护意识与管理水平，是构建协同保护生态的基础。只有当每个企业都将知识产权保护内化为自身发展的内在需求，建立起完善的内部管理制度，才能从源头上减少侵权风险、提升保护效果。因此，鼓励跨国企业加强自律管理，通过设立专项保护基金、建立员工培训体系、实施知识产权管理认证等方式，提升自身的保护能力与水平，同时，通过树立行业标杆、推广先进经验，在全球企业中形成尊重知识产权、自觉保护知识产权的良好氛围。

4.促进技术创新与合作

加强知识产权保护的根本目的是激励创新、促进发展。跨国企业之间不仅需要在保护层面开展合作，更应在技术创新领域深化协作，通过良性互动形成“保护—创新—再保护”的正向循环。因此，应搭建国际技术创新合作平台，推动跨国企业通过技术共享、联合研发、成果转化等方式开展合作，共同攻克技术难题、推动产业升级，在全球范围内优化创新资源配置，最终形成既尊重知识产权又鼓励开放合作的创新生态，让知识产权保护真正成为推动全球技术进步与经济发展的动力源泉。

思 考 题

1.在网络知识产权保护的国际合作中，如何确保各国有效执行国际条约，共同打击跨国侵权行为？

2.如何确保国内法律既适应当前的网络知识产权保护需求，又具有前瞻性，能够应对未来可能出现的新问题？

3.在技术发展日新月异的背景下，如何平衡网络知识产权保护领域的技术创新与法律完善之间的关系，确保法律框架既能保护创新，又能防止滥用？

第二章　网络知识产权的版权保护

摘要：本章详细阐述了网络知识产权的版权保护，包括信息网络传播权的界定、技术措施与权利管理信息的法律保护，以及数据库的特殊权利保护。首先，明确了信息网络传播权的定义、特点、保护范围与限制，以及面临的挑战和应对策略。其次，探讨了技术措施在版权保护中的作用，分析了国际和国内立法对技术措施的法律保护，并提出了完善建议。再次，讨论了权利管理信息的法律保护，包括国际立法框架和国内立法实践，指出存在的问题并提出完善策略。最后，针对数据库的特殊权利保护，阐述了其必要性、特点、不正当竞争法律保护，以及存在的问题和完善策略。

重点：信息网络传播权的界定与保护；技术措施的法律保护；权利管理信息的法律保护；数据库的特殊权利保护。

难点：法律条款的解读与应用；技术措施的平衡与协调；数据库的特殊权利保护的标准界定。

随着信息技术的迅猛发展和互联网的日益普及，网络知识产权的版权保护问题越发凸显其重要性。信息网络传播权的界定、技术措施与权利管理信息的保护，以及数据库的特殊权利保护，成为当前版权法律体系中不可或缺的部分。本章将详细阐述这些关键议题，以期为网络环境下的版权保护提供全面的指导。

第一节　网络知识产权的版权保护的概念、特点和范围

在数字化浪潮席卷全球的今天，网络已成为信息传播、文化交流和商业活动的核心载体，与之相伴的网络知识产权的版权保护问题也日益凸显其重要性。明确网络知识产权的版权保护的概念，把握其在网络环境下呈现的特点，界定其具体的保护范围，是构建完善的保护体系、应对各类侵权挑战的基础。本节将系统梳理这三方面内容，为深入理解网络知识产权的版权保护的核心要义提供清晰框架，同时探讨在实践中需要重点关注的领域，以全面呈现这一议题的复杂性与重要性。

一、网络知识产权的版权保护的概念

网络知识产权的版权保护是数字时代赋予传统版权保护制度的新内涵与新使命。它既延续了传统版权保护的核心精神，又因网络环境的特殊性而衍生出独特的保护维度。理解这一概念，需要从数字化背景下作品的存在形态、传播方式及权利内容的演变入手，

明确其在法律框架内的具体指向和保护目标。以下将详细阐释网络知识产权的版权保护的定义，分析其随技术发展而发生的内涵变化，以及确立这一保护制度对于维护创作者的权益、促进文化创新和规范网络秩序的重要意义。

网络知识产权的版权保护，是一个在数字时代背景下越发显得重要且复杂的议题。它指的是在网络环境下，对原创性作品所享有的著作权进行的全面而深入的法律保护。这些作品形态多样，涵盖了文字作品、音乐作品、美术作品、视听作品、计算机软件等各个领域，一旦这些富含创意与智慧的结晶以数字化形式上传至浩瀚无垠的互联网，便即刻受到《著作权法》的严密庇护。

网络版权的概念并非一成不变，而是随着技术的进步和网络的普及不断演化与发展的。以往复制权、发行权等基本权利构成了版权保护的核心框架。然而，网络环境的特殊性为版权保护带来了新的挑战与机遇，也催生了诸多新的权利内容。其中，信息网络传播权便是最为显著的一项。这项权利赋予了著作权人以有线或无线方式向公众提供作品的权利，使得公众可以在其选定的时间和地点自由地获取并享受这些作品。这一权利的确立，不仅体现了对著作权人合法权益的尊重与保护，也促进了文化的传播与交流，推动了数字经济的繁荣发展。

网络版权保护的重要性不言而喻。在数字时代，作品以电子数据的形式存在和传播，具有易于复制、传播速度快、范围广等特点。这使得作品一旦上传至互联网，便可能迅速传遍全球，为无数人所知晓。然而，这种广泛的传播也为版权侵权提供了温床。一些不法分子利用网络的匿名性和跨地域性，肆意侵犯他人的版权，盗取、篡改或非法传播他人的作品，严重损害了著作权人的合法权益。因此，加强网络版权保护，打击版权侵权行为，维护良好的网络版权秩序，对于促进文化创新、推动经济发展具有重要意义。

二、网络知识产权的版权保护的特点

网络知识产权的版权保护在适应网络环境的过程中，逐渐形成了与传统版权保护截然不同的鲜明特点。这些特点既源于网络技术的固有属性，也受到全球信息传播格局的深刻影响，直接决定了保护工作的难度与路径选择。深入分析这些特点，有助于我们针对性地制定保护策略，有效应对网络环境下的各类版权挑战。以下将从数字化特征、地域性限制及技术依赖性 3 个方面，剖析网络知识产权的版权保护的独特之处。

（一）数字化特征显著

数字化是网络环境最根本的技术属性，为网络知识产权的版权保护刻下了深深的数字化烙印。这一特征不仅改变了作品的创作、存储与传播方式，更使得版权侵权行为的形态、规模和隐蔽性都发生了质的变化。理解数字化特征对版权保护的具体影响，是制定有效保护措施的前提。以下将详细阐述数字化作品在复制、传播过程中呈现出的特点，以及这些特点给版权保护带来的挑战及其应对方向。

网络版权保护的对象主要是数字化作品，这些作品以电子数据的形式存在，通过计算机网络进行传播。与传统纸质作品相比，数字化作品具有易于复制、存储方便、传播速度快和范围广等优势。然而，这些优势也为版权保护带来了新的挑战。数字化作品的复制成本几乎为零，传播速度极快，一旦被非法复制和传播，将给著作权人带来巨大的经济损失。因此，加强数字化作品的版权保护，防止其被非法复制和传播，成为网络版权保护的重要任务。

数字化作品的易复制性使得版权侵权行为更加隐蔽和难以察觉。一些不法分子利用技术手段，可以轻松地绕过版权保护措施，盗取他人的作品并进行非法传播。这使得版权侵权行为的打击难度大大增加，需要著作权人、网络平台、政府部门等多方共同努力，形成合力，共同打击网络侵权行为。

（二）地域性限制减弱

版权保护的地域性是传统知识产权制度的基石之一，但网络的无界性彻底打破了这一固有边界，使得网络知识产权的版权保护呈现出明显的跨地域特征。这一变化既给文化的全球传播带来了便利，也给侵权行为的跨境实施提供了可乘之机，同时对各国法律体系的协调与国际合作提出了更高要求。以下将探讨地域性限制减弱对网络版权保护产生的多方面影响，以及应对这一趋势的必要举措。

随着互联网的普及和发展，网络版权的地域性限制逐渐减弱。以往版权保护具有严格的地域性，即作品只能在特定的国家或地区内受到保护。然而，在网络环境下，作品一旦上传至互联网，即可在全球范围内被访问和传播。这使得版权保护的地域性限制被打破，著作权人的权益面临着全球性的挑战。

网络版权的地域性限制减弱使得版权侵权行为进一步国际化。一些不法分子可能在不同国家或地区进行版权侵权行为，利用法律差异和监管漏洞，逃避法律责任。这使得版权保护的难度进一步增加，需要国际社会共同努力和协作，加强跨国版权保护合作，打击跨国版权侵权行为。

同时，网络版权的地域性限制减弱也促进了文化的全球传播与交流。不同国家和地区的作品可以通过互联网迅速传遍全球，为更多人所知晓和欣赏。这有助于推动文化的多样性和繁荣，促进不同文化之间的交流与融合。然而，这也需要著作权人和网络平台在保护版权的同时，尊重不同文化的差异和多样性，促进文化和谐共生。

（三）技术依赖性增强

网络本身是技术发展的产物，网络知识产权的版权保护自然也与技术手段紧密相连。从作品的加密存储到侵权行为的追踪取证，技术贯穿于保护的全过程，其先进程度和应用效果直接决定了保护的力度与效率。但技术是一把双刃剑，它在提供保护手段的同时，也可能被用于规避保护，这使得技术依赖性成为网络版权保护必须面对的复杂特征。以下将分析技术在网络版权保护中的具体应用，以及由此带来的机遇与挑战。

网络版权保护越来越依赖于技术手段。随着数字技术的不断发展和创新，数字水印、加密等先进技术被广泛应用于网络版权保护中。这些技术手段可以有效地防止作品的非法复制和传播，保护著作权人的合法权益。

数字水印技术是一种将特定信息嵌入数字化作品的技术，这些信息可以是著作权人的标识、作品的创作时间等。一旦作品被非法复制和传播，数字水印技术可以追踪到侵权行为的来源，为著作权人提供有力的证据支持。加密技术则是一种将作品进行加密处理的技术，只有拥有解密密钥的人才能访问和使用作品。这可以有效地防止作品被未经授权的人访问和使用，保护著作权人的权益。

然而，技术手段的依赖性也带来了新的问题和挑战。一方面，随着技术的不断进步和发展，一些新的技术手段可能出现并被应用于网络版权保护中。这需要著作权人和网络平台不断关注和学习新的技术手段，及时更新和完善版权保护措施。另一方面，技术手段也可能被不法分子利用，用于破解版权保护措施或进行其他违法行为。因此，加强技术手段的研发和应用的同时，也需要加强对技术手段的监督和管理，确保其合法合规地使用。

三、网络知识产权的版权保护的范围

明确网络知识产权的版权保护的范围，是实现精准保护、避免权利滥用的关键。网络环境下的版权保护范围既包含了传统版权保护相关法律所确立的基本权利，以确保法律的延续性与稳定性，又纳入了因网络传播特性而产生的新型权利，以回应数字时代的新需求。清晰界定这些权利的具体内容和适用场景，能够为著作权人行使权利、司法机关裁判案件及社会公众规范行为提供明确指引。以下将逐一阐述网络知识产权的版权保护所涵盖的各项权利。

（一）发表权

发表权是著作权人控制作品公开与否的基础性权利，在网络环境中，其行使方式和表现形态虽有变化，但核心内涵并未改变。网络的开放性使得作品一旦上传便可能被广泛知晓，这使得发表权的保护在网络环境下更显重要，它直接关系到著作权人对作品首次公开时间、公开方式和范围的自主决定权。

发表权是著作权人决定其作品是否公之于众的权利。在网络环境下，发表权同样适用。著作权人有权选择将其作品上传至互联网进行公开传播，也有权保持作品的私密性，不将其公之于众。这一权利的保护对于维护著作权人的隐私和权益具有重要意义。任何未经著作权人许可擅自将其作品上传至互联网的行为都构成对发表权的侵犯。

（二）署名权

署名权是著作权人彰显作者身份、维护作品与自身关联的核心权利，是人格权在版权领域的重要体现。在网络环境中，作品的传播速度快、修改成本低，署名信息被篡改或删除的风险大大增加，这使得署名权的保护面临更大挑战。明确网络环境下署名权的保护内容和侵权形式，是维护作者名誉和智力成果归属的重要保障。

署名权是著作权人表明其作者身份并在作品上署名的权利。在网络环境下，署名权同样受到保护。著作权人有权在其作品上署上自己的姓名或笔名，以表明其作者身份。任何未经著作权人许可擅自删除或更改其作品上的署名信息的行为都构成对署名权的侵犯。这一权利的保护对于维护著作权人的名誉和权益具有重要意义。

（三）修改权

修改权赋予著作权人根据自身意愿完善作品的权利，体现了对作者创作自由的尊重。在网络环境中，作品的数字化形态使得修改操作更为便捷，同时也增加了他人未经授权擅自修改的风险，这可能导致作品偏离作者原意、损害作品质量。因此，明确网络环境下修改权的行使范围和保护边界，对于维护作品的完整性和作者的创作意图至关重要。

修改权是著作权人修改或者授权他人修改其作品的权利。在网络环境下，修改权同样适用。著作权人有权对其作品进行修改或授权他人进行修改，以确保作品的准确性和完整性。任何未经著作权人许可擅自修改其作品或传播修改后的作品的行为都构成对修改权的侵犯。这一权利的保护对于维护作品的真实性和著作权人的权益具有重要意义。

（四）保护作品完整权

保护作品完整权是修改权的延伸与强化，旨在防止作品被歪曲、篡改而损害作者声誉或作品价值。在网络环境下，作品的碎片化传播、二次加工现象普遍，使得作品被恶意篡改、断章取义的可能性增大，这对保护作品完整权构成了严峻挑战。明确这一权利在网络环境下的保护范围，能够有效遏制对作品的破坏性使用，维护作品的原有风貌和作者的人格利益。以下将阐述网络环境中保护作品完整权的具体要求和侵权表现。

保护作品完整权是著作权人保护其作品不受歪曲、篡改的权利。在网络环境下，这一权利同样受到保护。著作权人有权要求其作品在传播过程中保持完整性和原貌，不被他人歪曲或篡改。任何未经著作权人许可擅自歪曲或篡改其作品的行为都构成对作品完整权的侵犯。这一权利的保护对于维护作品的真实性和著作权人的名誉具有重要意义。

（五）复制权

复制权是著作权人控制作品复制行为的核心经济权利，在数字时代，其内涵和外延都发生了显著扩展。网络环境中的复制行为不仅包括传统意义上的复制，还涉及数据存储、传输过程中的临时性复制，这些复制行为的便捷性和隐蔽性使得复制权的保护成为网络版权保护的重点与难点。明确网络环境下复制权的涵盖范围和行使方式，对于保障著作权人的经济利益至关重要。

复制权是著作权人以印刷、复印、拓印、录音、录像、翻录、翻拍、数字化等方式将作品制作一份或者多份的权利。在网络环境下，复制权是著作权人最重要的权利之一。著作权人有权控制其作品的复制行为，确保作品的合法传播和使用。任何未经著作权人许可擅自复制其作品的行为都构成对复制权的侵犯。这一权利的保护对于维护著作权人的经济利益和创作积极性具有重要意义。

（六）发行权

发行权是著作权人通过转移作品有形载体的所有权实现作品传播的权利，在网络环境下，其行使方式虽与传统发行有所不同，但核心功能依然是控制作品的传播范围和渠道。尽管网络传播更多涉及信息网络传播权，但发行权在涉及数字化作品的实体载体（如光盘、U 盘等）的交易中仍发挥着重要作用。明确网络环境下发行权的适用场景和保护边界，有助于厘清其与信息网络传播权的关系，实现对著作权人权益的全面保护。

发行权是著作权人以出售或者赠予方式向公众提供作品的原件或者复制件的权利。在网络环境下，发行权同样适用。著作权人有权决定其作品的发行方式和范围，以确保作品的合法传播和使用。任何未经著作权人许可擅自发行其作品的行为都构成对发行权的侵犯。这一权利的保护对于维护著作权人的市场利益和创作积极性具有重要意义。

（七）信息网络传播权

信息网络传播权是网络环境下诞生的标志性版权权利，专门针对作品在网络中的交互式传播而设立，是著作权人控制作品在网络空间传播的核心权利。其“交互式”特征，即公众可在选定的时间和地点获取作品，使其与传统传播权有着本质区别，也使其成为网络版权保护中最为关键的权利之一。明确信息网络传播权的权利内容、行使方式和侵权认定标准，是规范网络传播秩序、保护著作权人合法权益的核心环节。

信息网络传播权是著作权人以有线或者无线方式向公众提供作品，使公众可以在其选定的时间和地点获得作品的权利。这是网络环境下著作权人享有的一项新权利，也是网络版权保护的核心内容之一。著作权人有权控制其作品在网络上的传播行为，确保作品的合法传播和使用。任何未经著作权人许可擅自将其作品上传至互联网或进行其他形式的网络传播的行为都构成对信息网络传播权的侵犯。这一权利的保护对于促进文化的传播与交流、推动数字经济的繁荣发展具有重要意义。

四、网络知识产权的版权保护需要关注的重点

网络知识产权的版权保护的复杂性决定了在全面覆盖各项权利的基础上，必须聚焦那些最能体现网络特性、最易引发侵权争议且保护难度最大的领域。这些重点领域既是网络版权保护的核心与难点，也是衡量保护体系完善程度的关键指标。明确这些重点，能够使保护工作更具针对性和有效性，在有限的资源投入下实现最大化的保护效果。以下将分析信息网络传播权、技术措施、权利管理信息及数据库的特殊权利等需要重点关注的内容及其保护意义。

（一）信息网络传播权的法律保护

信息网络传播权作为网络版权体系的核心权利，其法律保护的完善程度直接关系到整个网络版权保护制度的有效性，其涉及的传播方式新颖、覆盖范围广泛且侵权行为隐蔽，在法律层面明确其权利边界、侵权认定标准和救济途径，是确保著作权人权益得到充分保障的关键。

信息网络传播权，作为网络环境下著作权人享有的一项核心权利，其重要性不言而喻。在网络时代，信息的传播速度和范围都达到了前所未有的水平，这使得信息网络传播权成为著作权人维护自身利益的关键。信息网络传播权的法律保护，不仅关乎著作权人的经济权益，更关乎整个文化产业的健康发展。因此，我们必须加强对信息网络传播权的法律保护，确保著作权人在网络环境中的合法权益得到充分尊重和维护。

（二）技术措施的法律保护

技术措施是著作权人主动防范侵权、保护自身作品的第一道防线，在网络环境中其作用尤为突出。然而，技术措施的有效性不仅依赖于技术本身的先进性，更需要法律的强力保障，以制止规避、破坏技术措施的行为。明确技术措施的法律地位、保护范围和侵权责任，是确保技术手段能够有效发挥作用的重要支撑。

技术措施作为网络版权保护的重要手段之一，其有效性直接关系到版权保护的成效。在网络环境中，技术措施如数字水印、加密等技术，可以有效防止未经授权的复制、传播和使用行为，保护著作权人的合法权益。

（三）权利管理信息的法律保护

在网络时代，作品的传播方式发生了翻天覆地的变化，版权保护面临着诸多新的挑战。而权利管理信息作为网络版权保护体系中不可或缺的内容，其存在和有效运作对于整个版权生态的平衡与稳定有着不可替代的意义。深入了解并加强对权利管理信息的法律保护，是应对当前网络版权问题、保障创作者和版权所有者合法权益的关键举措。

权利管理信息，作为网络版权保护的重要组成部分，是指附着于作品之上或与之相关，用于标识作品、作者、版权所有者或授权使用条件等信息的数据或标识。这些信息如同作品的“身份证”和“使用说明书”，在复杂的网络环境中，为作品的识别、权属的明确及合法使用的规范提供了坚实的基础。

正是由于权利管理信息承载着如此重要的功能，它对于维护版权秩序、确保作品合法使用及追溯侵权行为具有至关重要的作用。在维护版权秩序方面，清晰的权利管理信息能够减少因权属不清而引发的纠纷，让市场主体在使用作品时有着明确的依据，从而营造公平有序的版权环境。在确保作品合法使用方面，它为使用者提供了获取授权的途径和相关条件，引导使用者在法律框架内合理利用作品，避免无意或有意的侵权行为。而在追溯侵权行为时，权利管理信息则像一条条线索，可以帮助版权执法部门和权利人快速锁定侵权源头，及时制止侵权行为并追究相关责任，有效遏制侵权行为的蔓延。

（四）数据库的特殊权利保护

数据库作为信息时代的重要资源，其包含了大量的数据和信息，对于推动经济发展、促进科技创新具有重要意义。然而，数据库的制作和维护需要投入大量的人力、物力和财力，因此，保护数据库的特殊权利成为网络版权保护的一项重点任务。

数据库的特殊权利保护主要涉及数据库的版权保护和数据库的内容保护。一方面，数据库作为作品，享有《著作权法》的保护。我们必须加强对数据库版权的保护，确保数据库制作者的合法权益得到充分尊重和维护。另一方面，数据库中的内容也可能涉及其他知识产权的保护，如专利权、商标权等。因此，在保护数据库的特殊权利时，还需要综合考虑其他知识产权的保护问题。

第二节 信息网络传播权的内涵及其面临的挑战和应对策略

在数字技术飞速发展的今天，网络已成为信息传播的核心载体，作品、表演及录音录像制品通过网络进行传播日益普遍，由此催生的信息网络传播权成为《著作权法》体系中不可或缺的组成部分。探讨信息网络传播权，不仅关乎著作权人合法权益的保护，更涉及数字文化产业的健康发展与公众获取信息的平衡。本节将从信息网络传播权的定义与特点两个核心维度展开分析，系统梳理这一权利的内涵与外在表现，为理解其在实践中的运作机制提供基础。

一、信息网络传播权的定义与特点

信息网络传播权的定义与特点是认识这一权利的两个基本层面：定义从法律与逻辑层面界定了权利的内核，明确了权利的主体、内容与边界；特点则从实践与现象层面展现了权利的外在属性，反映了其在网络环境中的独特表现。二者相互关联、互为支撑，共同构成了对信息网络传播权的完整认知：通过定义把握权利的本质，通过特点理解权利的实践形态，这是深入研究信息网络传播权的必经之路。

（一）信息网络传播权的定义

信息网络传播权作为《著作权法》体系中的一项新兴权利，其定义深刻反映了信息技术迅猛发展给著作权保护带来的新挑战与机遇。根据《著作权法》第十条的规定，信息网络传播权是指著作权人通过有线或者无线方式向公众提供作品、表演或录音录像制品，使公众能够在其个人选定的时间和地点获得这些作品、表演或录音录像制品的权利。这一权利不仅是著作权中财产权的重要内容之一，更是《著作权法》适应数字时代需求、保障创作者合法权益的关键所在。要深入理解信息网络传播权的定义，我们需要从以下几个方面进行剖析。

1.权利主体

信息网络传播权的权利主体是著作权人，即作品的创作者或依法取得著作权的人。著作权人是信息网络传播权的原始享有者，他们有权决定作品是否通过网络进行传播，以及如何传播。著作权人可以通过自己行使信息网络传播权，如将作品上传至个人网站或社交媒体平台供公众访问；也可以授权他人行使，如与网络平台签订协议，允许其将作品在其平台上进行传播。这种授权行为是著作权人行使信息网络传播权的重要方式之一，也是促进作品广泛传播和有效利用的重要途径。

2.传播方式

信息网络传播权的实现依赖于有线或无线方式，这涵盖了互联网、移动通信网络、广播电视网络等各种网络形式。随着信息技术的不断发展，网络传播的方式和手段也在不断创新和拓展。例如，互联网作为当前最主要的网络传播平台，为作品提供了几乎无限制的传播空间和时间；移动通信网络则使得公众可以随时随地通过手机等移动设备访问和获取作品；而广播电视网络则通过数字化改造，实现了与互联网的深度融合，为作品提供了更加多元化的传播渠道。这些传播方式的出现和发展，极大地丰富了信息网络传播权的内涵和外延，也使得作品能够更加便捷、高效地传播到更广泛的受众群体中。

3.受众特征

信息网络传播权的受众是公众，即不特定的多数人。与传统传播方式相比，信息网络传播权的受众具有更强的主动性和选择性。在互联网时代，公众不再是被动的信息接收者，而是可以根据自己的需求和兴趣主动寻找和获取作品。他们可以通过搜索引擎、社交媒体、在线视频平台等多种渠道和工具，随时随地访问和浏览自己感兴趣的作品。这种主动性和选择性不仅提高了信息传播的效率和精准度，也增强了用户的体验感和满意度。同时，由于信息网络传播权的受众范围广泛且不确定，这也对著作权人行使信息网络传播权提出了更高的要求和挑战。

4.权利内容

信息网络传播权的核心是使公众能够在其个人选定的时间和地点获得作品。这包括下载、浏览、在线观看、收听等多种方式。著作权人有权控制这些传播行为，并据此获得经济报酬。具体来说，著作权人可以通过许可、转让等方式授权他人使用其作品进行网络传播，并收取相应的费用或分成。同时，著作权人也有权禁止他人未经许可擅自将其作品进行网络传播，以维护自己的合法权益。这种权利内容的设定既保障了著作权人的经济利益和创作积极性，也促进了作品的广泛传播和有效利用。

（二）信息网络传播权的特点

信息网络传播权作为著作权在网络环境中的一种重要表现形式，具有以下显著特点。

1.交互式传播

信息网络传播权的实现依赖于交互式的传播方式。这种交互性不仅体现在公众可以根据自己的需求和时间安排来获取内容，还体现在公众可以通过多种方式与作品进行互动和交流。例如，在互联网上，用户可以随时随地通过搜索引擎查找并获取自己感兴趣的作品；可以通过社交媒体平台分享、评论作品；还可以通过在线视频平台观看、点赞和评论视频内容。这种交互性不仅提高了信息传播的效率和质量，也增强了用户的参与感和归属感。同时，由于交互式传播具有实时性和动态性等特点，这也为著作权人提供了更多的商业机会和盈利空间。例如，著作权人可以通过与网络平台合作开展付费阅读、会员订阅、广告投放等业务模式来实现作品的商业价值。

交互式传播的特点还体现在作品的获取方式上。与传统传播方式相比，网络传播的受众不再受限于固定的时间和地点来获取作品，他们可以通过点击、搜索、订阅等多种方式主动获取作品，并根据自己的需求和兴趣进行选择和浏览。这种灵活性不仅使得作品能够更加便捷地传播到更广泛的受众群体中，也提高了受众的满意度和忠诚度。同时，由于交互式传播具有个性化和定制化等特点，也为著作权人提供了更多的创作空间和创新机会。例如，著作权人可以根据受众的需求和反馈来调整和优化作品的内容和形式，以更好地满足受众的期望和需求。

2.广泛的传播渠道

信息网络传播权的实现不限于互联网，还包括其他有线或无线网络。这意味着只要是通过网络向公众提供作品的行为都可能涉及信息网络传播权的保护范围。这种广泛的传播渠道为作品的传播提供了更多的可能性和便利性。无论是城市居民还是农村居民，无论是固定场所还是移动场所，只要能够接入网络就可以随时随地获取作品。这种跨越地域和时间的传播方式极大地拓宽了作品的受众范围和影响力。

同时，广泛的传播渠道也为著作权人提供了更多的商业机会和盈利空间。例如，著作权人可以与多个网络平台合作开展多渠道传播业务；可以针对不同受众群体制定不同的传播策略和推广计划；还可以通过数据分析等技术手段精准定位受众群体并优化传播效果。这些措施不仅有助于提高作品的知名度和美誉度，也有助于增加和提高著作权人的经济收益和创作积极性。

3.公开性

信息网络传播权所涵盖的作品传播行为是公开的，任何公众都可以获得这些作品。这种公开性不仅使得作品能够更加广泛地传播到更广泛的受众群体中，也促进了信息的广泛传播和共享。在互联网上，一旦作品被上传至网络服务器并公开传播，任何公众都可以通过搜索引擎或其他方式找到并获取这些作品。这种便捷性不仅提高了信息获取的效率和质量，也促进了文化交流和融合。

公开性还体现在信息网络传播权的法律属性上。根据《著作权法》的规定，信息网络传播权属于著作权中的财产权范畴，具有排他性和可转让性。著作权人有权禁止他人未经许可擅自传播其作品，并有权通过许可或转让等方式获得经济报酬。这种法律属性的设定既保障了著作权人的合法权益和创作积极性，也促进了作品的广泛传播和有效利用。同时，由于信息网络传播权具有公开性特点，因此要求著作权人在行使权利时要遵守相关法律法规和道德规范，尊重他人的知识产权和隐私权等合法权益。

4.技术依赖性

信息网络传播权的实现高度依赖于信息技术的发展。随着数字技术的不断进步，网络传播的方式和手段也在不断更新和拓展。例如，云计算、大数据、人工智能等技术的应用为网络传播提供了更多的可能性和便利性。这些技术的应用不仅提高了网络传播的效率和质量，也促进了作品的创新和多样化发展。同时，这些技术也对信息网络传播权的保护提出了更高的技术要求。例如，为了保障作品在网络传播过程中的安全性和完整性，需要采用先进的加密和数字签名等技术手段来防止作品被篡改或盗用；为了有效打击网络侵权行为，需要建立完善的版权监测和维权机制等。这些技术措施的实施不仅有助于保障著作权人的合法权益和创作积极性，也有助于促进作品的广泛传播和有效利用。

技术依赖性还体现在信息网络传播权的法律保护上。为了应对数字技术的挑战和机遇，各国纷纷加强了对信息网络传播权的法律保护力度。例如，通过制定专门的法律法规来明确信息网络传播权的定义和范围；通过加强执法力度来打击网络侵权行为并维护市场秩序；通过推动国际合作来加强跨国版权保护等。这些法律措施的实施不仅有助于构建完善的信息网络传播权保护体系，也有助于促进全球文化的交流和融合。

二、信息网络传播权的保护范围与限制

信息网络传播权的保护范围与限制是平衡著作权人利益与社会公共利益的核心议题。保护范围划定了权利的边界，确保著作权人对作品的网络传播行为享有合法控制权；而限制则为公众合理使用作品、促进知识传播留下了空间。二者相辅相成，共同构成了信息网络传播权制度的完整框架：缺乏保护会打击创作积极性，没有限制则可能阻碍信息流通，只有实现二者的平衡，才能推动数字文化产业的健康发展。

（一）信息网络传播权的保护范围

信息网络传播权的保护范围广泛，涵盖了通过有线或无线方式向公众提供的各类作品、表演和录音录像制品。这一权利的保护范围不仅涉及作品本身的类型和形式，还包括传播方式和受众范围等多个方面。以下是对信息网络传播权保护范围的详细阐述。

1.作品类型

信息网络传播权适用于文学、艺术和科学领域内具有独创性并能以一定形式表现的智力成果。这些作品类型丰富多样，包括但不限于文字作品、音乐作品、戏剧作品、曲艺作品、舞蹈作品、杂技艺术作品、美术作品、建筑作品、摄影作品等。无论是传统形式的作品，如纸质书籍、绘画作品等，还是数字化形式的作品，如电子书、数字音乐、在线视频等，只要符合著作权的保护条件，都可以受到信息网络传播权的保护。

文字作品是信息网络传播权保护的重要对象之一。随着互联网的发展，越来越多的文字作品被上传至网络平台供公众阅读。这些文字作品包括小说、散文、诗歌、新闻报道等，著作权人有权控制这些文字作品在网络上的传播行为，包括上传、下载、复制、分发等。未经著作权人许可擅自传播其文字作品的行为将构成侵权。

音乐作品也是信息网络传播权保护的重要领域。随着数字音乐技术的普及，越来越多的音乐作品被上传至网络平台供公众收听和下载。著作权人有权控制这些音乐作品在网络上的传播行为，包括在线播放、下载、分享等。未经著作权人许可擅自传播其音乐作品的行为将构成侵权。

此外，戏剧作品、曲艺作品、舞蹈作品、杂技艺术作品等表演类作品，以及美术作品、建筑作品、摄影作品等视觉艺术类作品也受到信息网络传播权的保护。这些作品在网络上的传播行为同样需要得到著作权人的许可或授权。

值得注意的是，随着技术的发展和创新的不断涌现，新的作品类型也在不断出现。例如，虚拟现实作品、增强现实作品等新兴数字媒体作品逐渐成为信息网络传播权保护的对象。这些新兴作品类型在表现形式和传播方式上与传统作品存在显著差异，但其具有独创性和可复制性，仍然符合著作权的保护条件。

2.传播方式

信息网络传播权涵盖了通过有线或无线方式向公众提供作品的所有行为。传播方式多种多样，包括但不限于上传至网络服务器、设置共享文件、利用文件分享软件、提供网页快照或缩略图等方式。只要这些行为使得公众能够在其个人选定的时间和地点获得作品，就可能涉及信息网络传播权的保护范围。

上传至网络服务器是信息网络传播权最常见的实现方式之一。著作权人可以将自己的作品上传至网络平台的服务器，供公众访问和下载。这种方式使得作品能够迅速传播到全球范围内，但同时也需要著作权人密切关注作品的传播情况并采取必要的保护措施。

设置共享文件是另一种常见的网络传播方式。用户可以将自己的作品设置为共享文件，并允许其他用户通过网络进行访问和下载。这种方式虽然方便了作品的传播和利用，但也容易引发侵权问题。因此，著作权人在设置共享文件时需要谨慎考虑并采取相应的保护措施。

利用文件分享软件传播作品也是一种常见的网络传播方式。这些软件通常具有强大的分享功能，使得用户能够轻松地将作品分享给其他用户。然而，这种传播方式也容易引发侵权问题，因为未经著作权人许可擅自分享其作品的行为将构成侵权。

此外，提供网页快照或缩略图等方式也可能涉及信息网络传播权的保护范围。虽然这些方式通常只提供作品的部分内容或预览效果，但仍然可能视为对作品的传播行为。因此，在提供这些服务时需要得到著作权人的许可或授权。

3.受众范围

信息网络传播权的受众是不特定的多数人，即公众。这意味着任何能够接入网络并获取作品的个人或组织都可能成为信息网络传播权的受众。因此，在判断一个行为是否涉及信息网络传播权时，需要考虑该行为是否针对公众进行传播，以及公众是否能够方便地获取作品。

信息网络传播权的受众范围广泛且不确定。随着互联网的普及和发展，越来越多的用户能够接入网络并获取各种作品。这些用户可能来自不同的地区，具有不同的文化背景、需求和兴趣。因此，在行使信息网络传播权时需要考虑受众的多样性和差异性，并采取相应的措施来满足他们的需求和兴趣。

同时，信息网络传播权的受众范围也具有一定的动态性。随着技术的发展和社会的进步，新的受众群体和需求不断涌现。例如，随着移动互联网的普及和发展，越来越多的用户通过手机等移动设备访问网络并获取作品。这要求著作权人在行使信息网络传播权时需要密切关注受众的变化和需求，并采取相应的措施来适应这种变化。

值得注意的是，虽然信息网络传播权的受众范围广泛且不确定，但著作权人在行使权利时仍然需要尊重受众的权益和利益。例如，在提供作品时需要保证作品的质量和完整性；在收取费用时需要合理定价并公开透明；在处理用户数据时需要遵守相关法律法规和道德规范等。

（二）信息网络传播权的限制

信息网络传播权的行使既受到法律的保护，也受到一定的限制。这些限制旨在平衡著作权人、传播者和公众之间的利益关系，从而促进文化的繁荣和发展。以下是对信息网络传播权的限制的详细阐述。

1.合理使用

合理使用是指在特定情况下，未经著作权人许可使用其作品可能构成合理使用，不视为侵权。根据《著作权法》及相关法规的规定，合理使用通常包括以下几种情形。

为个人学习、研究或者欣赏目的使用作品：个人为了学习、研究或欣赏，可以未经著作权人许可使用其作品。例如，学生可以为了学习复印教材或论文；研究者可以为了研究而引用他人的学术成果等。这种使用方式通常不会对著作权人的利益造成实质性损害，因此被视为合理使用。

为报道时事新闻在作品中不可避免地再现或引用已发表的作品：新闻媒体在报道时事新闻时，为了准确传达信息或说明问题，可能会不可避免地引用已发表的作品。例如，在报道一起交通事故时可能会引用现场拍摄的照片或视频；在评论一部电影时可能会引用电影中的对话或场景等。这些引用行为通常被视为合理使用，因为其是报道新闻或评论作品所必需的。

为介绍、评论某一作品或说明某一问题在作品中适当引用已发表的作品：在介绍、评论某一作品或说明某一问题时，为了更好地阐述观点或说明问题，可能会适当引用已发表的作品。例如，在书评中可能会引用书中的某些段落或观点；在学术论文中可能会引用前人的研究成果等。这些引用行为通常被视为合理使用，因为其是介绍、评论或说明问题所必需的。

为学校课堂教学或科学研究提供少量已发表的作品供教学或科研人员使用：为了课堂教学或科学研究的目的，可以向教学或科研人员提供少量的已发表的作品供其使用。例如，教师可以为了教学需要复印教材或论文；科研人员可以为了研究需要引用他人的学术成果等。这些使用方式通常被视为合理使用，因为其是教育或科学研究所必需的。

国家机关为执行公务在合理范围内使用已发表的作品：国家机关在执行公务时，可能需要在合理范围内使用已发表的作品。例如，政府部门在制定政策或法规时可能会需要引用相关的学术成果或统计数据；司法机关在审理案件时可能需要引用相关的法律文献或案例等。这些使用方式通常被视为合理使用，因为其是执行公务所必需的。

图书馆、档案馆等为陈列或保存版本需要以数字化形式复制作品：图书馆、档案馆等机构为了陈列或保存版本的需要，可能会以数字化形式复制作品。例如，图书馆可能将纸质书籍扫描成电子版以供读者在线阅读；档案馆可能会将历史档案数字化以供研究人员查阅等。这些复制行为通常被视为合理使用，因为其是陈列或保存版本所必需的。

合理使用制度为公众提供了一定的使用空间，使得他们在不损害著作权人利益的前提下能够方便地获取和使用作品。然而，合理使用需要在一定范围内进行严格的界定和监管，以确保不会过度损害著作权人的利益或破坏市场的正常秩序。

2.法定许可

法定许可是指在某些特定情况下，法律可能规定可以不经著作权人许可而使用其作品，但需支付报酬。根据《著作权法》及相关法规的规定，法定许可通常适用于以下几种情形。

为实施义务教育和国家教育规划而编写出版教科书使用已发表的作品：为了实施义务教育和国家教育规划的需要，教科书编写者可以不经著作权人许可而使用已发表的作品编写教科书。然而，这种使用方式需要支付相应的报酬给著作权人，并注明作品名称和作者姓名等信息。这种法定许可制度旨在促进教育的普及和发展，同时保障著作权人的经济利益。

通过信息网络向农村地区的公众免费提供与扶助贫困有关的作品：为了扶助贫困地区的公众，相关机构或组织可以通过信息网络向农村地区的公众免费提供与扶助贫困有关的作品。这种使用方式同样需要支付相应的报酬给著作权人，并注明作品名称和作者姓名等信息。这种法定许可制度旨在促进文化的传播和利用，同时帮助贫困地区的公众获取更多的知识和信息。

报刊社转载其他报刊已发表的作品：报刊社在转载其他报刊已发表的作品时，可以不经著作权人许可而直接使用。然而，这种使用方式需要支付相应的报酬给著作权人，并注明作品名称、作者姓名和来源报刊等信息。这种法定许可制度旨在促进新闻的传播和交流，同时保障著作权人的经济利益。

录音制作者使用他人已合法录制为录音制品的音乐作品制作录音制品：录音制作者在制作录音制品时，可以不经音乐作品著作权人许可而使用他人已合法录制为录音制品的音乐作品。然而，这种使用方式需要支付相应的报酬给音乐作品著作权人，并注明音乐作品名称和作者姓名等信息。这种法定许可制度旨在促进音乐的传播和利用，同时保障音乐作品著作权人的经济利益。

法定许可制度为传播者提供了一定的使用空间，使得他们在不损害著作权人利益的前提下能够更加方便地获取和使用作品。然而，法定许可需要在一定范围内进行严格的界定和监管，以确保不会损害著作权人的利益或破坏市场的正常秩序。同时，传播者在行使法定许可权利时需要遵守相关法律法规和道德规范，尊重著作权人的权益和利益。

3.技术限制

如前所述，技术限制是指著作权人可以采取技术措施来保护其作品不被未经授权的传播和使用。这些技术措施包括加密技术、数字水印、访问控制等。然而，这些技术措施也受到一定的限制，不得妨碍公众对作品的正常使用或技术进步。

加密技术是一种常见的技术措施，用于保护作品的版权和安全。著作权人可以对作品进行加密处理，使得未经授权的用户无法访问或获取作品。然而，加密技术也需要在一定程度上保证公众对作品的正常使用。例如，著作权人需要提供合法的解密工具或方法供公众使用；同时需要确保解密过程不会对作品造成损害或改变。

数字水印是一种将特定信息嵌入作品的一种技术措施。通过数字水印技术，著作权人可以在作品中嵌入自己的标识或版权信息等。这种技术措施有助于追踪作品的来源和传播情况，并保护著作权人的权益和利益。然而，数字水印也需要在一定程度上保证公众对作品的正常使用。例如，数字水印应该不影响作品的质量和观感；同时需要确保数字水印的嵌入和提取过程不会对作品造成损害或改变。

访问控制是一种通过限制用户对作品的访问权限来保护版权的技术措施。著作权人可以通过设置访问密码、限制访问时间或地点等方式来控制用户对作品的访问权限。然而，访问控制也需要在一定程度上保证公众对作品的正常使用。例如，著作权人需要为合法用户提供方便的访问渠道和工具；同时，需要确保访问控制过程不会给用户造成麻烦或损失。

值得注意的是，虽然技术措施在一定程度上可以保护作品的版权和安全，但也可能对公众的正常使用或技术进步造成一定的限制或阻碍。因此，在采取技术措施时需要综合考虑各种因素，并在保障著作权人利益的同时兼顾公众的利益和技术进步的需求。

4.公共利益

在特定情况下，为了维护公共利益或国家安全等需要，可能会对信息网络传播权进行一定的限制。这些限制旨在平衡著作权人、传播者和公众之间的利益关系，促进文化的繁荣和发展。

维护公共利益：在某些情况下，为了维护公共利益的需要，可能会对信息网络传播权进行一定的限制。例如，在紧急情况下为了保障公众的安全和利益，政府可能会要求相关机构或个人提供特定的信息或资源。这种限制旨在确保公众在紧急情况下能够及时获取必要的信息和资源，从而保障他们的生命财产安全和社会稳定。

促进文化交流：为了促进文化的多样性和交流，政府可能会采取一些措施来鼓励作品的翻译、传播和利用。例如，政府资助翻译项目或举办文化交流活动等来促进不同文化之间的交流和融合。这种限制旨在促进文化的繁荣和发展，同时丰富公众的文化生活和精神世界。

保护国家安全：在某些情况下，为了维护国家安全的需要，可能会对信息网络传播权进行一定的限制。例如，政府限制某些敏感信息的传播或要求相关机构或个人采取保密措施等。这种限制旨在确保国家的安全和稳定，防止敏感信息被泄露或恶意利用。

值得注意的是，虽然公共利益是限制信息网络传播权的一个重要因素，但需要在保障公共利益的同时尊重著作权人的权益和利益。因此，在采取限制措施时需要综合考虑各种因素，并在法律框架内进行严格的界定和监管。同时，政府和社会各界需要加强对公共利益的理解和认识，积极推动文化的繁荣和发展。

三、信息网络传播权的保护面临的挑战

信息网络传播权的保护在实践中面临着多重挑战，这些挑战既源于技术的飞速变革，也涉及法律、经济、社会意识等多个层面。它们相互交织、相互影响，共同构成了信息网络传播权保护的复杂环境。深入分析这些挑战，不仅有助于理解当前网络版权保护的困境，更为寻找有效的解决方案提供了方向：只有准确把握挑战的本质，才能针对性地采取措施，推动信息网络传播权保护体系的完善。

（一）技术发展的快速性与复杂性

技术是网络传播的基础，也是信息网络传播权保护面临的首要挑战的来源。技术的快速迭代不断催生新的传播方式和工具，这些新变化往往先于法律与监管的调整，使得权利保护始终需要追赶技术发展的步伐。同时，技术本身的复杂性也为侵权行为提供了隐蔽性和可能性，增加了权利监控与救济的难度。因此，理解技术发展的快速性与复杂性，是应对信息网络传播权保护挑战的起点。

与信息技术的快速迭代相适应，信息网络传播权的表现形式也呈现出快速变化并日趋复杂的特征，从而给相应的法律保护造成了较大的困扰。具体来说，技术发展的快速性与复杂性主要表现在以下几个方面。一是技术更新迅速。数字技术、网络技术及存储

技术的飞速发展，使得作品的传播方式日益多样化，如云计算、大数据、人工智能等技术的应用，为网络传播提供了更多的可能性和便利性，但同时也给信息网络传播权的保护带来了技术上的难题。例如，加密技术虽然可以保护作品免受未经授权的访问，但随着破解技术的不断进步，加密措施的有效性受到挑战。二是跨平台传播。作品可以在多个平台之间快速传播，如从社交媒体到在线视频平台，再到各种移动应用，这种跨平台的传播方式增加了版权监控的难度。著作权人很难追踪作品在所有平台上的使用情况，更难以确保所有使用都获得了合法授权。三是深度链接与嵌入式内容。深度链接和嵌入式内容技术使得用户可以直接访问作品的核心内容，而无须通过原网站或平台。这种技术虽然提升了用户体验，但也可能绕过原网站或平台的版权保护措施，导致未经授权的传播。

（二）法律框架的滞后性与不完善性

法律是规范网络传播行为、保护信息网络传播权的制度保障，但法律的稳定性与技术的变动性之间天然存在矛盾，这使得法律框架在应对信息信息网络传播权保护时往往表现出滞后性。同时，网络传播的跨地域性、复杂性也使得现有法律条文在适用中暴露出诸多不完善之处。这些问题直接影响了网络传播权保护的力度和效果，是当前面临的重要挑战。

现有版权保护法律框架是基于传统版权保护而产生的，虽然近年来相关法律增加了相应的网络版权保护的内容，但总体上来说，仍然存在较为明显的滞后性与不完善性。具体来说，法律框架的滞后性与不完善性主要表现在以下几个方面。一是法律更新滞后。法律的制定和修订往往滞后于技术的发展。在信息网络传播权领域，许多新技术和新应用的出现，如虚拟现实、增强现实等，现有的法律框架可能无法完全覆盖或有效应对。二是国际法律差异。不同国家和地区对于信息网络传播权的法律规定存在差异，这导致在国际版权保护合作中存在障碍。跨国界的网络传播行为可能涉及多个国家的法律，使得著作权人在维护权益时面临复杂的法律环境。三是法律执行难度。网络传播的匿名性和跨地域性使得追踪和打击侵权行为变得困难。即使发现了侵权行为，由于法律程序的复杂性，著作权人往往难以迅速有效地维护自己的权益。

（三）经济利益的冲突与平衡

信息网络传播权的背后涉及多方主体的经济利益，这些利益主体的诉求不同，甚至相互冲突，如何在冲突中实现平衡，是信息网络传播权保护必须解决的现实问题。利益失衡，要么导致著作权人权益受损，创作动力不足，要么阻碍作品的合理传播，影响公众获取信息的自由，最终都会损害数字内容生态的健康发展。

一是著作权人与传播者的利益冲突。著作权人希望最大化其作品的商业价值，而传播者则希望以最低的成本获取和传播内容。这种利益冲突在网络环境中尤为明显，因为网络传播的边际成本几乎为零，使得传播者有更大的动机去未经授权传播作品。二是公众利益与著作权人利益的平衡。公众希望自由、便捷地获取和使用信息，而著作权人则希望保护其作品的独家权利。这种平衡在网络环境中难以实现，因为网络传播的广泛性和即时性使得作品一旦上传，就很难控制其传播范围和方式。三是平台责任与权益的界定。网络平台作为内容传播的重要渠道，其在信息网络传播权保护中的责任和义务往往不明确。一方面，平台需要承担一定的版权审查义务。另一方面，平台也希望避免过重的责任负担，以免影响其业务发展。

（四）公众版权意识的薄弱

公众是网络传播的参与者和受益者，其版权意识直接影响信息网络传播权保护的社会基础。如果公众普遍缺乏对信息网络传播权的尊重和认知，那么即使有完善的法律和技术手段，也难以从根本上遏制侵权行为的发生。因此，公众版权意识的薄弱是信息网络传播权保护面临的深层次挑战，需要长期的教育和引导来改善。

一是版权知识缺乏。许多公众对版权知识了解不足，不知道未经授权的传播行为可能构成侵权。这种意识的缺乏使得侵权行为在网络环境中屡禁不止。二是尊重版权的习惯未形成。在网络环境中，尊重版权的习惯尚未形成。许多用户习惯于免费获取和使用内容，而不愿意为版权付费。这种习惯不仅损害了著作权人的利益，也影响了整个内容产业的健康发展。

（五）国际网络侵权的复杂性

网络传播的无国界性打破了传统的地域限制，使得作品可以在全球范围内即时传播，但这也导致国际网络侵权行为日益增多且复杂化。由于不同国家的法律体系、司法程序和利益诉求存在差异，因此，国际网络侵权的治理面临诸多障碍，著作权人的跨国维权之路往往困难重重。

一是跨国界传播。网络传播的跨国界性使得侵权行为可能涉及多个国家。著作权人在维护权益时需要面对不同国家的法律体系和司法程序，这增加了维权的复杂性和成本。二是国际合作难题。虽然国际在版权保护方面有一定的合作，但由于国家利益、法律差异等原因，国际合作仍然面临诸多难题。例如，在打击跨国网络侵权方面，各国之间的信息共享、证据认定和司法协助等机制尚不完善。

（六）新技术带来的新挑战

随着科技的不断进步，新兴技术在为网络传播带来便利的同时，也对信息网络传播权保护提出了新的挑战。这些新技术往往具有创新性和颠覆性，其与信息网络传播权的结合可能产生现有制度难以涵盖的新问题，需要我们不断探索和应对。

新技术带来的新挑战主要体现在以下两个方面。一方面，区块链技术是一把双刃剑。区块链技术虽然可以为版权保护提供新的解决方案，如通过智能合约自动执行版权许可和分配收益，但也可能被用于规避版权保护。例如，侵权者可能利用区块链技术的匿名性来隐藏其身份和侵权行为。另一方面，人工智能的版权问题。人工智能技术的发展使得机器可以自动生成内容，如文章、图片、音乐等。这些自动生成的内容是否享有版权？如何界定其版权归属？这些问题都是信息网络传播权保护面临的新挑战。

四、信息网络传播权保护的应对策略

针对信息网络传播权保护面临的挑战，需要采取多方面的应对策略，涉及技术、教育、国际合作等方面，以构建一个全面、有效的版权保护体系。

（一）加强技术研发与应用

技术应用于版权登记、许可和分配收益等方面，可以降低版权保护的成本和风险。在数字化浪潮汹涌的当下，网络知识产权保护已成为维护创新生态、促进文化与科技产业繁荣发展的关键环节。随着互联网的普及，信息传播速度呈指数级增长，作品的创作、传播与使用方式发生了翻天覆地的变化，这也使得网络知识产权面临前所未有的挑战。侵权行为变得更加隐蔽且难以追溯，从传统的盗版复制到新兴的数字内容篡改、未经授权的传播等，严重损害了知识产权所有者的合法权益，阻碍了创新的步伐。因此，加强网络知识产权的技术研发与应用刻不容缓，通过先进技术手段为知识产权保驾护航，已成为应对时代挑战的必然选择。

1.改进加密技术

在网络环境下，作品从创作者到受众的传输过程历经多个节点，存储也依赖各类网络服务器，这期间存在诸多安全隐患，极易遭受黑客攻击、数据窃取等威胁。改进加密技术成为确保作品在传输和存储过程中的安全性的核心手段。一方面，持续投入研发资源，探索更先进的加密算法。例如，量子加密技术正逐渐成为研究热点。传统加密算法多基于数学难题，如 RSA 算法依赖于大整数分解的困难性。然而，随着量子计算技术的发展，其强大的计算能力可能在未来对传统加密算法构成威胁。量子加密利用量子力学的基本原理，如量子态的不可克隆性和测不准原理，实现信息的安全传输。当黑客试图窃取量子加密传输的信息时，不可避免地会干扰量子态，从而被发送方和接收方察觉，从根本上保障了传输的安全性。同时，现有的经典加密算法，如高级加密标准（AES），也在不断进行优化和改进。研究人员通过改进算法的结构、增加密钥长度等方式，提升其抵御各种攻击的能力。在实际应用中，金融机构广泛采用 AES - 256 等高强度加密算法来保护客户的敏感信息，如账户密码、交易记录等，有效防止了数据泄露事件的发生。另一方面，加强对加密技术的管理和应用同样重要，其中建立完善的密钥管理体系是关键一环。密钥作为加密和解密的关键信息，其安全性直接关系到加密系统的有效性。采用安全的密钥生成机制，利用真随机数生成器生成高强度密钥，可避免因密钥生成算法的缺陷导致密钥被破解。同时，严格控制密钥的存储和分发环节。对于密钥存储，可采用硬件安全模块（HSM），这是一种专门用于保护密钥的物理设备，具备防篡改、防窃取的特性，能够有效防止密钥被非法获取。在密钥分发时，借助安全的通信协议，如基于 SSL/TLS 的加密通道，可确保密钥在传输过程中的保密性。此外，对用户进行身份认证和授权管理，只有经过合法认证且被授予相应权限的用户，才能获取并使用密钥对作品进行解密和访问。例如，在企业内部的文件共享系统中，通过与企业的统一身份认证平台集成，员工在访问受加密保护的文件时，需先通过身份验证，系统根据其所在部门、职位等信息判断其是否具有相应的访问权限，只有满足条件的员工才能成功解密文件，从而保障企业内部知识产权的安全。

2.发展数字水印技术

数字水印技术作为一种能够在作品中嵌入不可见标识信息的技术手段，在网络知识产权保护领域具有独特的价值，可用于追踪作品的来源和传播情况，为打击侵权行为提供有力证据。目前，数字水印技术正朝着更完善、更难以被篡改的方向不断发展。在水印嵌入算法方面，研究人员致力于提高水印的不可感知性和鲁棒性。不可感知性要求水印嵌入后不会对作品的视觉、听觉等感知效果产生明显影响，确保作品的质量不受损害。例如，将水印信息巧妙地嵌入图像的频域系数，如离散余弦变换（DCT）域、离散小波变换（DWT）域等，利用人类视觉系统（HVS）的特性，使水印在不影响图像视觉质量的前提下得以隐藏。同时，鲁棒性是数字水印技术的关键指标，它决定了水印在 JPEG 压缩、图像裁剪、旋转、噪声干扰等情况下，是否依然能够被准确提取。近年来，一些基于深度学习的数字水印算法应运而生。这些算法利用神经网络强大的学习能力，能够自适应地根据作品的内容和特征嵌入水印，并且在遭受复杂攻击后仍能保持较高的水印提取成功率。例如，通过构建生成对抗网络（GAN），让生成器学习如何将水印嵌入作品，判别器则学习如何区分嵌入水印的作品和原始作品，在不断对抗训练的过程，提高水印的不可感知性和鲁棒性。在应用方面，数字水印技术已广泛应用于网络传播的各个领域。在数字媒体行业，音乐、电影、图片等作品在发布前可嵌入数字水印。当这些作品在网络上传播时，一旦发现未经授权的使用或传播行为，版权所有者可以通过特定的水印提取算法，从侵权作品中提取出水印信息，从而确定作品的原始来源和传播路径，为维权行动提供确凿证据。例如，一些知名的图片素材网站，为防止用户上传的图片被非法盗用，在用户上传图片时自动嵌入数字水印，当发现有网站未经授权使用该图片时，通过水印信息可以追溯到侵权行为的源头。此外，在电子文档领域，数字水印技术也可用于保护文档的版权。将企业的商标、版权声明等信息以水印的形式嵌入电子文档，不仅可以防止文档被非法复制和传播，还能在文档被泄露后追踪其流向，维护企业的知识产权权益。

3.利用大数据和人工智能

大数据和人工智能技术的迅猛发展，为网络知识产权保护带来了全新的机遇，可用于监测和分析网络传播行为，及时发现和打击侵权行为，极大地提高了版权保护的效率和准确性。借助大数据技术，能够收集海量的网络数据，包括各类网站的内容、社交媒体的信息、电商平台的商品信息等。通过对这些数据进行清洗、整理和存储，构建起庞大的网络内容数据库。在此基础上，利用人工智能的机器学习、深度学习等算法，可对数据进行深入分析。例如，在图像识别领域，利用卷积神经网络（CNN）可以对网络上的图片进行快速识别和比对。版权监测平台通过预先采集版权所有者的图片样本，将其特征信息录入数据库。当平台监测到网络上有新的图片发布时，自动提取该图片的特征，并与数据库中的样本进行比对。如果发现相似度超过设定的阈值，则可能存在侵权行为，平台会及时发出预警。同样，在文本识别方面，自然语言处理（NLP）技术可以对网络文章、评论等文本内容进行分析，判断其是否存在抄袭、剽窃等侵权行为。通过对文本的语义理解、关键词提取、句子结构分析等操作，准确识别出与版权作品相似的部分，并给出侵权程度的评估。此外，大数据和人工智能还可以用于构建侵权行为的预测模型。通过分析历史侵权数据，包括侵权发生的时间、地点、涉及的作品类型、侵权者的行为模式等信息，利用数据挖掘和机器学习算法，找出潜在的侵权风险因素和规律。例如，某些地区在特定时间段内对某类热门作品的侵权行为较为频繁，或者某些用户群体具有较高的侵权倾向。基于这些分析结果，提前制定针对性的防范措施，如加强对重点地区、重点作品的监测力度，对高风险用户进行预警提示等，实现从被动打击侵权到主动预防侵权的转变。同时，在执法过程中，大数据和人工智能技术也能为执法人员提供决策支持。通过对大量侵权案例的分析，总结出不同类型侵权行为的处理方式和经验，当遇到新的侵权案件时，智能系统可以根据案件的特征，快速提供相似案例的处理参考，帮助执法人员更高效、准确地做出决策，提高执法效率和公正性。

4.推广区块链技术

区块链技术以其去中心化、不可篡改和透明性等特点，成为版权保护领域的有力工具，在版权登记、许可和分配收益等方面具有广阔的应用前景，能够有效降低版权保护的成本和风险。在版权登记方面，传统的版权登记方式往往需要耗费大量的时间和精力，涉及烦琐的手续和高昂的费用。而区块链技术的应用为版权登记带来了全新的解决方案。创作者可以将作品的元数据，如作品名称、作者信息、创作时间、作品内容哈希值等，通过区块链平台进行登记。区块链的分布式账本特性使得这些信息被记录在多个节点上，一旦记录，便无法被篡改。同时，基于区块链的时间戳技术，能够为作品的创作时间提供精确的证明。例如，在一些区块链版权登记平台上，创作者只需上传作品的相关信息，平台即可自动将其记录到区块链上，并生成唯一的区块链证书。与传统登记方式相比，这种方式不仅操作简便、成本低廉，而且具有更高的可信度和安全性。当发生版权纠纷时，创作者可以直接出示区块链证书作为版权归属的有力证据，无须依赖第三方机构的证明。在版权许可和分配收益方面，区块链的智能合约功能发挥了重要作用。智能合约是一种基于区块链技术的自动执行合约，其条款以代码的形式写入区块链中。当满足预设条件时，智能合约会自动执行相应的操作。在版权领域，版权所有者可以通过智能合约与使用者签订许可协议，明确规定使用的范围、期限、费用等条款。一旦使用者触发了合约中的条件，如在规定时间内使用了作品，智能合约会自动执行，将相应的许可费用支付给版权所有者。同时，在作品传播和使用过程中，通过区块链技术可以实时记录作品的使用情况和收益数据，确保收益分配的公平、透明和准确。例如，在音乐作品的版权管理中，通过区块链平台，音乐创作者、唱片公司、发行商、播放平台等各方可以基于智能合约进行合作。当用户在播放平台上播放音乐作品时，智能合约会根据事先约定的分成比例，自动将播放费用分配给各个版权相关方，避免了传统收益分配模式中可能存在的账目不清、拖欠款项等问题，提高了版权交易的效率和透明度，降低了版权保护的成本和风险。

（二）推动国际合作

在全球化背景下，网络的无国界性使得知识产权侵权行为极易跨越国界，给各国的知识产权保护带来严峻挑战。加强与其他国家在版权保护方面的合作与交流，成为解决跨国网络侵权问题的必然选择。推动建立国际版权保护合作机制，是实现国际合作的重要基础。国际社会应共同努力，制定统一的国际版权保护规则和标准，明确各国在网络知识产权保护方面的权利和义务。例如，在网络侵权行为的认定、管辖权确定、法律适用及侵权责任承担等方面，形成一致的国际准则，避免因各国法律差异导致侵权者逃避法律制裁。同时，可以建立国际版权保护合作的组织架构，如设立专门的国际网络知识产权保护协调机构，负责协调各国之间的执法行动、信息共享及纠纷解决等工作。加强信息共享是国际合作的关键环节，各国应建立信息共享平台，及时交流网络侵权行为的相关信息，包括侵权线索、侵权者的身份信息、侵权手段和方式等。通过信息共享，各国执法机构能够快速掌握跨国网络侵权行为的动态，提前做好防范和打击准备。例如，欧盟内部建立了知识产权执法信息共享平台，成员国之间可以实时共享知识产权侵权案件信息，有效提高了对跨国侵权行为的打击效率。在证据认定方面，各国应加强合作，相互承认和采信对方国家执法机构收集的证据。由于网络侵权证据具有易灭失、数字化等特点，因此跨国取证难度较大。通过建立证据互认机制，可以减少证据重复收集和审查的成本，提高执法效率。司法协助也是国际合作不可或缺的部分。在跨国网络侵权案件中，当一国需要另一国提供司法协助时，应确保协助程序的顺畅和高效，包括协助送达司法文书、调查取证、执行判决等方面。各国应签订双边或多边司法协助条约，明确司法协助的范围、程序和方式。例如，中国与多个国家签订了民商事司法协助条约，在知识产权案件中，能够依据条约规定相互请求对方提供司法协助，从而保障当事人的合法权益和判决的有效执行。此外，各国还可以通过开展司法人员培训交流、学术研讨等活动，增进对彼此法律制度和司法实践的了解，进一步提高司法协助的质量和效果。

（三）提高公众的版权意识

在当今数字时代，网络已深度融入人们的生活与工作，各类知识产品在网络上广泛传播。然而，网络知识产权侵权现象也随之猖獗，从影视、音乐盗版作品的下载，到文字作品的抄袭，这些行为不仅损害了创作者的切身利益，更严重阻碍了创新文化的发展与传播。提高公众的网络知识产权版权意识，已成为解决这一问题的关键，刻不容缓。

1.加强版权宣传教育

首先，借助媒体力量广泛传播。媒体作为信息传播的主要渠道，在提高公众版权意识方面具有不可替代的作用。电视媒体可制作并播出一系列版权保护专题节目。例如，开设栏目，定期邀请知识产权专家、法律工作者及版权受侵害的创作者作为嘉宾，通过案例分析、法律解读、经验分享等形式，深入浅出地向观众普及版权知识。以热门影视作品侵权案件为例，详细剖析侵权行为的界定、侵权者面临的法律责任，以及版权所有者维权的艰难历程，让观众直观感受版权保护的重要性。互联网媒体则可利用自身的互动性与传播速度等优势，开展多样化的宣传活动。各大门户网站、资讯平台可在首页设置醒目的版权宣传专题，发布权威的版权法律法规解读文章、最新的版权行业动态，以及生动有趣的版权科普漫画、短视频等。社交媒体平台更是可以发动广大用户参与版权宣传。例如，发起“版权保护从我做起”的话题讨论，鼓励用户分享自己在生活中遇到的与版权相关的经历，或是对版权保护的看法与建议。同时，网络大 V、“意见领袖”

也应发挥积极作用，利用自身的影响力，发布倡导版权保护的内容，引导粉丝树立正确的版权观念。

其次，深化学校版权教育体系。学校是培养未来社会公民的重要场所，将版权教育纳入学校教育体系，从娃娃抓起，对于提高全民版权意识具有深远意义。在中小学阶段，可将版权知识融入思想品德、信息技术等课程中。在思想品德课上，通过讲述创作者的故事，如某位作家辛苦创作的作品被肆意盗版，导致其经济受损且创作热情受挫，让学生明白尊重他人劳动成果、保护版权的重要性。信息技术课上则可教授学生如何合法使用网络资源，如在进行资料收集时，明确哪些网站的信息是受版权保护的，如何正确引用他人作品并注明出处，避免在无意识中侵犯版权。高等院校可以开设专门的知识产权课程，针对不同专业的学生，设置具有针对性的教学内容。对于文科类学生，着重培养其在文学、艺术创作等方面的版权保护意识，通过分析文学作品抄袭案例、艺术作品侵权纠纷，让学生了解创作过程中的版权风险与防范措施。对于理工科学生，则可侧重于传授技术创新成果的知识产权保护知识，如专利申请、软件著作权保护等知识。此外，学校还可以举办各类版权主题活动，如版权知识竞赛、征文比赛、主题演讲等，激发学生学习版权知识的积极性，在校园内营造浓厚的版权保护氛围。

最后，推动社区版权宣传常态化。社区作为人们生活的聚集地，开展版权宣传能够直接触达广大民众。社区可定期组织版权知识讲座，邀请专业律师或知识产权专家为居民讲解版权相关法律法规。可以讲解日常生活中居民可能遇到的版权问题，例如，购买了盗版书籍、音像制品该如何维权，在社交媒体上转发他人作品是否构成侵权等。同时，社区可利用宣传栏、公告栏等阵地，张贴版权宣传海报、标语，展示版权保护的重要信息与案例。在社区文化活动中，融入版权元素，如举办社区电影节时，明确播放的影片均为正版授权，向居民宣传观看正版影片的意义。还可组织社区志愿者深入居民家中，发放版权宣传手册，与居民面对面交流，解答居民关于版权的疑问，让版权知识真正走进千家万户。

2.培养尊重版权的习惯

首先，提供优质内容与服务，彰显付费价值。在数字内容市场，内容提供者应致力于打造高质量的作品与服务，让公众切实感受到为版权付费是值得的。以在线音乐平台为例，平台可投入资源，独家签约知名歌手、乐队，推出高质量的音乐专辑、现场演出直播等。同时，不断优化用户体验，如提供高音质音乐下载、个性化音乐推荐、歌词同步显示等功能。用户在享受这些优质音乐与服务的过程中，会逐渐认可付费的合理性。同样，在线阅读平台应注重内容的深度与广度，汇聚各类优秀的文学作品、学术著作，并通过专业的编辑团队进行排版、校对，为用户提供舒适的阅读界面与便捷的阅读工具，支持书签功能、笔记功能等。此外，还可推出会员专属福利，如提前阅读热门书籍、参与作者线上见面会等，吸引用户主动付费成为会员，支持正版内容。

其次，加强对侵权行为的谴责与惩罚，形成舆论压力。社会各界应形成合力，对网络知识产权侵权行为进行严厉谴责。媒体应发挥监督作用，及时曝光侵权行为与侵权者。例如，当某知名网站存在大量盗版影视资源时，媒体可进行深入调查报道，详细揭露其侵权行为的运作模式、对版权产业的危害，让侵权者暴露在公众视野之下，接受舆论的批判。行业协会也应积极发声，通过发布声明、召开新闻发布会等方式，表明对侵权行为零容忍的态度，引导行业内企业树立正确的价值观，共同抵制侵权行为。在法律层面，要加大对侵权行为的惩罚力度。对于个人侵权行为，如个人未经授权在网络上传播大量盗版音乐、影视资源，应依法处以高额罚款，并视情节严重程度追究其刑事责任。对于企业侵权行为，除了经济处罚外，还可采取限制其市场准入、责令停业整顿等措施。例如，某软件企业因恶意抄袭竞争对手的软件功能，被法院判决赔偿巨额经济损失，并在一定期限内禁止参与相关软件项目的招投标，以此提高侵权成本，让侵权者不敢轻易以身试法。通过加强舆论谴责与法律惩罚，在全社会形成对侵权行为的高压态势，促使公众自觉养成尊重版权的习惯。

（四）明确平台责任与义务

对于明知或应知存在侵权行为而未采取必要措施的平台，应依法承担法律责任。在网络信息高速流通的当下，网络平台作为内容传播的核心枢纽，对于网络知识产权保护肩负着不可推卸的责任，明确其在版权保护中的责任与义务，既是维护创作者合法权益的必然要求，也是推动数字内容产业健康发展的重要保障。

1.建立版权审查机制

网络平台建立完善的版权审查机制是从源头遏制侵权行为的关键。这一机制需涵盖内容上传前的审核、上传后的监控及侵权行为的快速处置等环节。在内容审查方面，平台应投入技术与人力资源，构建多层级审核体系。对于用户上传的文字、图片、音频、视频等内容，可先通过人工智能技术进行初步筛查。例如，利用版权比对系统，将上传的内容与平台已获得授权的版权库进行比对，若发现高度相似的未授权内容，系统自动拦截并提示审核人员。对于技术筛查无法确定的内容，由专业审核团队进行人工复核，审核人员需具备版权法律知识和行业经验，能够准确判断内容的合法性。以短视频平台为例，针对用户上传的影视作品剪辑类内容，审核人员需核查其是否获得了原版权方的授权，剪辑内容是否超出了合理使用范围，避免侵权行为的发生。

同时，平台需加强对用户行为的全流程监控。通过建立用户行为标签体系，对频繁上传疑似侵权内容、多次被投诉侵权的用户进行重点标记，限制其上传权限或采取封号处理。例如，某用户在一个月内被 3 次投诉上传盗版音乐，平台可对其账号进行临时冻结，要求用户提交版权证明，否则永久封禁。此外，平台应设立便捷的侵权投诉渠道，如在线投诉表单、专用邮箱等，确保版权人能快速提交投诉材料。接到投诉后，平台需在规定时间内完成核查，对确认侵权的内容立即删除，并将处理结果反馈给投诉方，形成“投诉—核查—处置—反馈”的闭环管理。

2.加强版权合作与许可

网络平台与著作权人建立良性的合作关系，是实现版权保护与产业发展共赢的核心路径。平台应主动搭建版权合作桥梁，通过多元化的许可模式满足不同主体的需求。对于影视、音乐等专业内容领域，平台可与版权方签订独家或非独家授权协议。例如，视频平台与影视公司合作，以付费分成的方式获得影片的网络播放权，平台根据影片的播放量、付费用户数量等数据与版权方定期结算收益。这种模式既保障了版权方的经济权益，也为平台带来了优质内容，可吸引更多用户。在文学领域，平台可与出版社、作者签订电子版权合作协议，通过付费阅读、会员订阅等方式实现收益分成，作者可以根据作品的阅读量获得相应稿费，激发创作的积极性。针对用户生成内容（UGC），平台可探索集体授权机制。平台可与行业协会或版权集体管理组织合作，由后者代表众多中小版权人统一授予平台使用权限。例如，图片平台与摄影著作权协会合作，平台支付年度版权费，获得协会旗下所有摄影师作品的非商业使用授权，用户在平台内合规使用图片时，平台无须单独与每名摄影师沟通，既提高了授权效率，也降低了侵权风险。此外，平台应明确告知用户版权使用规则，在用户注册协议中注明上传内容需保证版权合法，引导用户尊重知识产权。

3.承担法律责任

明确网络平台的法律责任，是倒逼其履行版权保护义务的制度保障。平台需在法律框架内，根据“通知-删除”规则和过错责任原则承担相应责任。根据《著作权法》及相关法规，平台在收到版权人明确的侵权通知后，应立即采取删除、屏蔽、断开链接等必要措施，若未及时处理，需对损害扩大部分与侵权用户承担连带责任。例如，某版权公司向平台投诉某账号上传其享有版权的剧集，平台未在 48 h 内删除侵权内容，导致侵权视频被更多人次观看，平台需对扩大的损失承担赔偿责任。对于“明知或应知”存在侵权行为而未采取措施的平台，应承担过错责任。例如，某直播平台明知主播在直播中播放盗版游戏，却为追求流量未加制止，这种情况下平台需与主播共同承担侵权责任。此外，法律应细化平台“过错”的认定标准，如平台是否对热门侵权内容进行过推荐、是否从侵权行为中直接获利等，确保责任认定的公正性。通过明确法律责任边界，促使平台从“被动应对”转向“主动防控”，切实履行版权保护义务。

（五）构建新技术所带来挑战的应对路径

一是加强监管与引导。对于新技术如区块链、人工智能等在网络传播中的应用，应加强监管和引导，确保其符合版权保护的要求。制定相关法规和标准，规范新技术的使用和发展。二是探索新的版权保护模式。针对新技术带来的挑战，应积极探索新的版权保护模式。例如，对于人工智能生成的内容，可以探索建立相应的版权登记和许可机制；对于区块链技术，可以研究如何利用其特性来加强版权保护和管理。

（六）建立多方参与的版权保护体系

一是政府主导。政府应在信息网络传播权保护中发挥主导作用，制定相关政策和法规，加强执法和监督力度。同时，政府还应加强对版权产业的支持和扶持，推动版权产业的健康发展。二是行业自律。鼓励行业协会和组织加强自律管理，制定行业规范和标准，引导行业健康发展。同时，行业协会和组织还可以为著作权人提供法律咨询和援助服务，帮助其维护合法权益。三是公众参与。鼓励公众参与信息网络传播权保护，通过举报侵权行为、参与版权宣传和教育等方式共同维护版权秩序。公众是网络传播的重要参与者，其积极参与和配合对于版权保护至关重要。

（七）加强国际交流与合作

一是参与国际版权组织。积极参与国际版权组织，如 WIPO 等的活动和工作，推动国际版权保护的合作与发展。通过参与国际版权组织的会议和论坛，了解国际版权保护的最新动态和趋势，学习、借鉴其他国家的先进经验和做法。二是加强双边和多边合作。加强与其他国家在版权保护方面的双边和多边合作，签订版权保护合作协议和备忘录，共同打击跨国网络侵权行为。通过加强与其他国家的合作与交流，形成国际版权保护的合力，提高版权保护的效率和水平。

（八）提升版权保护的技术水平

一方面，研发新技术。持续投入研发力量，研发新的版权保护技术，如更先进的加密技术、数字水印技术等。同时，加强对现有技术的改进和优化，提高其性能和稳定性。另一方面，推广应用新技术。积极推广应用新的版权保护技术，将其应用于网络传播的各个环节，通过技术手段加强对版权的实际保护。

第三节　技术措施的法律保护

技术措施是指著作权人为了防止未经授权的访问和使用其作品而主动采取的各种技术手段。这些技术措施对于保护著作权人的合法权益具有重要意义。因此，各国法律均对技术措施给予了一定的法律保护。

一、国际立法保护

国际立法保护是技术措施获得全球范围内认可与执行的重要保障。不同国际组织和国家基于各自的法律传统与现实需求，制定了一系列针对技术措施的保护规则。这些立法既体现了对数字时代著作权保护的共同关注，也反映了不同主体在平衡权利保护与公共利益上的探索。梳理国际层面的立法成果，能为理解技术措施法律保护的全球格局提供清晰视角。

（一）WIPO 的相关规定

WIPO 的 WCT 和 WPPT 均对技术措施的法律保护做出了规定。

1.WCT 的相关规定

WCT 的第十一条要求缔约各方规定适当的法律保护和有效的法律补救办法，制止规避由作者为行使条约所规定的权利而使用的有效技术措施。这一规定明确了技术措施的法律地位，要求各缔约国提供法律保护，防止对技术措施的规避行为。

WCT 的第十一条的立法背景在于，随着数字技术的发展，作品的传播方式发生了巨大变化，传统的著作权保护手段已难以适应新形势下的版权保护需求。因此，WCT 通过引入技术措施的法律保护，为著作权人提供了一种新的保护手段，以应对数字环境下的版权侵权问题。

在实际操作中，WCT 的第十一条要求各缔约国在立法中明确规定对技术措施的保护范围、保护方式及相应的法律责任。例如，缔约国可以规定，未经著作权人许可，任何组织或个人不得故意避开或破坏技术措施，也不得制造、进口或向公众提供主要用于避开或破坏技术措施的装置或部件。

2.WPPT 的相关规定

WPPT 的第十八条要求缔约各方对表演者和录音制品制作者为行使条约所规定的权利而使用的有效技术措施提供法律保护。这一规定与 WCT 的第十一条相呼应，共同构成了 WIPO 对技术措施进行法律保护的完整框架。

WPPT 的第十八条的立法目的在于保护表演者和录音制品制作者在数字环境下的合法权益。通过规定对技术措施的法律保护，WPPT 为表演者和录音制品制作者提供了一种有效的保护手段，以应对数字环境下的版权侵权问题。

在实际操作中，WPPT 的第十八条要求各缔约国在立法中明确规定对技术措施的保护范围、保护方式及相应的法律责任。例如，缔约国可以规定，未经表演者或录音制品制作者许可，任何组织或个人不得故意避开或破坏技术措施，也不得制造、进口或向公众提供主要用于避开或破坏技术措施的装置或部件。

（二）欧盟

欧盟自 1991 年起开始制定技术措施保护方面的法规，现已形成一个法规体系，该体系包括《计算机程序法律保护的指令》《信息社会著作权及相关权绿皮书（增补）》等法律文件。

1.《计算机程序法律保护的指令》

《计算机程序法律保护的指令》是欧盟关于计算机软件版权保护的重要法律文件。该指令对技术措施的法律保护做出了明确规定，要求各成员国提供充分的法律保护，制止未经许可规避用于保护版权的技术措施的行为。

在实际操作中，《计算机程序法律保护的指令》要求各成员国在立法中明确规定对技术措施的保护范围、保护方式及相应的法律责任。例如，成员国可以规定，未经著作权人许可，任何组织或个人不得故意避开或破坏技术措施，也不得制造、进口或向公众提供主要用于避开或破坏技术措施的装置或部件。

2.《信息社会著作权及相关权绿皮书（增补）》

《信息社会著作权及相关权绿皮书（增补）》是欧盟关于信息社会中版权及其邻接权保护的重要政策文件。该绿皮书强调了技术措施在版权保护中的重要性，并提出了一系列关于技术措施法律保护的建议。

该绿皮书指出，随着数字技术的发展，作品的传播方式发生了巨大变化，传统的著作权保护手段已难以适应新形势下的版权保护需求。因此，需要引入技术措施的法律保护，为著作权人提供一种新的保护手段。同时，该绿皮书还建议各成员国在立法中明确规定对技术措施的保护范围、保护方式及相应的法律责任。

在该绿皮书的推动下，欧盟各成员国纷纷加强了对技术措施的法律保护。例如，一些成员国在立法中明确规定了对技术措施的保护范围和保护方式，并对规避技术措施的行为规定了相应的法律责任。

3.其他相关法规

除了《计算机程序法律保护的指令》和《信息社会著作权及相关权绿皮书（增补）》外，欧盟还制定了一系列其他相关法规，以加强对技术措施的法律保护。例如，《信息社会版权指令》等法规均对技术措施的法律保护做出了明确规定。

这些法规共同构成了欧盟关于技术措施法律保护的完整体系，为著作权人提供了全面的法律保护。在实际操作中，欧盟各成员国可以根据这些法规制定具体的实施措施，以加强对技术措施的法律保护。

（三）美国

美国 1998 年通过的 DMCA 对技术措施的法律保护进行了详细规定。DMCA 禁止规避有效控制对受保护作品进行访问或保护版权人权利的技术措施，并规定了相应的法律责任。

1.DMCA 的相关规定

DMCA 对技术措施的法律保护主要体现在以下几个方面。

禁止规避技术措施：DMCA 禁止任何组织或个人未经著作权人许可，故意避开或破坏用于保护版权的技术措施。这一规定旨在防止对技术措施的规避行为，从而保护著作权人的合法权益。

禁止制造、进口或提供规避装置：DMCA 还禁止任何组织或个人制造、进口或向公众提供主要用于避开或破坏技术措施的装置或部件。这一规定旨在切断规避技术措施的源头，从而加强对技术措施的法律保护。

规定法律责任：DMCA 对违反技术措施保护规定的行为规定了相应的法律责任。例如，对于故意避开或破坏技术措施的行为，可以追究行为人的民事责任和刑事责任。

2.DMCA 的立法背景

DMCA 的立法背景在于，随着数字技术的发展，作品的传播方式发生了巨大变化，传统的著作权保护手段已难以适应新形势下的版权保护需求。因此，美国国会通过制定 DMCA，为著作权人提供了一种新的保护手段，以应对数字环境下的版权侵权问题。

DMCA 的通过标志着美国在数字版权保护方面迈出了重要一步，不仅引入了技术措施的法律保护，也为其他国家在数字版权保护方面提供了有益的借鉴和参考。

3.DMCA 的实际操作

在实际操作中，DMCA 要求著作权人在其作品上采取有效的技术措施，以防止未经授权的访问和使用。同时，DMCA 还要求网络服务提供者采取合理的措施，以协助著作权人保护其作品免受侵权行为的侵害。

例如，当著作权人发现其作品在网络上被侵权时，可以向网络服务提供者发出通知，要求删除侵权内容。网络服务提供者在收到通知后，应及时采取措施删除侵权内容，以防止侵权行为的进一步扩大。此外，DMCA 还规定了反通知程序，允许被指控的侵权人在一定期限内提出反通知，以证明其行为不构成侵权。

DMCA 促进了网络服务提供者与著作权人之间的合作与沟通，共同维护了一个健康、有序的数字版权环境。

二、国内立法保护

在国内立法方面，我国也对技术措施给予了一定的法律保护。这些法律规定主要体现在《著作权法》和《信息网络传播权保护条例》等法律法规中。

（一）《著作权法》

我国《著作权法》第四十九条原则性地规定了对技术措施的保护。该条款禁止未经著作权人或者与著作权有关的权利人许可，故意避开或者破坏技术措施的行为。这一规定为技术措施的法律保护提供了基本法律依据。

在实际操作中，《著作权法》第四十九条要求各级司法机关和行政执法机关在处理版权纠纷时，充分考虑技术措施的保护问题。对于故意避开或破坏技术措施的行为，应依法追究行为人的法律责任。同时，该条款还要求著作权人在其作品上采取有效的技术措施，以防止未经授权的访问和使用。

此外，《著作权法》还规定了其他与技术措施相关的法律制度。例如，该法规定了著作权集体管理制度，允许著作权人通过集体管理组织行使其权利。这一制度为著作权人提供了一种有效的维权手段，有助于加强技术措施的法律保护。

（二）《信息网络传播权保护条例》

《信息网络传播权保护条例》是我国关于信息网络传播权保护的重要行政法规。该条例第四条进一步明确了技术措施的法律保护，规定任何组织或个人不得故意避开或者破坏技术措施，不得故意制造、进口或者向公众提供主要用于避开或者破坏技术措施的装置或部件。

在实际操作中，《信息网络传播权保护条例》要求网络服务提供者在提供网络服务时，充分尊重著作权人的技术措施。对于故意避开或破坏技术措施的行为，网络服务提供者应及时采取措施予以制止，并向著作权人报告相关情况。同时，该条例还要求网络服务提供者建立健全版权保护机制，加强对用户上传内容的审核和管理，以防止侵权行为的发生。

除了对技术措施的法律保护外，《信息网络传播权保护条例》还规定了其他与信息网络传播权相关的法律制度。例如，该条例规定了信息网络传播权的权利内容、行使方式及侵权行为的法律责任等。这些规定为信息网络传播权的保护提供了全面的法律保障。

通过《著作权法》和《信息网络传播权保护条例》等法律法规的制定和实施，我国逐步建立起了对技术措施的法律保护制度。同时，这些法律规定也为网络服务提供者等相关主体提供了明确的法律指引和规范要求，有助于促进数字版权环境的健康发展。

三、技术措施法律保护的完善措施

针对技术措施法律保护在实际运行中暴露出的诸多问题，若不及时加以解决，不仅会损害著作权人的合法权益，还会阻碍数字版权环境的健康发展。因此，有必要从多个维度入手，制定一系列切实可行的完善措施，形成一套系统、全面的保护体系，以应对当前面临的挑战。

（一）完善法律规定和细化操作细则

完善法律规定并细化操作细则，能够为技术措施的法律保护提供明确的依据和规范的流程，确保各项保护工作有序开展。

1.明确技术措施的定义和有效性标准

在立法中应明确技术措施的定义和有效性标准，以便更好地界定哪些技术措施应受到法律保护。例如，可以规定技术措施必须是有效的、合理的，且是不会对公众的合理使用造成过度限制的技术手段。

2.细化法律责任的规定

在立法中应细化法律责任的规定，明确不同情况下的法律责任和处罚措施。例如，可以规定对于故意避开或破坏技术措施的行为应追究民事责任和刑事责任；对于滥用技术措施限制公众合理使用权利的行为也应给予相应的法律制裁。

3.制定具体的操作细则

在制定具体的操作细则时，应充分考虑实际情况和技术发展变化等因素。例如，可以规定著作权人在采取技术措施时应遵循一定的原则和程序；网络服务提供者在处理涉及技术措施的版权纠纷时应采取合理的措施并及时报告相关情况。

（二）平衡技术措施与合理使用的关系

技术措施在保护著作权人权益的同时，若过度使用可能会对公众的合理使用权利造成限制，从而引发著作权人与公众之间的利益冲突。如何在两者之间找到平衡点，既保障著作权人的合法权益，又不阻碍公众获取和利用知识的自由，是完善技术措施法律保护必须解决的关键问题。

1.明确合理使用的范围和条件

在立法中应明确合理使用的范围和条件，以便更好地平衡技术措施与合理使用的关系。例如，可以规定在特定情况下（如教学、科研、个人学习等）可以合理使用受技术措施保护的作品，但应遵守一定的原则和程序。

2.建立合理使用声明制度

由于合理使用的界定较为复杂，公众在行使该权利时往往担心触及法律红线，而著作权人也难以有效识别合理使用行为，这就需要一个规范的机制来衔接双方。建立合理使用声明制度，能够为公众行使合理使用权利提供明确的途径，同时也能让著作权人及时了解相关情况，减少法律纠纷。

（三）扩大技术措施的法律保护范围

随着数字技术的不断发展，技术措施的应用场景日益广泛，而现有的法律保护范围已难以覆盖其全部应用领域。一些新的技术措施以及在其他知识产权领域应用的技术措施未能得到充分保护，使得著作权人及其他知识产权人的权益面临潜在风险。因此，扩大技术措施的法律保护范围势在必行。

1.加强对版权保护措施的保护

在版权领域，除了常见的技术措施外，防复制、防传播等技术措施对于保护作品的完整性和著作权人的经济利益同样至关重要。加强对这些版权保护措施的保护，能够进一步筑牢版权保护的防线。

2.将技术措施的保护范围延伸至其他领域

技术措施的应用并非局限于版权领域，在商标、专利等领域，技术措施同样发挥着重要作用，可有效防止未经授权的访问和使用行为。将技术措施的保护范围延伸至这些领域，能够形成对各类知识产权的全方位保护，适应知识产权保护的综合化发展趋势。

（四）加强对技术措施滥用和误用的监管和打击力度

技术措施是一把“双刃剑”，在合理使用时能有效保护权益，但一旦被滥用或误用，就可能成为限制竞争、损害公众利益的工具。当前，部分主体滥用技术措施限制公众合理使用权利、进行不正当竞争等现象时有发生，因此，必须强化监管和打击力度，规范技术措施的使用。

1.建立监管机制

有效的监管是规范技术措施使用的基础。建立专门的监管机制，明确监管主体、监管内容和监管流程，能够对技术措施的实施情况进行全面、持续的监督，以及时纠正不当行为。

2.加强执法力度

仅有监管机制还不够，必须配以强有力的执法手段，才能确保监管措施落到实处。当前，对技术措施滥用和误用行为的执法力度不足，处罚偏轻，难以形成有效震慑。加强执法力度，加大对侵权行为的查处和处罚力度，并加强国际执法合作，能够有效打击各类违法行为，维护正常的市场秩序。

（五）加强国际法律协调与合作

在经济全球化背景下，数字作品的传播突破国界限制，技术措施的法律保护也面临着国际层面的挑战。不同国家和地区关于技术措施的法律规定存在差异，导致跨国侵权行为难以得到有效遏制，国际版权纠纷日益增多。因此，加强国际法律协调与合作，形成国际层面的保护合力，是完善技术措施法律保护不可或缺的一环。

1.推动国际法律的统一化进程

由于各国法律规定不一，因此技术措施的国际保护缺乏统一标准，增加了跨国版权保护的难度。推动国际法律的统一化进程，积极参与国际版权组织和多边贸易谈判，努力在技术措施的法律保护方面达成国际共识，签署相关国际条约或协议，能够为跨国版权保护提供统一的法律依据。

2.加强国际执法合作

跨国侵权行为的复杂性和隐蔽性使得单靠一国的执法力量难以有效应对，加强与其他国家和地区执法机构的交流与合作，建立跨国执法合作机制，实现信息共享和情报交流，能够提高对跨国侵权行为的打击效率和质量，形成全球范围内的执法保护网络。

第四节　权利管理信息的法律保护

权利管理信息是指识别作品、作品的作者、对作品拥有任何权利的所有人的信息，或有关作品使用的条款和条件的信息。这些信息对于保护著作权人的合法权益具有重要意义。因此，各国法律都对权利管理信息给予了一定的法律保护。

一、国际立法保护框架

在探讨权利管理信息的法律保护时，国际层面的立法框架是重要的基础。国际条约作为协调各国版权保护的重要工具，为权利管理信息的保护设定了基本标准和方向。以下将详细介绍 WCT 和 WPPT 这两个重要的国际条约中关于权利管理信息保护的相关内容，以此展现国际社会在这一领域的努力和成果。

（一）WCT 与权利管理信息的国际保护

WCT 作为应对数字时代版权保护挑战的重要国际条约，在权利管理信息的国际保护中占据着关键地位，了解其发布背景、具体的保护规定及实施后产生的影响，有助于我们全面认识国际社会对权利管理信息保护的重视程度和保护力度。

1.WCT 的发布背景

随着信息技术的飞速发展，特别是互联网的普及，数字作品的传播速度和范围达到了前所未有的水平。这一变化不仅极大地促进了文化的交流与传播，同时也给版权保护带来了前所未有的挑战。为了应对这些挑战，WIPO 于 1996 年 12 月 20 日通过了 WCT。该条约旨在加强国际版权保护，特别是解决数字作品和网络环境下的版权问题，其中就包括对权利管理信息的保护。

2.WCT 对权利管理信息的具体保护规定

WCT 第十二条明确规定了权利管理信息的法律保护。根据该条款，缔约各方应规定适当的法律保护和有效的法律补救办法，以制止未经许可删除或改变任何权利管理的电子信息，以及未经许可向公众传播或提供明知是未经许可而删除或改变了权利管理电子信息的作品、表演或录音制品的复制品的行为。这里的“权利管理信息”以电子形式出现，附于作品的每件复制品上或在向公众提供作品时出现。

WCT 第十二条还进一步规定，缔约各方应规定适当的法律保护和有效的法律补救办法，以制止故意避开或破坏权利人为其作品、表演或录音制品采取的保护权利人与其作品、表演或录音制品有关的权利的技术措施的法律行为。这一规定实际上是对权利管理信息保护的一种延伸，通过保护技术措施来间接保护权利管理信息的完整性和准确性。

3.WCT 第十二条的实施与影响

WCT 第十二条的实施对国际版权保护产生了深远影响。首先，它确立了权利管理信息保护的国际标准，为各国在国内立法中保护权利管理信息提供了明确的指导和依据。其次，它促进了国际社会对版权保护的共识和合作，加强了各国在版权保护方面的交流与合作。最后，它对维护版权市场的公平竞争和健康发展具有重要意义，有效遏制了通过删除或篡改权利管理信息来侵犯著作权人合法权益的行为。

（二）WPPT 与权利管理信息的国际保护

除了 WCT，WPPT 在权利管理信息的国际保护中也扮演着不可或缺的角色。作为专门针对表演和录音制品版权保护的条约，它与 WCT 相互配合，共同构建了更为全面的国际保护网络。下面将详细阐述 WPPT 在这一领域的相关内容。

1.WPPT 的发布背景

与 WCT 相呼应，WIPO 在 1996 年 12 月 20 日通过了 WPPT。WPPT 是针对表演和录音制品的版权保护条约，它同样认识到权利管理信息在保护表演者、录音制品制作者以及相关权利人合法权益方面的重要性，并对权利管理信息的保护做出了明确规定。

2.WPPT 对权利管理信息的具体保护规定

WPPT 第十九条与 WCT 第十二条在内容上高度一致，都强调权利管理信息保护的重要性和必要性。根据 WPPT 的第十九条，缔约各方应规定适当的法律保护和有效的法律补救办法，以制止未经许可删除或改变表演或录音制品的任何权利管理的电子信息的行为。同时，缔约各方还应规定适当的法律保护和有效的法律补救办法，以制止故意避开或破坏权利人为其表演或录音制品采取的保护权利人与其表演或录音制品有关的权利的技术措施的法律行为。

3.WPPT 第十九条的实施与影响

WPPT 第十九条的实施对表演和录音制品领域的版权保护产生了积极影响。它进一步强化了权利管理信息保护的国际标准，为各国在国内立法中保护表演和录音制品的权利管理信息提供了明确的指导和依据。同时，它也促进了国际社会针对表演和录音制品版权保护达成共识，加强了各国在这一领域的交流与合作。此外，WPPT 的第十九条的实施还有助于维护表演和录音制品市场的公平竞争和健康发展，有效保护了表演者、录音制品制作者，以及相关权利人的合法权益。

二、国内立法保护实践

在国际立法框架的指引下，各国纷纷结合本国实际情况，在国内立法中对权利管理信息进行保护。我国也不例外，通过《著作权法》和《信息网络传播权保护条例》等法律法规，构建了具有中国特色的权利管理信息保护体系。以下将详细介绍我国立法在这方面的实践情况。

（一）《著作权法》与权利管理信息的间接保护

《著作权法》作为我国版权保护的基本法律，虽然没有直接对权利管理信息做出规定，但它通过对著作权人各项权利的保护，间接地为权利管理信息提供了法律支持。探究《著作权法》在这方面的作用，能让我们了解我国权利管理信息间接保护的具体路径和效果。

1.《著作权法》的立法背景与原则

我国《著作权法》自1990年颁布以来，经历了多次修订和完善，以适应时代发展的需要。在数字时代背景下，《著作权法》面临着新的挑战和机遇。虽然《著作权法》并没有直接规定权利管理信息的法律保护，但其立法原则和精神为权利管理信息的保护提供了间接支持。例如，《著作权法》明确规定了著作权人的各项权利，包括发表权、署名权、修改权、保护作品完整权、复制权、发行权、出租权、展览权、表演权、放映权、广播权、信息网络传播权、摄制权、改编权、翻译权、汇编权等。这些权利的保护，实际上也间接保护了权利管理信息的完整性和准确性。

2.《著作权法》相关条款与权利管理信息的保护

虽然《著作权法》没有直接提及权利管理信息的保护，但其中的一些条款与权利管理信息的保护密切相关。例如，《著作权法》第五十二条规定了侵犯著作权的行为，其中包括“歪曲、篡改他人作品的”行为。这一规定实际上可以涵盖未经许可删除或改变权利管理信息的行为，因为删除或改变权利管理信息往往会导致作品的真实信息被歪曲或篡改。因此，著作权人可以依据这一规定，对侵犯其权利管理信息的行为进行维权。

《著作权法》第四十九条明确规定：“为保护著作权和与著作权有关的权利，权利人可以采取技术措施。未经权利人许可，任何组织或者个人不得故意避开或者破坏技术措施，不得以避开或者破坏技术措施为目的制造、进口或者向公众提供有关装置或者部件，不得故意为他人避开或者破坏技术措施提供技术服务。但是，法律、行政法规规定可以避开的情形除外。本法所称的技术措施，是指用于防止、限制未经权利人许可浏览、欣赏作品、表演、录音录像制品或者通过信息网络向公众提供作品、表演、录音录像制品的有效技术、装置或者部件。”这一规定实际上为权利管理信息的保护提供了更具体的法律依据。虽然其并未直接提及权利管理信息，但其中的技术措施保护条款可以间接保护权利管理信息不被非法删除或篡改。

（二）《信息网络传播权保护条例》与权利管理信息的直接保护

相较于《著作权法》的间接保护，《信息网络传播权保护条例》对权利管理信息的保护更为直接和具体。该条例专门针对信息网络传播权的保护做出规定，其中包含对权利管理信息的明确保护条款，在网络环境下为权利管理信息的保护提供了重要的法律支撑。

1.《信息网络传播权保护条例》的立法背景与目的

随着互联网的普及和信息技术的发展，信息网络传播权成为著作权人的一项重要权利。为了加强信息网络传播权的保护，规范网络环境下的版权秩序，国务院于2006年制定了《信息网络传播权保护条例》，并于2013年做出修改。该条例旨在保护著作权人的信息网络传播权，即著作权人通过有线或者无线方式向公众提供作品、表演或者录音录像制品，使公众可以在其个人选定的时间和地点获得作品、表演或者录音录像制品的权利。同时，该条例也规范了网络服务提供者的行为，明确了其权利和义务。

2.《信息网络传播权保护条例》对权利管理信息的保护

《信息网络传播权保护条例》第五条明确规定了禁止故意删除或改变权利管理电子

信息的行为，并规定了相应的法律责任。第五条规定：“未经权利人许可，任何组织或者个人不得进行下列行为：（一）故意删除或者改变通过信息网络向公众提供的作品、表演、录音录像制品的权利管理电子信息，但由于技术上的原因无法避免删除或者改变的除外。”权利管理电子信息，是指说明作品及其作者、表演及其表演者、录音录像制品及其制作者的信息、作品、表演、录音录像制品权利人的信息和使用条件的信息，以及表示上述信息的数字或者代码。这一规定直接保护了权利管理信息的完整性和准确性，防止了侵权人通过删除或改变权利管理信息来逃避法律责任的行为。

三、权利管理信息法律保护存在的问题

尽管国际和国内法律框架为权利管理信息的保护提供了一定的基础，但在实际操作中，权利管理信息的法律保护仍面临诸多挑战。

（一）国际立法保护存在的问题

国际立法保护作为权利管理信息保护的重要层面，其本身并非完美无缺。由于各国国情、法律体系及技术发展水平的差异，国际条约在实施过程中会遇到各种问题，影响其保护效果的充分发挥。

1.条约实施的差异性

WCT 和 WPPT 虽然为权利管理信息的保护提供了国际标准，但各国在将这些国际标准转化为国内立法时，往往存在实施上的差异。这种差异可能导致在不同国家之间，对权利管理信息的保护力度和范围不一致，从而影响国际版权保护的统一性和有效性。例如，一些国家可能在立法中没有明确规定权利管理信息的定义和保护范围，或者对侵权行为的法律责任设定较轻，导致权利管理信息的保护难以得到有效执行。

2.技术发展的滞后性

信息技术的发展日新月异，而国际条约的制定和修订往往具有一定的滞后性。这可能导致现有的国际法律框架无法充分应对新技术带来的挑战。例如，随着区块链、人工智能等新技术的发展，权利管理信息的存储、传播和验证方式可能发生根本性变化，而现有的国际法律框架可能无法提供足够的保护。

3.跨国执法的复杂性

在互联网环境下，侵权行为往往跨越国界，涉及多个司法管辖区，这增加了跨国执法的复杂性，使得权利人在维护其权利管理信息时面临诸多困难。例如，权利人可能需要在不同的国家提起诉讼，面对不同的法律程序和证据要求，这无疑增加了维权的成本和难度。

（二）国内立法保护存在的问题

国内立法是权利管理信息保护的直接实施层面，其存在的问题会直接影响保护效果。我国国内立法在权利管理信息保护方面虽然取得了一定成效，但也存在一些不足之处，需要进一步改进。

1.法律条款的模糊性

虽然我国《著作权法》和《信息网络传播权保护条例》为权利管理信息的保护提供了一定的法律依据，但其中的一些条款仍存在模糊性。例如，《著作权法》并没有直接规定权利管理信息的定义和保护范围，而是通过保护著作权人的各项权利间接保护权利管理信息。这种间接保护方式可能导致在司法实践中对权利管理信息的保护力度不足。

2.技术措施的局限性

技术措施虽然可以在一定程度上保护权利管理信息不被非法删除或篡改，但其本身也存在一定的局限性。例如，技术措施可能被破解或绕过，从而失去保护作用。此外，技术措施的实施可能涉及用户隐私和信息安全问题，需要在保护权利管理信息和保障用户权益之间找到平衡点。

3.公众意识的不足

权利管理信息的保护不仅需要法律的支持，还需要公众的广泛认知和参与。然而，在现实生活中，公众对权利管理信息的保护意识较低，很多人甚至不知道权利管理信息的存在和重要性，这可能导致侵权行为的发生更加频繁和隐蔽。

四、权利管理信息法律保护的完善策略

权利管理信息的法律保护是一个系统工程，既需要国际社会的共同努力，也离不开各国国内法律体系的完善，同时还需要行业自身的规范和技术的创新支持。只有多管齐下，形成合力，才能有效应对权利管理信息保护面临的各种挑战，为权利人的合法权益提供坚实的保障，促进文化创意产业健康发展。

（一）加强国际立法合作与协调

在经济全球化背景下，权利管理信息的保护往往跨越国界，侵权行为也呈现出跨国化的特点，仅靠单个国家的力量难以全面、有效地应对这些问题，因此，加强国际层面的立法合作与协调显得尤为重要。通过国际社会的共同协作，可以弥补各国法律之间的差异和漏洞，形成更具普遍性和权威性的保护规则，从而为权利管理信息提供更广泛、更有力的保护。

1.推动条约的修订和完善

针对现有国际条约存在的问题和不足，各国应加强合作与协调，推动条约的修订和完善。例如，可以进一步明确权利管理信息的定义和保护范围，提高条约的可操作性和统一性。同时，还可以加强对新技术发展的关注和研究，及时将新技术带来的挑战纳入条约的保护范围。

2.加强跨国执法的合作与协调

为了应对跨国侵权的复杂性，各国应加强跨国执法的合作与协调。例如，可以建立跨国执法合作机制，加强信息共享和交流，提高跨国执法的效率和效果。同时，还可以加强司法协助和仲裁机制的建设，为权利人提供更加便捷和高效的维权途径。

（二）完善国内立法保护体系

国际条约的实施需要各国国内立法的支撑和转化，完善的国内立法保护体系是权利管理信息得到有效保护的基础。各国应结合自身国情，在遵循国际规则的前提下，不断健全和细化国内相关法律制度，明确权利管理信息的法律地位、保护范围、侵权责任等内容，为权利管理信息的保护提供清晰、具体的法律依据。

1.明确权利管理信息的定义和保护范围

为了加强权利管理信息的保护力度，应在相关法律法规中增设专门条款，明确规定权利管理信息的定义和保护范围。例如，可以明确权利管理信息包括识别作品、作品的作者、对作品拥有任何权利的所有人的信息，以及有关作品使用的条款和条件的信息等。同时，还可以规定权利管理信息的保护范围包括作品的所有复制品和传播形式。

2.加强技术措施的法律保护

为了应对技术措施的局限性，应加强对技术措施的法律保护。例如，可以明确规定技术措施的定义和类型，明确技术措施的法律地位和效力。同时，还可以规定破解或绕过技术措施的行为的法律责任，提高侵权行为的成本。此外，还可以加强对技术措施实施的监管和指导，确保技术措施在保护权利管理信息的同时不侵犯用户的隐私和信息安全。

3.完善法律责任体系

为了形成有效的威慑力，我国应不断完善侵犯权利管理信息行为的法律责任体系。例如，可以明确规定侵权行为应承担的民事责任、行政责任和刑事责任等。同时，还可以加大对侵权行为的处罚力度，提高侵权行为的成本。此外，还可以建立侵权行为的信用记录制度，对多次侵权的行为人联合进行惩戒。

4.提高公众保护意识

为了提高公众对权利管理信息的保护意识，我国应加强宣传和教育力度。例如，可以通过媒体宣传、公益广告等方式普及权利管理信息的知识和重要性。同时，还可以加强学校和社会的版权教育，培养公众的版权意识和法律意识。此外，还可以鼓励权利人积极维权，通过法律途径保护自己的合法权益。

（三）加强行业自律和推动技术创新

除了法律层面的保障，行业自身的规范和技术的创新对于权利管理信息的保护也至关重要。行业自律可以弥补法律监管的不足，形成行业内的自我约束机制；技术创新则能够为权利管理信息的保护提供更先进、更有效的手段，应对新技术带来的挑战。

1.加强行业自律

为了维护行业的健康发展，各行业应加强自律管理。例如，可以建立行业自律组织或协会，制定行业规范和标准，加强对行业成员的监管和指导。同时，还可以鼓励行业成员积极参与版权保护工作，共同维护良好的版权秩序。

2.推动技术创新

为了应对新技术带来的挑战，我国应积极推动技术创新。例如，可以加强对区块链、人工智能等新技术的研究和应用，探索新的权利管理信息保护方式。同时，还可以鼓励企业加强技术研发和创新，提高作品的版权保护水平。此外，还可以加强与国际社会的交流与合作，借鉴国际先进经验和技术成果。

第五节　数据库的特殊权利保护

数据库的特殊权利保护，是指赋予对数据库在内容的获得、选择、编排等方面进行了实质性投资的数据库制作者或提供者的一系列特殊权益和保护措施。数据库的特殊权利保护是一种独立于版权保护的法律制度，旨在保护数据库制作者在资金和专业上的投入。由于传统著作权法主要保护具有原创性的作品，而对于数据库这类汇编作品，其内容的独创性标准往往难以界定，因此许多数据库可能无法获得充分的著作权保护。为了保护数据库制作者的合法利益，促进数据库产业的发展，一些国家和地区开始实施数据库的特殊权利保护。

一、　数据库特殊权利保护的必要性

在当今这个信息爆炸的时代，数据库如同信息海洋中的一座座灯塔，汇聚并整理着海量的信息资源，为各个领域的发展提供着坚实的支撑。正是由于其承载的信息至关重要且制作过程复杂，对其进行特殊权利保护的必要性就凸显了出来。这种必要性不仅关系到数据库制作者的切身利益，更影响着整个数据库产业的发展以及市场竞争秩序的维护，只有明确并重视这种必要性，才能为数据库的健康发展铺平道路。数据库作为信息时代的重要资源，其特殊权利保护的必要性不容忽视。在数字时代，数据库不仅承载着海量的信息，更是知识传播、决策支持、科学研究等多个领域不可或缺的基础设施。然而，由于数据库的特殊性质，其保护面临着诸多挑战，因此，构建完善的特殊权利保护机制显得尤为重要。

（一）保护数据库制作者的投资

数据库的制作过程并非一蹴而就，它是一项系统性的工程，从最初的构想，到数据的一点点收集，再到后续的整理、编排与校验，每一个步骤都凝聚着制作者的心血与投入。保护数据库制作者的投资，就是对他们的这种辛勤付出的认可与保障，这既有助于他们收回成本，也使得他们有动力继续在这个领域深耕。

1.投资回报的保障

数据库的制作是一个复杂且耗时的过程，它涉及数据的收集、整理、编排、校验等多个环节，这些环节都需要投入大量的人力、物力和时间成本。如果不对数据库进行特殊权利保护，那么这些投资将无法得到充分的回报，甚至可能因被他人无偿使用而导致投资亏损。这样的结果无疑会严重打击数据库制作者的积极性，进而影响整个数据库产业的健康发展。

2.激励创新与投入

特殊权利保护可以为数据库制作者提供明确的法律保障，使其在面对侵权行为时能够有力地维护自己的合法权益。这种法律保障能够激励数据库制作者继续投入资源，进行创新和优化，从而推动数据库技术的不断进步和产业的繁荣发展。

3.促进公平竞争

通过特殊权利保护，可以确保数据库制作者在市场竞争中获得应有的回报，避免其因侵权行为而遭受不公平的竞争，有助于营造一个公平、透明和有序的市场环境，促进数据库产业健康发展。

（二）促进数据库产业的发展

数据库产业的发展水平是衡量一个地区或国家信息化水平的重要标志之一，它的兴衰与社会经济的各个方面都紧密相连。而特殊权利保护如同为这个产业的发展注入了一剂强心针，它能够为产业的壮大提供稳定的外部环境，激发产业内部的活力，推动产业朝着更广阔、更深入的方向前进。

1.产业规模的扩大

数据库产业的发展不仅依赖于技术的创新，更需要有完善的法律环境作为支撑。特殊权利保护可以为数据库产业提供稳定的法律环境，吸引更多的投资进入该领域。随着投资的不断增加和技术的不断创新，数据库产业的规模将不断扩大，形成更加完善的产业链和生态系统。

2.产业结构的优化

特殊权利保护可以鼓励数据库制作者进行更多的创新和优化，推动数据库产业向更高质量、更高效的方向发展。这不仅可以提升数据库产业的整体竞争力，还可以促进产业结构的优化和升级，为经济发展注入新的活力。

3.产业国际竞争力的提升

在经济全球化背景下，数据库产业的国际竞争日益激烈。特殊权利保护可以为我国数据库产业提供有力的法律支持，帮助其在国际市场上更好地保护自己的合法权益，提升国际竞争力。同时，其也可以促进国际交流与合作，推动全球数据库产业的共同发展。

（三）维护市场竞争秩序

市场竞争秩序是市场经济健康运行的基石，对于数据库产业来说更是如此。规范、有序的市场竞争环境，能够让优秀的数据库产品脱颖而出，使违法违规的行为受到制裁，而特殊权利保护在维护这种秩序方面发挥着不可替代的作用。

1.防止不正当竞争

特殊权利保护可以明确界定数据库制作者的权利边界，防止其他经营者通过擅自复制、传播或利用数据库内容等不正当手段获取商业利益，有助于维护市场竞争的公平性和秩序性，保障消费者的合法权益。

2.促进诚信经营

特殊权利保护要求数据库制作者在使用他人数据时必须获得授权并支付相应的费用。这可以促使经营者遵循诚信经营的原则，尊重他人的知识产权和劳动成果，从而营造诚信、公正的市场环境。

3.提升消费者的信心

特殊权利保护可以确保消费者在购买或使用数据库产品时获得真实、准确的信息和服务。这有助于提升消费者对数据库产品的信任度和满意度，进而促进数据库市场的繁荣和发展。

二、数据库版权保护的特点

数据库作为一类特殊的作品，其版权保护具有独特性和复杂性。以下是对数据库版权保护特点的详细阐述。

（一）独创性

1.独创性的定义

独创性是指作品在创作过程中体现了作者的个性化选择和创造性劳动。对于数据库而言，独创性要求数据库在内容的选择或编排上必须体现出制作者的独特思路和创意。这种独特思路和创意可以是数据的筛选标准、组织方式、呈现形式等。

2.独创性的判断标准

判断数据库是否具有独创性，需要综合考虑多个因素。首先，要看数据库的内容是否体现了制作者的选择和编排意图。其次，要看这种选择和编排是否具有足够的创造性和独特性，是否与现有数据库有明显的区别。最后，还要看这种独创性是否达到了法律所要求的保护标准。

3.独创性与数据库保护的关系

独创性是数据库获得版权保护的前提和基础，只有具备独创性的数据库才能受到版权法的保护，制作者才能依法享有相应的版权权利。因此，在数据库的制作过程中，制作者应注重独创性的体现和保护，以确保自己的合法权益得到有效保障。

（二）整体保护

1.整体保护的含义

整体保护是指数据库的版权保护针对的是数据库整体，而非单个作品或数据。这意味着即使数据库中的单个作品或数据本身不具有独创性，但只要数据库整体在内容选择或编排上具有独创性，就可以获得版权保护。整体保护体现了版权法对数据库这一特殊作品的全面保护理念。

2.整体保护的意义

整体保护对于数据库的保护具有重要意义。首先，它有助于维护数据库的完整性和一致性，防止他人通过拆分或篡改数据库来规避法律责任。其次，它有助于保护数据库制作者的整体创作成果，确保其劳动成果得到充分的尊重和回报。最后，它还有助于促进数据库产业的健康发展，为数据库制作者提供稳定的法律环境。

3.整体保护与部分保护的关系

虽然整体保护是数据库版权保护的核心原则，但这并不意味着数据库中的单个作品或数据就无法获得保护。在符合一定条件的情况下，数据库中的单个作品或数据也可以单独获得版权保护。例如，当某个数据或作品本身具有独创性，它就可以作为独立的作品受到版权法的保护。因此，在数据库的保护过程中，应综合考虑整体保护与部分保护的关系，确保数据库的各个方面都得到充分的保护。

（三） 技术依赖性

1.技术依赖性的表现

数据库的版权保护水平依赖于数字技术的发展。随着数字技术的不断进步，数据库的创作、存储和传播方式也在不断更新和拓展。例如，云计算、大数据、人工智能等技术的出现为数据库的创作和存储提供了更多的可能性和便利性。同时，这些技术也对数据库的版权保护提出了新的挑战和要求。

2.技术依赖性对保护的影响

技术依赖性对数据库的版权保护产生了深远的影响。首先，它要求版权法必须不断适应数字技术的发展变化，及时更新和完善相关法律法规和制度。其次，它要求数据库制作者必须关注数字技术的发展动态，及时采取有效的技术措施来保护自己的合法权益。最后，它还要求执法机构必须加强对数字技术的监管和执法力度，确保数据库的版权得到有效保护。

3.技术依赖性与法律保护的平衡

在面对技术依赖性带来的挑战时，需要找到技术依赖性与法律保护之间的平衡点。一方面，要充分利用数字技术的发展优势来推动数据库的创作和传播。另一方面，也要加强版权保护力度，确保数据库的合法权益得到有效保障。这需要我们不断完善版权法律法规和制度、加强执法力度、提高公众对版权保护的意识和尊重程度等。

三、 数据库面临的不正当竞争行为

不正当竞争行为是指经营者违反法律规定，损害其他经营者的合法权益，扰乱社会经济秩序的行为。在数据库领域，不正当竞争行为同样存在且形式多样。以下是对数据库面临的不正当竞争行为的详细阐述。

（一） 擅自复制或传播数据库内容的不正当竞争行为

1.行为的定义与特征

擅自复制或传播数据库内容的不正当竞争行为是指未经数据库制作者许可，擅自复制或传播数据库内容的行为。这种行为通常具有隐蔽性、快速性和广泛性等特点。隐蔽性表现在侵权者往往通过技术手段隐藏自己的侵权行为；快速性表现在侵权行为一旦发生，就能在短时间内迅速传播；广泛性则表现在侵权行为可以覆盖广泛的受众群体。

2.行为的危害与后果

擅自复制或传播数据库内容的不正当竞争行为对数据库制作者造成了严重的损害。首先，它直接侵犯了数据库制作者的版权等合法权益。其次，它破坏了市场竞争的公平性和秩序性。最后，它还可能导致消费者获取到错误或虚假的信息，损害消费者的合法权益。

3.法律的规制与救济措施

对于擅自复制或传播数据库内容的不正当竞争行为，法律应给予严格的规制和惩罚。一方面，要加强版权法和《反不正当竞争法》的执法力度；另一方面，也要为数据库制作者提供有效的救济措施，如要求侵权者停止侵权行为、赔偿损失、消除影响等。

（二）搭便车的不正当竞争行为

1.行为的定义与表现形式

搭便车的不正当竞争行为是指利用数据库制作者的劳动成果，通过搭便车的方式获取商业利益的行为。这种行为通常表现为擅自使用数据库中的数据进行商业分析、决策支持、市场营销等活动，或者将数据库内容作为自己产品或服务的组成部分进行销售或推广。

2.行为的性质与认定

搭便车的不正当竞争行为本质上是一种盗用他人劳动成果的行为。它违反了市场竞争的公平原则和诚信原则，损害了数据库制作者的合法权益。在认定这种行为时，我们需要综合考虑多个因素，如侵权者的主观故意、侵权行为的客观表现、侵权行为对数据库制作者造成的影响等。

3.法律规制与防范措施

对于搭便车的不正当竞争行为，法律同样应给予严格的规制和惩罚。首先，要加强《反不正当竞争法》的执法力度，明确界定搭便车的性质和法律责任。其次，要加强数据库制作者的法律意识和自我保护意识，鼓励其采取有效的技术措施和管理措施来防范搭便车行为的发生。最后，还要加强社会监督和舆论引导，形成全社会共同抵制搭便车行为的良好氛围。

（三）虚假宣传或误导消费者的不正当竞争行为

1.行为的定义与表现形式

虚假宣传或误导消费者的不正当竞争行为，指的是经营者在市场活动中，通过发布不真实或引人误解的信息，诱使消费者做出错误的购买决策，从而获取不正当利益的行为。这种行为的具体表现形式多样，包括但不限于：夸大产品性能、功效或质量，虚构产品销量、用户评价或荣誉奖项，使用模糊或具有误导性的广告语言或图像，通过组织虚假交易或雇佣“水军”刷好评等方式制造虚假市场氛围。

2.行为的性质与认定

虚假宣传或误导消费者行为的本质在于欺骗和误导，它违背了市场竞争的公平、公正和诚信原则，严重损害了消费者的合法权益和市场的正常秩序。在认定这种行为时，需综合考虑宣传内容的误导性，以及消费者因此受到的实际影响。同时，还需关注经营者的主观故意和客观行为表现，例如，是否故意虚构、夸大或隐瞒事实，以及是否采取了足以使消费者产生误解的宣传手段。

3.法律规制与防范措施

针对虚假宣传或误导消费者的不正当竞争行为，法律应给予严格的规制和惩罚。首先，应完善相关法律法规，明确界定虚假宣传和误导消费者行为的定义、性质和法律责任，为执法提供明确的法律依据。其次，应加大执法力度，对违法行为进行严厉打击，对违法经营者进行罚款、吊销营业执照等处罚，并公开曝光典型案例，形成有效的震慑力。

同时，为防范虚假宣传或误导消费者行为的发生，还需采取以下措施：一是加强消费者教育，提高消费者的辨别能力和维权意识；二是鼓励经营者加强自律，遵守商业道德和法律法规，诚信经营；三是建立健全社会监督机制，鼓励消费者、媒体和行业协会等社会各界对虚假宣传和误导消费者行为进行监督和举报；四是加强技术研发和应用，利用大数据、人工智能等技术手段对虚假宣传和误导消费者行为进行监测和预警，及时发现和处置违法行为。

四、数据库特别权利保护存在的主要问题

数据库特别权利保护作为一种独立的法律制度，旨在保护数据库制作者在资金和专业方面的投入，然而，在实际实施过程中，这一制度也面临着诸多挑战。

（一）保护标准不明确

数据库特别权利保护的核心在于对数据库制作者在内容获得、选择、编排等方面的实质性投资进行保护。然而，对于“实质性投资”的具体标准和界定，目前尚缺乏统一和明确的规定。这导致在实践中，不同国家和地区对数据库特别权利的保护范围和程度存在差异，甚至在同一国家内，不同法院对类似案件的判决也可能出现分歧。例如，欧盟的《关于数据库法律保护的指令》虽然规定了数据库特别权利保护，但对于“大量投资”的具体含义和判断标准并未给出明确的解释，导致在实际操作中存在一定的困难。

（二）与版权保护的关系复杂

数据库特别权利保护与版权保护在保护对象和目的上存在明显差异，但两者在实践中又常常交织在一起。一方面，数据库特别权利保护旨在保护数据库制作者在内容获得选择、编排等方面的投资，而版权保护则侧重于保护作品的独创性。另一方面，许多数据库在内容选择上可能包含受版权保护的作品，如文章、图片等，这使得数据库特别权利保护与版权保护之间的关系变得复杂。在实际操作中，如何平衡两者之间的关系，确保数据库制作者和版权所有者的权益得到妥善保护，是一个亟待解决的问题。

（三）权利限制和例外规定不足

数据库特别权利保护虽然旨在保护数据库制作者的权益，但也需要考虑公共利益和信息自由流通的需求。因此，在赋予数据库制作者特别权利的同时，也需要设置相应的权利限制和例外规定。然而，目前许多国家和地区的数据库特别权利保护制度在权利限制和例外规定方面尚不完善。例如，欧盟的《关于数据库法律保护的指令》虽然规定了合理使用的情形，但对于合理使用的具体范围和条件并未给出明确的解释，导致在实践中存在一定的争议和不确定性。

（四）国际协调与合作不足

随着经济全球化的深入发展，数据库产业已经成为一个跨国界的产业。然而，目前不同国家和地区在数据库特别权利保护方面的立法和实践存在较大差异，缺乏统一和协调的国际标准，这导致数据库制作者在跨国经营中面临诸多法律风险和不确定性。例如，一些数据库制作者可能在其本国享有特别权利保护，但在其他国家却可能无法获得同样的保护。此外，不同国家和地区在数据库特别权利保护方面的执法力度和司法实践也存在差异，这进一步加剧了跨国经营的法律风险。

（五）法律保护的滞后性

随着信息技术的不断发展和应用，数据库的形式和内容也在不断变化和创新。然而，目前许多国家和地区的数据库特别权利保护制度在应对新技术发展方面存在一定的滞后性。例如，对于云计算、大数据、人工智能等新技术在数据库创作、存储和传播中的应用，现有的数据库特别权利保护制度往往无法提供充分的保护，这导致数据库制作者在利用新技术进行创作和经营时面临诸多法律风险和不确定性。

五、数据库特别权利保护的完善策略

针对上述存在的问题和挑战，需要采取一系列措施来完善数据库特别权利保护制度，以确保数据库制作者的权益得到妥善保护，同时，促进数据库产业健康发展。

（一）明确保护标准和范围

我们需要明确数据库特别权利保护的标准和范围。具体来说，可以通过制定具体的法规或司法解释，对“实质性投资”的具体含义和判断标准进行明确界定。同时，还需要对数据库特别权利保护的范围进行明确划分，包括哪些类型的数据库可以享有特别权利保护、哪些行为构成侵权等，这将有助于在实践中统一裁判标准，提高法律的可预测性和稳定性。

（二）平衡数据库特别权利保护与版权保护的关系

我们需要平衡数据库特别权利保护与版权保护之间的关系。具体来说，可以通过制定相关法规或司法解释，明确数据库特别权利与版权之间的界限和关系。例如，可以规定在数据库中包含受版权保护的作品时，数据库制作者需要获得版权所有者的授权并支付相应的费用。同时，还可以规定在合理使用的情形下，数据库制作者可以不经版权所有者授权而使用其作品。这将有助于确保数据库制作者和版权所有者的权益得到妥善保护，同时促进信息的自由流通和创新。

（三）完善权利限制和例外规定

我们需要完善数据库特别权利的限制和例外规定。具体来说，可以通过制定相关法规或司法解释，明确合理使用的具体范围和条件。例如，规定在学术研究、新闻报道、公共教育等情形下，可以使用数据库中的部分内容而无须获得数据库制作者的授权。同时，还可以规定在特定情况下，如在满足国家安全、公共利益等的需求的情形下，可以对数据库特别权利进行限制或剥夺。这将有助于确保公共利益和信息自由流通的需求得到满足，同时避免数据库特别权利被滥用。

（四）加强国际协调与合作

此外，我们还需要加强国际协调与合作，推动建立统一的数据库特别权利保护标准。具体来说，可以通过参与国际组织的讨论和研究，推动制定统一的数据库特别权利保护公约或协议。同时，还可以加强与其他国家、地区的交流与合作，分享经验和做法，共同应对跨国经营中的法律风险和不确定性。这将有助于降低数据库制作者在跨国经营中的法律成本和风险，促进全球数据库产业健康发展。

（五）适应新技术的发展

我们需要适应新技术的发展，不断完善数据库特别权利保护制度。具体来说，可以通过制定相关法规或司法解释，将新技术在数据库创作、存储和传播中的应用纳入保护范围。同时，还需要加强对新技术的监管和研究，及时发现和解决新技术应用过程中出现的法律问题。这将有助于确保数据库特别权利保护制度与时俱进，适应新技术发展的需要。

思 考 题

1.网络知识产权在加强版权保护的同时，如何确保公众的合理使用权利不受限制，促进知识的广泛传播与创新？

2.网络知识产权如何适应新技术的发展，完善版权保护制度？

3.如何加强国际合作，共同打击跨国网络版权侵权行为，维护国际网络版权秩序？

4.如何制定更加完善、可操作的法律制度，确保数据库制作者的权益得到妥善保护？

第三章　网络知识产权的商标权保护

摘要： 本章详细阐述了网络环境下商标权保护的重要性及其面临的挑战。首先，定义了网络商标权，并分析了其法律性质，包括专有性、地域性、时间性和无形性。其次，对比了网络商标权与传统商标权的区别，并探讨了网络商标权的全球性、动态性、交互性和脆弱性等特点。再次，详细论述了网络商标侵权的常见形式及认定标准，包括混淆标准、淡化标准、商业使用标准和恶意标准。最后，提出了加强网络商标权保护的策略，包括加强网络商标权的注册与管理、提高网络商标权维权意识、完善网络商标权的法律保护机制等。

重点： 网络商标权的定义与特点；网络商标权的侵权认定；网络商标权的保护策略。

难点： 法律条款的适用；跨境侵权的处理；技术手段的应用。

随着互联网技术的迅猛发展，网络已经成为商标权保护的重要领域。网络环境具有开放性、无国界性等特点，为商标权人提供了更广阔的市场和更多的机遇，但同时也带来了更多的挑战。网络环境中的商标权保护不仅涉及传统的商标注册、使用、管理等方面，还涉及域名注册、社交媒体账号等新型使用方式，以及由此产生的商标侵权问题。因此，加强网络环境下的商标权保护具有重要意义。

第一节　网络商标权的内涵与特点

网络商标权是传统商标权在互联网环境下的延伸与拓展，指商标权人在网络领域对其注册商标所享有的专有使用权，涵盖在网站域名、网页设计、电子商务平台、社交媒体等网络载体中使用商标的权利，以及禁止他人未经许可擅自使用的排他权，其特点显著：权利客体更具延展性，除传统商标标识外，还包括与商标关联的域名、关键词、元标记等数字化表现形式；行使空间突破地域性，网络的无边界性使商标权在全球网络环境中产生效力，同时也加剧了跨国侵权的复杂性；侵权形式更隐蔽多样，如域名抢注、搜索引擎关键词竞价侵权、网页链接中的商标滥用等，借助技术手段难以追溯；保护难度更大，网络传播的即时性和跨平台性导致侵权行为扩散快、取证难，对商标保护体系的实效性和跨区域协作提出更高要求。

一、网络商标权的内涵

网络商标权，作为传统商标权在网络环境中的延伸与拓展，是指商标权人依法在网络环境中对其注册商标所享有的专有使用权，以及由此产生的禁止他人未经许可使用其注册商标于网络商品或服务上的权利。这一权利不仅涵盖了传统商标权的所有内容，还针对网络环境的特殊性，增加了对域名、元标签、网络广告等新型商标使用方式的保护。在网络环境中，商标不仅是区分商品或服务来源的标识，更是企业品牌形象和信誉的载体。随着电子商务的迅猛发展，网络商标权的保护显得尤为重要。网络商标权的出现，不仅是对传统商标权保护范围的扩大，更是对商标权人在网络环境中合法权益的有力保障。网络商标权的定义应包含以下几个关键要素：首先，它是商标权人在网络环境中对注册商标的专有使用权。其次，这种权利具有排他性，即禁止他人未经许可使用相同的商标于网络商品或服务上。最后，网络商标权的保护范围不限于传统的商标使用方式，还包括域名、元标签、网络广告等新型使用方式。

（一）网络商标权的法律性质

1.专有性

网络商标权的核心特点在于其专有性，即商标权人对其注册商标在网络环境中的独占使用权。这种专有性体现在以下几个方面。一是独占使用权：商标权人有权在网络环境中独家使用其注册商标，以标识其商品或服务来源，防止他人混淆或误导消费者。二是禁止权：商标权人有权禁止他人未经许可，在网络环境中使用与其注册商标相同或近似的标识，以避免消费者产生混淆或误认。三是排他性：商标权人的网络商标权具有排他性，即在同一网络环境中，其他主体不得使用相同或近似的商标，以保持商标权人的市场竞争优势。《中华人民共和国商标法》（简称《商标法》，2019 年修正）第三条规定：“经商标局核准注册的商标为注册商标，包括商品商标、服务商标和集体商标、证明商标；商标注册人享有商标专用权，受法律保护。”这一条款明确了商标权的专有性，虽然未直接提及网络环境，但网络商标权作为商标权的一种，同样受到该条款的保护。

2.地域性

网络商标权虽然存在于虚拟的网络环境中，但仍具有一定的地域性。这是因为商标的注册和使用通常受到法律的管辖，不同国家对于商标的保护范围和程度可能存在差异。注册地域性：商标权人需要在特定国家或地区进行商标注册，以获得在该地区内的网络商标权保护。未在该地区注册，商标权人可能无法享有完整的商标权保护。法律适用地域性：在发生网络商标权纠纷时，通常需要依据侵权行为发生地或被告所在地的法律进行处理。这体现了网络商标权的地域性特点。需要注意的是，随着互联网的全球化发展，网络商标权的地域性界限逐渐模糊。但即便如此，各国商标法律制度的差异仍然要求商标权人在寻求网络商标权保护时，仍需关注不同国家的法律规定。

3.时间性

网络商标权并非永久存在，而是具有一定的期限。这一期限通常由商标注册时的法律规定确定，并可以通过续展等方式进行延长。注册有效期：根据《商标法》（2019 修正）第三十九条：“注册商标的有效期为十年，自核准注册之日起计算。”这意味着网络商标权在注册后的十年内有效，除非商标权人提前放弃或商标被宣告无效。续展保护：商标权人可以在商标有效期届满前，向商标局申请续展注册，以延长商标权的保护期限。

《商标法》（2019 修正）第四十条规定：“注册商标有效期满，需要继续使用的，商标注册人应当在期满前十二个月内按照规定办理续展手续；在此期间未能办理的，可以给予六个月的宽展期。每次续展注册的有效期为十年，自该商标上一届有效期满次日起计算。期满未办理续展手续的，注销其注册商标。”

4.无形性

网络商标权作为知识产权的一种，具有无形性的特点。这意味着商标本身并不具有物理形态，而是以抽象的形式存在于人们的意识之中。非物质性：商标不是一种具体的物质实体，而是一种标识商品或服务来源的符号或标志。因此，网络商标权所保护的对象也是这种非物质性的标识。价值体现：尽管商标本身无形，但网络商标权却具有极高的商业价值。通过在网络环境中使用和推广注册商标，商标权人可以建立和维护其品牌形象，进而实现商业利益的最大化。

（二）网络商标权与传统商标权的区别

网络商标权与传统商标权在多个方面存在显著差异，这些差异主要体现在保护范围、侵权形式、保护手段及法律制度等方面。

1.保护范围的差异

网络商标权的保护范围相较于传统商标权更为广泛，主要体现在以下几个方面。域名保护：在网络环境中，域名成为企业在线身份和品牌形象的重要组成部分。因此，网络商标权通常包括对域名的保护，以防止他人恶意抢注或混淆使用。元标签保护：元标签是网页代码的一部分，用于描述网页的内容和属性。在网络营销中，一些企业可能会利用元标签中的关键词来优化搜索引擎排名。然而，如果未经许可使用他人注册商标作为元标签关键词，则可能构成商标侵权。因此，网络商标权通常也包括对元标签的保护。网络广告保护：随着网络广告市场的不断发展，网络商标权还涉及对网络广告中商标使用的保护。例如，未经许可使用他人注册商标作为网络广告的关键词或展示内容，可能构成商标侵权。相比之下，传统商标权的保护范围主要局限于实体商品或服务上的商标使用，不涉及域名、元标签、网络广告等新型商标使用方式。

2.侵权形式的差异

由于网络环境的开放性和匿名性，网络商标权的侵权形式相较于传统商标权更为多样和复杂。以下是一些常见的网络商标权侵权形式。域名抢注：指未经商标权人许可，恶意抢注与其注册商标相同或近似的域名，以获取不正当利益或造成消费者混淆的行为。这种行为严重侵犯了商标权人的网络商标权。元标签侵权：如前所述，未经许可使用他人注册商标作为元标签关键词，可能构成商标侵权。这种行为虽然隐蔽性较强，但同样会对商标权人的品牌形象和商业利益造成损害。网络广告侵权：在网络广告中，未经许可使用他人注册商标作为关键词、展示内容或链接目标等，均可能构成商标侵权。这种行为不仅损害了商标权人的利益，还可能误导消费者并破坏市场竞争秩序。因此，传统商标权的侵权形式主要局限于实体商品或服务上的商标假冒、仿冒等行为，相对较为单一和直接。

3.保护手段的差异

网络商标权的保护手段相较于传统商标权更为多样和复杂，主要体现在以下几个方面。技术手段：由于网络环境的特殊性，网络商标权的保护往往需要借助技术手段进行。例如，通过域名监控和管理系统来及时发现和制止域名抢注行为；通过搜索引擎优化技术来提高商标权人在网络搜索结果中的排名和曝光度等。法律手段：除了技术手段外，法律手段仍然是网络商标权保护的重要途径。商标权人可以通过提起诉讼、申请仲裁或向相关行政机构举报等方式来维护自己的网络商标权。同时，各国商标法律制度也为网络商标权的保护提供了有力的法律支持。对此，需要注意的是，由于网络环境的复杂性和多变性，网络商标权的保护手段需要不断创新和完善以适应新的挑战和需求。

4.法律制度的差异

网络商标权与传统商标权在法律制度方面也存在一定差异，主要体现在以下几个方面。域名保护制度：许多国家和地区都制定了专门的域名争议解决机制来处理域名抢注等网络商标权纠纷。例如，互联网名称与数字地址分配机构（ICANN）就制定了统一域名争议解决政策（UDRP），为域名抢注纠纷的解决提供了明确的法律程序和规则。网络广告监管制度：随着网络广告市场的不断发展，各国政府和相关机构也加强了对网络广告的监管力度。例如，要求网络广告经营者必须取得相应的资质或许可；禁止发布虚假或误导性的广告内容等。这些监管制度在一定程度上为网络商标权的保护提供了有力支持。跨国保护制度：由于网络环境的无国界性特点，网络商标权的跨国保护成为一个重要议题。为了应对这一挑战，各国政府和国际组织纷纷加强合作与协调，共同推动网络商标权的跨国保护机制建设。例如，通过签订双边或多边协议来加强商标权的国际保护；建立跨国商标侵权案件的信息共享和协作处理机制等。相比之下，传统商标权的法律制度相对较为成熟和稳定，主要涉及商标的注册、使用和管理等方面。然而，随着网络环境的不断发展变化，传统商标权的法律制度在逐渐适应新的挑战和需求进行完善和调整。

二、网络商标权的特点

（一）网络商标权的全球性

1.互联网的无国界性

随着互联网技术的飞速发展，网络商标权的全球性特点日益突显。互联网作为一个无国界的平台，使得商标可以在全球范围内进行传播和使用。这种全球性不仅体现在商标的注册和使用上，还涉及商标权的保护和维护。根据《商标法》的相关规定，商标权人在中国注册的商标，在中国境内享有专用权。然而，在互联网环境下，商标的使用和保护已经超越了国界，商标权人需要关注全球范围内的商标使用情况和法律制度。

2.商标权保护的国际化挑战

网络商标权的全球性特点给商标权人带来了诸多挑战。

首先，商标权人需要关注不同国家的商标法律制度，以确保其商标在全球范围内得到充分的保护。不同国家的商标法律制度可能存在差异，包括商标的注册程序、保护范围、侵权判定标准等。因此，商标权人需要了解并遵守各国的商标法律制度，以避免因法律制度差异而导致商标权纠纷。

其次，网络商标权的全球性还使得跨国商标侵权成为可能。在互联网环境下，商标侵权者可以轻易地跨越国界实施侵权行为，给商标权人的维权工作带来更大的难度。商标权人需要加强对跨国商标侵权的监测和打击力度，维护其商标在全球范围内的合法权益。

最后，网络商标权的全球性还要求商标权人在全球范围内进行商标布局和策略规划。商标权人需要根据不同国家和地区的市场需求、竞争状况等因素，制定合理的商标策略和保护措施，以确保其商标在全球范围内得到充分的利用和保护。

（二）网络商标权的动态性

1.网络技术的快速发展

网络环境是一个不断变化和更新的环境，网络技术的快速发展使得网络商标权的使用方式和保护手段也在不断变化。例如，随着移动互联网的普及和社交媒体的发展，商标在移动应用和社交媒体上的使用越来越普遍。这种变化要求商标权人保持对网络技术的敏感性和适应性，及时调整其商标策略和保护手段。

2.商标使用方式的多样化

在网络环境下，商标的使用方式呈现出多样化的特点。除了传统的将商标贴附在产品或包装上外，商标还可以通过网络广告、网络视频、网络直播等方式进行传播和使用。这种多样化的使用方式使得商标权人需要关注多方面的商标保护问题，如网络广告的合法合规、网络视频的版权保护等。

3.保护手段的更新与升级

随着网络技术的快速发展和商标使用方式的多样化，网络商标权的保护手段也在不断更新和升级。例如，商标权人可以利用区块链技术对商标进行溯源和防伪保护；利用大数据技术对商标的使用情况进行监测和分析；利用人工智能技术对商标侵权行为进行自动识别和打击等。这些新型的保护手段为商标权人提供了更加全面和有效的保护方式。

（三）网络商标权的交互性

1.用户参与与信息传播

网络环境具有极强的交互性特点，用户可以通过网络平台进行信息交流和互动。这种交互性使得商标在网络环境中的使用和保护更加复杂。用户可以通过评论、转发、点赞等方式对商标进行传播和评价，这些行为可能对商标的声誉和品牌形象产生影响。因此，商标权人需要加强对用户参与与信息传播的监测和管理，及时发现和处理潜在的侵权行为和不良信息。

2.品牌声誉与用户体验

在网络环境下，商标不仅是区分商品和服务来源的标志，还是品牌声誉和用户体验的重要组成部分。用户通过网络平台与品牌进行互动和交流，形成对品牌的认知和印象。这种认知和印象将直接影响用户的购买决策和对品牌的忠诚度。因此，商标权人需要注重品牌声誉和用户体验的管理和维护，通过提供优质的产品和服务、积极回应用户的评论和反馈等方式，提升用户对品牌的认知和好感度。

3.危机公关与品牌保护

在网络环境下，商标权人还需要加强危机公关与品牌保护意识，一旦出现商标侵权或其他负面事件，商标权人需要迅速响应并采取有效措施进行应对和处理。通过及时发布声明、澄清事实、采取措施打击侵权行为等方式，维护品牌的声誉和形象。同时，商标权人还需要建立完善的危机公关与品牌保护机制，为应对各种突发事件提供有力保障。

（四）网络商标权的脆弱性

1.网络环境的开放性与匿名性

网络环境具有开放性与匿名性的特点，这使得网络商标权具有较强的脆弱性。在网络环境中，侵权者可以轻易地实施侵权行为并逃避法律责任。例如，域名抢注、元标签侵权、网络广告侵权等新型侵权形式层出不穷，给商标权人带来了极大的困扰和损失。这些侵权行为往往具有隐蔽性强、传播速度快、影响范围广等特点，使得商标权人难以发现和维权。

2.商标权保护的难度增加

网络商标权的脆弱性特点增加了商标权保护的难度。商标权人需要加强对网络环境的监测和管理力度，及时发现和处理潜在的侵权行为。然而，由于网络环境的复杂性和匿名性特点，商标权人在维权过程中往往面临取证难、责任主体不明等问题，使得商标权人在维权过程中需要付出更多的精力和成本。

第二节　网络商标权的侵权认定

网络商标权的侵权认定是保护网络商标权的重要环节。因此，准确认定网络商标权的侵权行为对于维护商标权人的合法权益至关重要。

一、网络商标权的常见侵权形式

（一）域名侵权

域名侵权是网络商标侵权中较为常见的一种形式。域名作为网络环境中的重要标识，是用户访问网站和识别网站来源的重要途径。域名侵权主要指的是未经商标权人许可，将与他人注册商标相同或相似的文字注册为域名，或者使用与他人注册商标相同或相似的域名进行商业活动的行为。这种行为违反了相关法律法规，不仅可能导致用户混淆和误认，还可能损害商标权人的商业信誉和品牌形象。

《最高人民法院关于审理涉及计算机网络域名民事纠纷案件适用法律若干问题的解释》第四条规定：“人民法院审理域名纠纷案件，对符合以下各项条件的，应当认定被告注册、使用域名等行为构成侵权或者不正当竞争：（一）原告请求保护的民事权益合法有效；（二）被告域名或其主要部分构成对原告驰名商标的复制、模仿、翻译或音译；或者与原告的注册商标、域名等相同或近似，足以造成相关公众的误认；（三）被告对该域名或其主要部分不享有权益，也无注册、使用该域名的正当理由；（四）被告对该域名的注册、使用具有恶意。”这一解释明确了域名侵权行为的认定标准，为处理域名侵权纠纷提供了法律依据。

此外，《商标法》也规定了侵犯注册商标专用权的行为，其中包括“未经商标注册人的许可，在同一种商品上使用与其注册商标近似的商标，或者在类似商品上使用与其注册商标相同或者近似的商标，容易导致混淆的”。这一条款同样适用于域名侵权的情况，即未经商标权人许可，将与他人注册商标相同或相似的文字注册为域名，也可能构成商标侵权。

域名侵权不仅损害了商标权人的合法权益，还可能对消费者造成误导，扰乱市场秩序。因此，对于域名侵权行为，法律给予了严厉的打击和制裁。根据相关法律法规，域名侵权者可能面临责令停止侵权、赔偿损失、没收违法所得、罚款等法律责任。

（二）元标签侵权

元标签侵权是另一种常见的网络商标侵权形式。元标签是网页代码中用于描述网页内容的标签，对于搜索引擎的优化和网页的排名具有重要意义。元标签侵权主要指的是未经商标权人许可，在网页的元标签中使用与他人注册商标相同或相似的词汇，以吸引用户点击和访问的行为。

虽然元标签侵权不像域名侵权那样直接涉及域名的注册和使用，但其对商标权人造成的损害同样不可忽视。通过在元标签中使用与他人注册商标相同或相似的词汇，侵权者可以提高自己的网页在搜索引擎中的排名，从而吸引更多用户的点击和访问。这种行为不仅可能导致用户混淆和误认，还可能损害商标权人的商业利益和品牌形象。

根据《商标法》的相关规定，商标的使用是指将商标用于商品、商品包装或者容器以及商品交易文书上，或者将商标用于广告宣传、展览以及其他商业活动中，用于识别商品来源的行为。因此，在网页的元标签中使用与他人注册商标相同或相似的词汇，也可能构成商标的使用行为，从而引发侵权纠纷。

对于元标签侵权行为，法律同样给予了严厉的打击和制裁。根据相关法律法规，元标签侵权者可能面临责令停止侵权、赔偿损失、没收违法所得、罚款等法律责任。同时，搜索引擎等网络服务提供者也可能因未能及时采取必要措施而承担连带责任。

（三）网络广告侵权

网络广告侵权是网络商标侵权中较为常见且复杂的一种形式。网络广告作为网络营销的重要手段，具有传播速度快、影响范围广等特点。然而，一些不法商家为了吸引用户点击和访问，未经商标权人许可，在网络广告中使用与他人注册商标相同或相似的标识，或者将他人注册商标作为广告关键词进行投放，这种行为不仅会误导用户，还可能损害商标权人的商业利益和品牌形象。

根据《商标法》的相关规定，未经商标注册人的许可，在同一种商品上使用与其注册商标相同的商标，或者在类似商品上使用与其注册商标相同或者近似的商标，容易导致混淆的，均属侵犯注册商标专用权的行为。因此，在网络广告中使用与他人注册商标相同或相似的标识，或者将他人注册商标作为广告关键词进行投放，也可能构成商标侵权。

网络广告侵权的表现形式多种多样，包括但不限于横幅广告、弹出式广告、关键词广告等。

其中，横幅广告是当前常见的一种网络广告形式，当网络用户输入特定关键词进行搜索时，横幅广告经常会紧随着搜索结果而出现。如果横幅广告中使用了与他人注册商标相同或相似的标识，或者将他人注册商标作为广告关键词进行投放，就可能构成商标侵权。

弹出式广告也是引发网络广告侵权的一种常见形式。弹出式广告是指在用户浏览网页或点击链接时，以独立窗口形式弹出的广告。如果弹出式广告中使用了与他人注册商标相同或相似的标识，或者将他人注册商标作为广告关键词进行投放，也可能构成商标侵权。

关键词广告则是网络广告侵权中较为隐蔽的一种形式。关键词广告是指广告商选择特定的关键词，当网络用户以该关键词在搜索引擎上搜索时，搜索引擎将广告商的广告显示在搜索结果的前面或旁边。如果广告商在编写的推广内容中包含了他人的注册商标作为关键词，或者将他人的注册商标设置为关键词，但未在推广内容中明确标注，就可能构成商标侵权。

对于网络广告侵权行为，法律给予严厉的打击和制裁。根据相关法律法规，网络广告侵权者可能面临责令停止侵权、赔偿损失、没收违法所得、罚款等法律责任。同时，搜索引擎等网络服务提供者也可能因未能及时采取必要措施而承担连带责任。

（四）链接侵权

链接侵权是网络商标侵权中较为特殊的一种形式。链接作为网络环境中的重要导航方式，可以帮助用户快速找到所需的信息和资源。然而，一些不法商家为了获取不正当利益，未经商标权人许可，擅自在他人网站上设置链接，或者通过技术手段将用户引导至与商标权人无关的网站或页面。这种行为虽然不像其他侵权形式那样直接涉及商标的使用，但也可能导致用户混淆和误认，进而损害商标权人的合法权益。在他人网站上设置链接，或者通过技术手段将用户引导至与商标权人无关的网站或页面，也可能构成商标的使用行为，从而引发商标侵权纠纷。

链接侵权的表现形式多种多样，包括但不限于深度链接、加框链接、盗链等。深度链接是指未经被链接网站同意，直接链接到被链接网站的具体内容页面，而不是被链接网站的首页或目录页。加框链接则是在自己的网页中嵌入一个或多个框架，将他人网站的内容显示在框架内，而自己的网页内容则显示在框架外。盗链则是指未经被链接网站同意，擅自使用其网站上的资源（如图片、视频等）进行链接的行为。

对于链接侵权行为，法律同样给予严厉的打击和制裁。根据相关法律法规，链接侵权者可能面临责令停止侵权、赔偿损失、没收违法所得、罚款等法律责任。同时，网络服务提供者也可能因未能及时采取必要措施而承担连带责任。

二、网络商标侵权的认定标准

网络商标侵权的认定标准是一个综合考量多个因素的过程，旨在保护商标权人的合法权益，维护市场秩序和公平竞争。以下从混淆标准、淡化标准、商业使用标准和恶意标准 4 个方面进行详细阐述。

（一）混淆标准

混淆标准是网络商标侵权认定的重要标准之一，它主要关注的是网络中的商标使用行为是否可能导致消费者对商品或服务的来源产生混淆或误认。

《商标法》第五十七条中规定，“未经商标注册人的许可，在同一种商品上使用与其注册商标近似的商标，或者在类似商品上使用与其注册商标相同或者近似的商标，容易导致混淆的”，均属侵犯注册商标专用权的行为。这一条款明确了混淆标准在商标侵权认定中的应用。

在判断混淆可能性时，需要考虑以下因素。

1.商标的知名度

如果商标权人的商标在相关领域具有高度的知名度，那么消费者更容易将使用该商标的商品或服务与商标权人联系起来，从而增加混淆的可能性。

2.商标的相似度

商标的相似度包括商标的文字、图形、颜色、排列组合等方面的相似性。如果侵权人使用的商标与商标权人的注册商标在视觉上基本无差别，或者虽有差别但足以使公众产生混淆，那么就可以认为其相似。

3.使用商品或服务的类别

如果侵权人使用的商标与商标权人的注册商标用于相同或类似的商品或服务上，那么消费者很容易将两者联系起来，从而导致混淆的可能性。

4.消费者的注意力水平

消费者的注意力水平因个体差异而有所不同。一般来说，如果商标使用在消费者注意力水平较低的商品或服务上，那么混淆的可能性会相对较高。

5.市场销售渠道

如果侵权人使用的商标与商标权人的注册商标在相同或类似的市场销售渠道中出现，那么消费者更容易将两者联系起来，从而增加混淆的可能性。

（二）淡化标准

淡化标准也是网络商标侵权认定的重要标准之一，它主要关注的是网络中的商标使用行为是否可能导致商标权人的商标在公众心目中的独特性和显著性被削弱或降低。

商标淡化是指未经商标权人许可，将与他人注册商标相同或相似的标识用于非类似商品或服务上，从而削弱或降低该商标在公众心目中的独特性和显著性，进而损害商标权人的商业利益和品牌形象。《商标法》第十三条规定：“就不相同或者不相类似商品申请注册的商标是复制、摹仿或者翻译他人已经在中国注册的驰名商标，误导公众，致使该驰名商标注册人的利益可能受到损害的，不予注册并禁止使用。”这一条款为商标淡化行为的认定提供了法律依据。在判断淡化可能性时，需要考虑以下因素。

1.商标的知名度

如果商标权人的商标在相关领域内具有极高的知名度和独特性，那么其受保护的范围也会相应扩大。即使侵权人将该商标或与之相似的标识用于非类似商品或服务上，也可能构成商标淡化侵权。

2.商标的独特性

商标的独特性是指商标在视觉、听觉或其他感知方式上的独特性。如果商标权人的商标具有高度的独特性，那么其受保护的范围也会相应扩大。

3.使用方式和背景

侵权人使用商标的方式和背景也是判断淡化可能性的重要因素。例如，如果侵权人将商标用于广告宣传、展览或其他商业活动中，且这种方式可能导致公众对商标的独特性和显著性质疑或印象淡化，那么就可以认为其构成商标淡化侵权。

商标淡化行为对商标权人的损害是长期且难以弥补的，它可能导致商标权人的品牌形象受损、商业利益受损，甚至可能影响其在市场上的竞争地位。因此，对于商标淡化行为，法律给予严厉的打击和制裁。

（三）商业使用标准

商业使用标准是指判断网络中的商标使用行为是否具有商业性质，即是否以营利为目的或用在商业活动中。《商标法》第四十八条规定：“本法所称商标的使用，是指将商标用于商品、商品包装或者容器以及商品交易文书上，或者将商标用于广告宣传、展览以及其他商业活动中，用于识别商品来源的行为。”这一条款明确了商业使用标准在商标侵权认定中的应用。在判断商业使用性时，需要考虑以下因素。

1.使用行为的目的

如果侵权人使用商标的目的是营利或进行商业活动，那么就可以认为构成商业使用。

2.使用行为的性质

使用行为的性质也是判断商业使用性的重要因素。例如，如果侵权人将商标用于商品销售、广告宣传、展览等商业活动中，那么就可以认为其构成商业使用。

3.使用行为的范围和影响

如果侵权人使用商标的行为范围广泛且影响较大，那么其商业使用性也会相应增强。

商业使用标准在商标侵权认定中具有重要意义，它有助于区分商标使用行为中的合法与非法行为，保护商标权人的合法权益。同时，也有助于维护市场秩序和公平竞争，促进经济健康发展。

（四）恶意标准

恶意标准是指判断网络中的商标使用行为是否具有恶意或故意侵犯商标权人合法权益的意图。《商标法》中规定，恶意侵犯商标权的行为包括明知是他人的注册商标而故意使用、伪造、制造或销售与该商标相同或近似的标识等行为。这些行为不仅侵犯了商标权人的合法权益，也破坏了市场秩序和公平竞争。在判断恶意性时，需要考虑以下因素。

1.侵权人的主观意图

如果侵权人明知或应知其行为会侵犯商标权人的合法权益，但仍然故意实施该行为，那么就可以认为构成恶意侵权。

2.侵权人的行为方式

侵权人的行为方式也是判断恶意性的重要因素。例如，如果侵权人采取隐蔽手段进行商标侵权，如伪造、擅自制造他人注册商标标识等，那么就可以认为其具有恶意。

3.侵权行为的后果

侵权行为的后果也是判断恶意性的重要参考因素。如果侵权行为给商标权人造成了严重的经济损失或声誉损害，那么就可以认为侵权人具有恶意。

恶意标准在商标侵权认定中具有重要意义，它有助于打击和制裁那些故意侵犯商标权人合法权益的不法分子，维护市场秩序和公平竞争。同时，也有助于提高公众的法律意识和知识产权保护意识，促进经济健康发展。

第三节　网络商标权的保护策略

网络商标权的保护是维护商标权人在网络环境中的合法权益的关键。鉴于网络环境的特殊性和复杂性，商标权人需要采取一系列有效的保护策略来应对潜在的侵权行为。以下是对网络商标权的保护策略的详细阐述。

一、加强网络商标的注册与管理

在数字时代，网络商标的注册与管理对于维护企业的品牌形象和增加市场份额具有重要意义。以下从完善商标注册制度和加强商标管理两个方面进行详细阐述。

（一）完善商标注册制度

随着互联网的飞速发展，网络商标的注册已成为企业保护自身品牌的重要手段。为了更有效地保护网络商标权，需要完善商标注册制度，具体包括以下几个方面。

1.提前注册

在数字时代，商标的网络使用变得越发频繁和重要。商标权人应尽早将其商标在网络环境中进行注册，以防止他人恶意抢注或侵权。提前注册可以确保商标权人在网络空间中的品牌独占性，为后续的品牌推广和市场拓展奠定坚实基础。在具体实施策略上，商标权人应密切关注相关域名注册机构、社交媒体平台等的商标注册动态，一旦发现与自身商标相同或近似的商标被抢注，应立即采取措施进行维权。同时，商标权人还可以考虑在多个相关域名和平台上进行注册，以扩大商标的网络保护范围。《商标法》第四条规定：“自然人、法人或者其他组织在生产经营活动中，对其商品或者服务需要取得商标专用权的，应当向商标局申请商标注册。”这一条款为商标权人提供了法律保障，鼓励其积极申请商标注册以保护自身权益。

2.全面注册

除了传统的商标注册外，网络商标的注册还应涵盖各种可能的网络使用场景。例如，APP 名称、小程序名称、网络广告等都可能成为商标权人需要保护的领域。全面注册可以确保商标权人在网络空间中的品牌一致性，防止他人通过类似商标进行混淆或误导消费者。在具体实施策略上，商标权人应在进行传统商标注册的同时，关注并申请网络商标的注册，包括在相关域名注册机构、社交媒体平台、应用商店等处进行注册。此外，商标权人还可以考虑在多个相关类别和领域中进行注册，以扩大商标的保护范围。《商标法》第二十二条规定："商标注册申请人应当按规定的商品分类表填报使用商标的商品类别和商品名称，提出注册申请。"这一条款为商标权人提供了全面的注册保护，鼓励其在多个相关类别和领域中进行商标注册。

3.国际注册

对于有意在国际市场上开展业务的商标权人来说，商标国际注册是保护其全球品牌形象和市场份额的重要手段。通过国际注册，商标权人可以在多个国家或地区获得商标保护，防止他人抢注或侵权。在具体实施策略上，商标权人应根据自身业务发展和市场拓展的需要，选择合适的国家或地区进行商标国际注册，这可以通过向相关国家或地区的商标局提交注册申请来实现。此外，商标权人还可以考虑通过国际组织（如 WIPO）进行商标国际注册，以简化注册流程并降低注册成本。《商标法》第二十一条规定："商标国际注册遵循中华人民共和国缔结或者参加的有关国际条约确立的制度，具体办法由国务院规定。"这一条款为商标权人提供了国际注册的法律基础，鼓励其积极申请国际商标注册以保护自身在全球范围内的权益。

（二）加强商标管理

在完善商标注册制度的同时，加强商标管理也是保护网络商标权的重要措施，具体包括以下几个方面。

1.建立商标监测体系

网络环境中的商标使用情况复杂多变，商标权人需要建立商标监测体系，及时发现并应对潜在的侵权行为。通过监测体系，商标权人可以实时了解商标在网络上的使用情况，包括被抢注、被仿冒、被恶意使用等情况。在具体实施策略上，商标权人可以委托专业的商标监测机构或利用先进的商标监测软件进行监测。监测内容应涵盖相关域名、社交媒体平台、应用商店等多个渠道。一旦发现侵权行为，商标权人应立即采取措施进行维权，如发送警告信、提起诉讼等。虽然《商标法》没有直接规定商标监测体系的具体内容，但商标权人有权根据《商标法》第五十七条的规定，对侵犯其注册商标专用权的行为提起诉讼并要求赔偿。商标监测体系作为维权的重要手段之一，其建立和实施有助于商标权人更好地维护自身权益。

2.维护商标信息的准确性

在网络环境中，商标信息的准确性对于维护商标权人的品牌形象和市场份额具有重要意义。如果商标信息不准确或不一致，可能导致消费者混淆，进而损害商标权人的利益。在具体实施策略上，商标权人应确保其在网络环境中使用的商标信息与商标注册信息保持一致，包括商标的名称、图形、颜色等要素，以及商标的使用范围和使用方式等。此外，商标权人还应定期对网络上的商标信息进行核查和更新，以确保其准确性和一致性。《商标法》第四十三条规定："商标注册人可以通过签订商标使用许可合同，许可他人使用其注册商标。许可人应当监督被许可人使用其注册商标的商品质量……商标使用许可未经备案不得对抗善意第三人。"这一条款强调了商标信息准确性的重要性，并要求商标权人对其在网络环境中使用的商标信息进行严格管理。

3.及时更新商标信息

随着业务的发展和市场的变化，商标权人的商标信息也可能发生变化。及时更新商标信息可以确保商标在网络空间中的品牌一致性和有效性，防止因信息滞后而导致侵权风险。在具体实施策略上，商标权人应关注商标注册局发布的商标信息变更通知，并根据实际情况及时更新商标信息，包括商标的续展、变更、转让等事项。此外，商标权人还应定期对网络上的商标信息进行核查和更新，以确保其准确性和时效性。《商标法》第四十条规定："注册商标有效期满，需要继续使用的，商标注册人应当在期满前十二个月内按照规定办理续展手续；在此期间未能办理的，可以给予六个月的宽展期。每次续展注册的有效期为十年，自该商标上一届有效期满次日起计算。期满未办理续展手续的，注销其注册商标。"这一条款为商标权人提供了更新商标信息的法律依据，并要求其按时办理商标续展等手续以维持商标的有效性。

二、提高网络商标权的维权意识

在数字时代，网络商标权的维权意识对于保护企业品牌形象、维护市场秩序及促进创新具有重要意义。以下从加强维权培训、建立维权机制及积极寻求法律支持 3 个方面进行详细阐述。

（一）加强维权培训

提高网络商标权的维权意识，需要从加强维权培训入手。通过系统的培训，使商标权人及其员工深入了解商标权的保护范围、侵权行为的表现形式及维权的有效途径，从而增强他们的维权意识和能力。

1.培训目标

一是增强商标权保护意识，使员工认识到商标权是企业重要的无形资产，对于维护企业品牌形象和市场份额具有重要意义。二是提高侵权识别能力，使员工能够准确识别网络环境中的侵权行为，包括假冒商标、恶意抢注、商标滥用等。三是掌握维权方法，使员工了解并掌握商标维权的法律途径和实际操作方法，如向相关执法机构举报、提起民事诉讼等。

2.培训内容

一是商标权基础知识，包括商标的定义、分类、注册流程及商标权的保护范围等。二是网络商标权侵权案例分析。通过实际案例分析，使员工了解网络商标权侵权的常见形式、危害及应对措施。三是维权的法律法规。详细介绍《商标法》等相关法律法规中关于商标权保护的规定，以及维权过程中需要注意的法律问题。四是维权实操演练。通过模拟维权场景，使员工掌握维权方法和技巧，提高其应对侵权行为的能力。

3.培训方式

一是内部培训。由企业内部的法律部门人员或聘请专业律师进行授课，结合企业实际情况进行针对性培训。二是外部培训。参加由政府部门、行业协会或专业机构组织的商标权保护培训班或研讨会，拓宽视野，了解最新的法律法规和维权动态。三是在线学习。利用网络平台提供的在线课程或学习资源，进行自主学习和提升。

4.培训效果评估

一是知识测试。通过考试或问卷的形式，检验员工对商标权保护知识的掌握程度。二是实操考核。通过模拟维权场景或实际案例分析，评估员工的侵权识别能力和维权方法掌握情况。三是反馈收集。收集员工对培训内容的反馈意见，不断改进和优化培训方案。

（二）建立维权机制

建立完善的维权机制是提高网络商标权维权意识的重要保障。通过制定维权策略、明确维权流程、设立专门的维权团队、建立维权档案等措施，可以确保在发现侵权行为时能够迅速、有效地进行应对。

1.制定维权策略

一是预防为主。加强商标权的日常管理和监测，及时发现并制止潜在的侵权行为，降低侵权风险。二是分类处理。根据不同的侵权情况，制定相应的维权策略。对于恶意抢注、假冒商标等严重侵权行为，应坚决采取法律手段进行打击；对于轻微侵权行为，可以尝试通过协商、警告等方式解决。三是国际合作。对于涉及跨国侵权的案件，应积极寻求国际合作，共同打击跨国商标侵权行为。

2.明确维权流程

一是发现侵权。通过商标监测体系或员工举报等方式，及时发现网络商标权侵权行为。二是收集证据。在发现侵权行为后，应立即收集相关证据，如侵权商品或服务的销售记录、侵权网页的截图、购买凭证等。三是内部评估。对侵权行为的严重程度和影响范围进行评估，确定维权方式和力度。四是采取行动。根据评估结果，采取相应的维权行动，如向相关执法机构举报、提起民事诉讼等。五是对维权行动进行跟踪和反馈。

3.设立专门的维权团队

一是团队组成。维权团队应由具有法律背景、熟悉商标权保护的专业人员组成，包括律师、知识产权专员等。二是职责明确。明确维权团队成员的职责和分工，确保各项工作有序开展。三是资源保障。为维权团队提供必要的资源保障，如经费、设备、技术支持等。四是培训提升。定期对维权团队进行培训和提升，提高其专业水平和应对复杂情况的能力。

4.建立维权档案

一是档案管理。对每一起维权案件进行建档管理，记录案件的基本情况、处理过程、维权结果等信息。二是经验总结。对维权案件进行分析和经验总结，提炼出有效的维权方法和策略，为后续维权工作提供参考。三是信息共享。建立维权信息共享机制，将维权经验和案例在企业内部进行分享和传播，提高员工的维权意识和能力。

（三）积极寻求法律支持

在面临网络商标权侵权行为时，商标权人应积极寻求法律支持，通过法律途径维护其合法权益。这不仅是保护企业自身利益的需要，也是维护市场秩序、促进创新发展的重要举措。

1.了解相关法律法规

一是《商标法》。商标权人应深入了解《商标法》等相关法律法规中关于商标权保护的规定。该法于 1982 年 8 月 23 日经第五届全国人民代表大会常务委员会第二十四次会议通过，并经历了多次修正。其中，关于商标权的注册、使用、转让、保护，以及侵权行为的认定和处罚等方面都有详细的规定。二是其他相关法律法规。除了《商标法》外，商标权人还应了解《反不正当竞争法》《中华人民共和国侵权责任法》（简称《侵权责任法》）等相关法律法规中关于知识产权保护的规定，以便在维权过程中综合运用法律武器。

2.向相关执法机构举报

一是举报途径方面。商标权人可以向县级以上工商行政管理机关或其他相关执法机构举报侵权行为。这些机构通常设有专门的知识产权保护部门或窗口，负责处理商标侵权等知识产权纠纷。二是举报材料方面。在举报时，商标权人应提供充分的证据材料，如商标注册证书、侵权商品或服务的销售记录、侵权网页的截图、购买凭证等。这些材料将有助于执法机构对侵权行为进行认定和处理。三是配合调查方面。在执法机构进行调查时，商标权人应积极配合提供必要的协助和支持，以便尽快查清事实并制止侵权行为。

3.提起民事诉讼

一是诉讼准备。在决定提起民事诉讼前，商标权人应充分收集证据材料，评估案件的胜诉可能性和成本效益。同时，还应选择合适的诉讼策略和代理人进行代理。二是提交起诉状。商标权人应向有管辖权的人民法院提交起诉状和相关证据材料。起诉状中应明确诉讼请求、事实和理由等内容。三是参与庭审。在庭审过程中，商标权人应积极参与质证、辩论等环节，充分阐述自己的观点和主张。同时，还应遵守法庭纪律和程序规定，确保诉讼活动的顺利进行。四是执行判决。如果法院判决商标权人胜诉，侵权人应履行判决确定的义务。商标权人可以通过向法院申请强制执行等方式确保判决得到落实。

4.利用其他法律手段

一是申请诉前禁令。在紧急情况下，商标权人可以向法院申请诉前禁令，要求侵权人立即停止侵权行为并采取措施防止损害扩大。二是申请仲裁。如果商标权人与侵权方在合同中约定了仲裁条款，或双方达成了书面仲裁协议，商标权人可以选择通过仲裁方式解决纠纷。仲裁具有程序简便、效率高等优点，有助于快速解决商标侵权纠纷。三是寻求法律援助。对于经济条件困难的商标权人，可以向当地法律援助机构申请法律援助，以获得免费的法律咨询和代理服务。

三、完善网络商标权的法律保护机制

在数字时代背景下，网络商标权的法律保护机制对于维护市场秩序、促进企业创新及保障消费者权益具有至关重要的作用。以下将从加强立法保护、强化执法力度、推动行业自律以及加强国际合作 4 个方面进行详细阐述。

（一）加强立法保护

国家应加强对网络商标权的立法保护，通过制定和完善相关法律法规，为商标权人提供有力的法律保障。

1.完善法律法规体系

一方面，制定专项法规。针对网络商标权的特殊性，国家应制定专门的法律法规或规章制度，明确网络商标权的保护范围、侵权行为的认定标准，以及侵权责任的承担方式等。例如，可以考虑制定专项法规，以应对网络环境中的商标侵权问题。另一方面，修订现有法律。对现有的《商标法》等相关法律法规进行修订和完善，以适应网络商标权保护的需要。例如，可以增加关于网络商标权保护的具体条款，明确网络商标权的注册、使用、转让、保护，以及侵权行为的认定和处罚等内容。

2.明确网络商标权的保护范围

将新型商业标识纳入网络商标权保护范围。一是域名保护。将域名纳入商标权的保护范围，明确域名抢注、恶意注册等行为构成商标侵权。例如，可以在相关法律法规中明确规定，未经商标权人许可，将他人注册商标作为域名注册并使用的行为属于商标侵权行为。二是搜索引擎保护。针对搜索引擎商标侵权问题，明确搜索引擎服务商的责任和义务，禁止将他人商标作为关键词进行竞价排名等行为。例如，可以在相关法律法规中明确规定，搜索引擎服务商在提供搜索服务时，不得将他人注册商标作为关键词进行竞价排名，否则将承担相应的法律责任。

3.明确侵权行为的认定标准

一是行为标准。明确网络商标侵权行为的构成要件，如未经商标权人许可在相同或类似商品上使用相同或近似商标等行为构成商标侵权。二是主观标准。明确侵权行为的主观要件，即侵权人是否具有故意或过失。例如，在相关法律法规中可以规定，明知或应知他人注册商标存在而故意使用或销售侵权商品的行为构成恶意侵权，应承担更重的法律责任。

4.明确侵权责任的承担方式

一是民事责任。明确商标权人因侵权行为遭受损失时有权要求侵权人承担停止侵权、赔偿损失等民事责任。例如，在相关法律法规中可以规定，商标权人因侵权行为遭受损失时，有权要求侵权人立即停止侵权行为，并赔偿因侵权行为造成的经济损失和精神损害抚慰金等。二是行政责任。明确侵权人因侵权行为应承担的行政责任，如没收违法所得、罚款等。例如，在相关法律法规中可以规定，工商行政管理部门对商标侵权行为进行查处时，可以没收侵权人的违法所得，并处以一定数额的罚款。三是刑事责任。对于情节严重的商标侵权行为，应明确相应的刑事责任。例如，在相关法律法规中可以规定假冒注册商标罪、销售假冒注册商标的商品罪等罪名及其量刑标准，以严厉打击网络商标犯罪行为。

（二）强化执法力度

相关执法机构应加强对网络商标权的执法力度，通过加大打击力度、提高侵权成本、加强协作配合、完善执法机制等措施，有效遏制网络商标侵权行为。

1.加大打击力度

一方面，严格执法。相关执法机构应严格按照法律法规的规定，对网络商标侵权行为进行查处。对于发现的侵权行为，应及时采取措施予以制止，并依法对侵权人进行处罚。另一方面，重点打击。针对网络商标侵权行为的重点领域和重点环节，如电商平台、社交媒体等，进行重点打击。通过加大对这些平台的监管力度，督促其建立健全商标权保护机制，防止侵权行为的发生。

2.提高侵权成本

一方面，加大罚款力度。在相关法律法规中明确规定对商标侵权行为的罚款标准，并根据侵权行为的情节和后果进行适当调整。通过加大罚款力度，提高侵权人的违法成本，从而起到震慑作用。另一方面，追究刑事责任。对于情节严重的商标侵权行为，应依法追究侵权人的刑事责任。通过刑事责任的追究，严厉打击网络商标侵权行为，维护市场秩序和消费者权益。

3.加强协作配合

一方面，加强跨部门协作。加强工商行政管理、公安、海关等相关部门之间的协作配合，形成合力，打击网络商标侵权行为。通过信息共享、联合执法等方式，提高执法效率和效果。另一方面，加强跨地区协作。针对网络商标侵权行为的跨区域特点，加强不同地区执法机构之间的协作配合。通过建立跨区域协作机制，实现信息共享、联合执法等目标，有效遏制网络商标侵权行为的蔓延。

4.完善执法机制

一方面，建立快速反应机制。针对网络商标侵权行为的快速传播的特点，建立快速反应机制。一旦发现侵权行为，相关执法机构应迅速采取措施予以制止，防止侵权行为进一步扩大。另一方面，加强执法监督。建立健全执法监督机制，对执法机构的执法行为进行监督和评估。通过加强执法监督，确保执法机构依法履行职责，维护商标权人的合法权益。

（三）推动行业自律

行业协会等组织应积极推动行业自律，通过制定行业规范、引导企业诚信经营，以及加强监督和指导等措施，共同维护网络市场的良好秩序。

1.制定行业规范

一方面，明确行业标准。行业协会等组织应制定网络商标权保护的行业标准或规范，明确企业在商标使用、转让、保护等方面的行为准则。通过行业标准的制定和实施，引导企业诚信经营、尊重他人商标权。另一方面，推广最佳实践案例。行业协会等组织应推广网络商标权保护的最佳实践案例和经验教训，鼓励企业学习、借鉴并应用到实际工作中。通过最佳实践案例的推广和应用，提高企业的商标权保护意识和能力。

2.引导企业诚信经营

一方面，加强宣传教育。行业协会等组织应加强对企业的宣传教育力度，提高企业对网络商标权保护的认识和重视程度。通过举办培训班、研讨会等活动，向企业普及商标权保护知识和法律法规。另一方面，建立信用评价体系。行业协会等组织应建立网络商标权保护的信用评价体系，对企业的商标权保护行为进行评价和打分。通过信用评价体系的建立和实施，引导企业诚信经营、尊重他人商标权。

3.加强监督和指导

一方面，定期检查。行业协会等组织应定期对会员企业的商标权保护情况进行检查评估。通过检查评估发现企业存在的问题和不足之处，并及时提出改进意见和建议。另一方面，提供咨询服务。行业协会等组织应为企业提供商标权保护的咨询服务。当企业在商标权保护方面遇到问题时，可以向行业协会等组织寻求帮助和支持。通过提供咨询服务，帮助企业解决商标权保护方面的实际问题。

（四）加强国际合作

随着经济全球化的加速发展，网络商标权的保护已经跨越国界。因此，国家应加强与其他国家和地区的合作与交流，共同打击跨国网络商标侵权行为，维护国际市场的公平竞争秩序。

1.加强国际法律合作

一方面，签订双边或多边协议。应积极与其他国家和地区签订双边或多边协议，明确网络商标权保护的合作内容和方式。通过签订协议建立稳定的合作关系，共同应对跨国网络商标侵权行为。另一方面，参与国际规则制定。积极参与国际知识产权规则的制定和修订工作，推动建立更加公正、合理的国际知识产权秩序。通过参与国际规则制定工作，提高我国在网络商标权保护方面的国际影响力和话语权。

2.加强执法合作

一方面，建立信息共享机制。与其他国家和地区的执法机构建立信息共享机制，及时交流网络商标权保护方面的信息和经验教训。通过信息共享机制的建立和实施，提高跨国网络商标侵权行为的查处效率和效果。另一方面，开展联合执法行动。针对跨国网络商标侵权行为的特点和趋势，与其他国家和地区的执法机构开展联合执法行动，形成合力，打击跨国网络商标侵权行为。

3.加强人员培训与交流

一方面，开展培训活动。定期举办网络商标权保护方面的培训活动，邀请国内外专家学者进行授课和交流。通过培训活动提高我国执法机构和企业对网络商标权保护的认识和能力水平。另一方面，加强人员交流。加强与其他国家和地区执法机构的人员交流和合作，通过互派人员访问学习、参加国际会议等方式，增进相互了解和信任，推动网络商标权保护方面的合作与交流。

思　考　题

1.在网络知识产权的商标权保护中，如何平衡商标权保护与公众利益？

2.如何应对网络知识产权商标权保护中的新型侵权形式？

3.网络知识产权的商标权保护领域的跨国商标侵权现象日益严重，如何加强国际合作，共同打击跨国商标侵权行为，维护国际市场的公平竞争秩序？

第四章　网络知识产权的专利权保护

摘要：本章探讨了网络环境下的专利权保护，特别是计算机程序、商业方法及电子商务对可专利性主题的影响，并提出了网络专利权的保护策略。

重点：计算机程序与商业方法的可专利性；电子商务对可专利性主题的影响。

难点：网络专利权的保护策略。

网络环境下，专利权保护面临着前所未有的挑战。一方面，互联网为专利技术的传播和应用提供了便捷的平台。另一方面，网络侵权行为的隐蔽性和跨地域性使得专利权保护更加困难。因此，研究网络知识产权的专利权保护策略具有重要的现实意义。

第一节　计算机程序与商业方法的可专利性

计算机程序是一系列指导计算机执行特定任务的指令集合；商业方法则是经营、管理或操作某一企业或团体的技术方法。两者的可专利性是一个复杂且具有争议的话题。

一、计算机程序的可专利性探讨

（一）计算机程序的定义与特点

1.计算机程序的定义

计算机程序，通常被称为软件，是一系列按照特定顺序组织的计算机数据和指令的集合。这些指令告诉计算机如何执行一系列运算或操作，以实现特定的功能或任务。计算机程序是现代信息技术的重要组成部分，广泛应用于各个领域，如办公自动化、工业设计、生产管理、网络通信等。

2.计算机程序的特点

计算机程序具有抽象性、技术性和可复制性等特点。抽象性体现为程序是由一系列逻辑概念和运算规则构成的，这些概念和规则在物理世界中并没有直接的对应物。技术性则表现为程序是为了解决特定技术问题或实现特定技术效果而设计的，体现了创作者的技术思想和智慧。可复制性是指程序可以被轻易地复制和传播，这使得程序的保护变得尤为重要。

（二）计算机程序可专利性的历史发展

1.早期对计算机程序可专利性的质疑

在计算机技术发展的早期，由于计算机程序被视为一种纯粹的数学算法或思想，许多国家并不承认其可专利性。这是因为传统专利法原则认为，数学算法、自然规律等属于人类共有的知识财富，不应被某个人或组织独占。因此，计算机程序作为数学算法的一种应用，也被排除在专利保护之外。

2.计算机程序可专利性的逐渐确立

随着计算机技术的飞速发展和计算机程序在商业领域中的广泛应用，越来越多的国家开始重新审视计算机程序的可专利性。一些国家通过修改专利法或司法判例，逐渐确立了计算机程序在满足一定条件下可以获得专利保护的原则，条件通常包括程序必须具有技术性、创新性、实用性等。

（三）计算机程序可专利性的判断标准

1.技术性标准

技术性标准是判断计算机程序是否可专利的重要依据。根据这一标准，计算机程序必须涉及对技术问题的解决方案，或者至少与技术问题密切相关。这意味着单纯的数学算法或思想，如果没有与技术相结合，就不具备可专利性。

2.创新性标准

创新性标准也是判断计算机程序可专利性的关键因素。根据专利法的规定，一项发明要获得专利保护，必须具备新颖性、创造性和实用性。对于计算机程序来说，这意味着它必须是一种新的、具有创造性的技术方案，并且能够在实际应用中产生积极的效果。

3.实用性标准

实用性标准是判断计算机程序是否可专利的另一个重要方面。根据这一标准，计算机程序必须能够在工业领域应用，即能够产生实际的经济效益或社会价值。这意味着，那些仅仅停留在理论层面或实验室阶段的计算机程序，如果不具备实际应用价值，就不符合可专利性的要求。

（四）计算机程序可专利性的争议与挑战

计算机程序可专利性虽然已经得到了学术界的公认，并且在立法上也得到了明确的支持，但在具体实践中，仍然面临以下两个方面的争议与挑战。

1.计算机程序与数学算法的界限模糊

尽管计算机程序的可专利性在一定程度上得到了确立，但计算机程序与数学算法之间的界限仍然模糊。这导致在实践中很难准确判断一个计算机程序是否属于可专利的范围。一些看似具有技术性的计算机程序，可能实际上只是数学算法的一种简单应用，并不具备真正的创新性或实用性等。

2.计算机程序专利的保护范围难以确定

由于计算机程序的抽象性和可复制性特点，其专利的保护范围难以确定。这可能导致在专利侵权诉讼中，对于侵权行为的判定存在困难。一方面，过宽的保护范围可能会抑制技术的创新和发展。另一方面，过窄的保护范围则可能无法充分保护专利权人的合法权益。

二、商业方法的可专利性分析

（一）商业方法的定义与特点

1.商业方法的定义

商业方法是指用于商业活动或商业交易中的一系列规则、流程或技巧。这些规则、流程或技巧通常是为了提高商业效率、降低成本或增加利润而设计的。商业方法涵盖广泛的领域，如市场营销、财务管理、供应链管理、客户关系管理等。

2.商业方法的特点

商业方法具有抽象性、系统性和可复制性等特点。抽象性体现为商业方法是由一系列概念、原则和规则构成的，它们在物理世界中并没有直接的对应物。系统性则表现为商业方法通常是由多个相互关联的环节或步骤组成的，这些环节或步骤共同构成了一个完整的商业流程或系统。可复制性是指商业方法可以被轻易地复制和传播，这使得商业方法的保护变得尤为重要。

（二）商业方法可专利性的历史演变

1.早期对商业方法可专利性的否定

在专利法发展的早期，由于商业方法被视为一种纯粹的商业策略或技巧，许多国家并不承认其可专利性。这是因为传统的专利法原则认为，专利保护的对象应该是具有技术性的发明创造，而商业方法显然不符合这一要求。因此，商业方法被排除在专利保护之外。

2.商业方法可专利性的逐渐认可

随着经济全球化的加速和电子商务的兴起，商业方法在商业领域中的地位日益凸显。越来越多的国家开始重新审视商业方法的可专利性。一些国家通过修改专利法或司法判例，逐渐确立了商业方法在满足一定条件下可以获得专利保护的原则，条件通常包括商业方法必须具有创新性、实用性和技术性等。

（三）商业方法可专利性的判断依据

1.创新性依据

创新性是判断商业方法是否可专利的重要依据。根据专利法的规定，一项发明要获得专利保护，必须具备新颖性、创造性和实用性。对于商业方法来说，这意味着它必须是一种新的、具有创造性的商业策略或技巧，并且能够在实际商业活动中产生积极的效果。

2.实用性依据

实用性也是判断商业方法可专利性的关键因素。根据这一依据，商业方法必须能够在商业活动中实际应用，即能够产生实际的经济效益或社会价值。这意味着那些仅仅停留在理论层面或书本上的商业方法，如果不具备实际应用价值，就不符合可专利性的要求。

3.技术性依据

技术性依据是判断商业方法可专利性的另一个重要方面。尽管商业方法本身可能并不直接涉及技术领域，但一些商业方法可能通过与技术相结合，实现了对技术问题的解决。在这种情况下，商业方法可能具备技术性，从而符合可专利性的要求。

（四）商业方法可专利性的争议与问题

1.商业方法与专利法原则的冲突

商业方法的可专利性在一定程度上挑战了传统的专利法原则。专利法原本是为了保护技术创新而设立的，商业方法则更多地涉及商业策略或技巧。因此，将商业方法纳入专利保护范围可能会引发一些争议和问题。例如，如何平衡商业方法专利与技术专利之间的利益关系？如何避免商业方法专利的过度扩张对技术创新产生负面影响？

2.商业方法专利的保护范围与有效性

由于商业方法的抽象性和可复制性特点，其专利的保护范围难以确定。这可能导致在专利侵权诉讼中，对侵权行为的判定存在困难。同时，商业方法专利的有效性也可能受到质疑。一些商业方法可能只是对现有商业策略或技巧的简单改进或组合，并不具备真正的创新性或实用性，因此，这些商业方法是否应该获得专利保护仍然存在争议。

第二节　电子商务对可专利性主题的影响

电子商务作为信息技术与商业活动深度融合的产物，对可专利性主题产生了深远而广泛的影响。以下将从多个方面对这种影响进行详细的阐述。

一、电子商务的定义、分类、实质与特点

（一）电子商务的定义与分类

1.电子商务的定义

电子商务是指利用电子信息技术进行的商业活动。它涵盖了通过互联网、移动通信网络等电子信息手段进行的商品交易、服务提供、信息交换等各种商业活动。电子商务是现代信息技术在商业领域中的重要应用，它极大地改变了传统商业模式的运作方式和格局。

2.电子商务的分类

电子商务可以根据不同的标准进行分类。例如，按照交易对象的不同，可以分为B2B（企业对企业）电子商务、B2C（企业对消费者）电子商务和C2C（消费者对消费者）电子商务等；按照交易过程的不同，可以分为完全电子商务和不完全电子商务等。这些分类有助于我们更深入地了解电子商务的多样性和复杂性。

（二）电子商务的实质

电子商务的实质在于利用现代信息技术手段实现商业活动的电子化、网络化和智能

化。它通过打破传统商业活动的时空限制，使得商业活动可以更加便捷、高效地进行。同时，电子商务还促进了信息的共享和传递，提高了市场的透明度和效率。

（三）电子商务的特点

电子商务具有跨时空、交互性、个性化、集成性等特点。跨时空特点使得商业活动不再受地域和时间的限制，可以随时随地进行。交互性特点使得商家和消费者之间可以更加便捷地进行信息交流和互动。个性化特点使得商家可以根据消费者的需求和偏好提供定制化的产品和服务。集成性特点则使得电子商务可以整合各种资源和服务，形成更加完整的商业生态系统。

二、电子商务对可专利性主题的影响分析

（一）电子商务对技术创新的影响

1.电子商务促进技术创新

电子商务的发展为技术创新提供了广阔的空间和无限的机遇。一方面，电子商务本身就是一种技术创新的结果，它融合了现代信息技术、网络通信技术和商业技术等多种技术。另一方面，电子商务的发展又推动了相关技术的进一步创新和升级。例如，为了满足电子商务对支付安全、数据保护和物流配送等方面的需求，相关技术不断得到改进和完善。

2.电子商务改变技术创新的方式

电子商务改变了技术创新的方式。在传统商业模式下，技术创新主要依赖于企业内部的研发活动和外部的技术引进；而在电子商务模式下，技术创新更加注重开放合作和跨界融合。例如，通过电子商务平台，企业可以更加便捷地获取外部资源和信息，与其他企业进行合作研发和创新；同时，消费者也可以参与到技术创新过程中来，通过反馈意见和建议来推动产品的改进和升级。

（二）电子商务对可专利性主题范围的拓展

1.电子商务催生新的可专利性主题

随着电子商务的不断发展，一些新的商业模式、技术手段和应用场景不断涌现，这些新的元素和概念为可专利性主题范围的拓展提供了可能。例如，在电子商务领域出现了一些新的商业方法和技术手段，如大数据分析、人工智能推荐算法等，这些都可能成为新的可专利性主题。

2.电子商务使得传统可专利性主题的边界变得模糊

一方面，交叉融合导致界限不清。电子商务的广泛应用促进了不同领域之间的交叉融合，使得传统可专利性主题的边界变得模糊。例如，在电子商务平台上，一种看似简单的商业方法可能融合了市场营销、数据分析、物流配送等多个领域的技术和手段。这种交叉融合使得很难准确界定一种商业方法或技术手段是否属于某一特定领域的可专利性主题。另一方面，技术与商业方法相互渗透。电子商务的发展还促进了技术与商业方法之间的相互渗透。一些原本属于技术领域的创新，如云计算、物联网等，在电子商务

中得到了广泛应用，并与商业方法紧密结合，形成了新的商业模式和业务流程。同时，一些商业方法的创新也依赖于技术的支持和推动。这种相互渗透使得技术与商业方法之间的界限更加模糊，难以准确划分其可专利性。

（三）电子商务对可专利性审查标准的挑战

1.新颖性审查的挑战

电子商务的快速发展使得新颖性审查面临挑战。由于信息传播速度的加快和范围的扩大，一种创新或发明在很短的时间内就可能被公众知晓和使用，这可能导致在专利审查过程中，很难准确判断一种创新或发明是否具有新颖性。特别是在电子商务领域，一些新的商业模式和技术手段可能迅速被模仿和复制，使得新颖性的判断变得更加困难。

2.创造性审查的挑战

电子商务的复杂性也增加了创造性审查的难度。在电子商务中，一种创新或发明可能涉及多个领域的技术和手段，需要综合考虑其技术效果、商业价值和市场需求等多个方面。这使得创造性审查需要更加全面和深入地分析和评估，以准确判断一种创新或发明是否具有创造性。

3.实用性审查的挑战

电子商务的实践性也对实用性审查提出了挑战。在电子商务领域，一些新的商业模式和技术手段可能处于试验或探索阶段，尚未在实际商业活动中得到广泛应用。这使得在实用性审查过程中，很难准确判断一种创新或发明是否能够在工业上应用，并产生实际的经济效益或社会价值。

第三节　网络专利权的保护策略

网络专利权的保护策略是应对网络环境下专利权保护挑战的重要措施。本节将从加强网络专利权的申请与审查、提高网络专利权的维权效率及完善网络专利权的法律保护体系 3 个方面进行详细阐述。

一、加强网络专利权的申请与审查

网络专利权的申请与审查是确保专利权得到有效保护的第一步。在网络环境下，加强网络专利权的申请与审查，不仅可以提高专利权的质量，还可以减少专利侵权纠纷的发生。

（一）明确网络专利权的申请标准

为了加强网络专利权的申请，需要明确网络专利权的申请标准。这包括明确计算机程序和商业方法的可专利性标准，以及电子商务等新兴领域中的可专利性主题。

1.计算机程序的可专利性标准

在计算机程序的可专利性方面，应进一步明确技术性、创新性和实用性的判断标准。

例如，对于技术性标准，可以规定计算机程序必须涉及对技术问题的解决方案，或者至少与技术问题密切相关。对于创新性标准，可以规定计算机程序必须是一种新的、具有创造性的技术方案，并且能够在实际应用中产生积极的效果。对于实用性标准，可以规定计算机程序必须能够在工业领域应用，即能够产生实际的经济效益或社会价值。

2.商业方法的可专利性标准

在商业方法的可专利性方面，同样需要明确创新性、实用性和技术性的判断标准。例如，对于创新性标准，可以规定商业方法必须是一种新的、具有创造性的商业策略或技巧，并且能够在实际商业活动中产生积极的效果。对于实用性标准，可以规定商业方法必须能够在商业活动中实际应用，即能够产生实际的经济效益或社会价值。对于技术性标准，可以规定商业方法必须与技术相结合，提供针对技术问题的解决方案。

3.电子商务等新兴领域的可专利性主题

在电子商务等新兴领域，应进一步明确可专利性主题的范围。例如，可以规定与电子商务相关的技术创新、商业模式创新及服务创新等都可以作为可专利性主题。同时，还需要关注电子商务领域的交叉融合现象，确保可专利性主题的边界清晰、明确。

（二）优化网络专利权的审查流程

为了提高网络专利权的审查效率和质量，需要优化网络专利权的审查流程。这包括简化审查程序、加强审查员的专业培训及建立高效的审查机制等。

1.简化审查程序

简化审查程序是提高审查效率的重要措施。例如，可以通过建立快速审查通道，对具有重大技术创新或商业价值的专利申请进行优先审查。同时，还可以简化审查材料的流程，减少不必要的审查环节和程序。

2.加强审查员的专业培训

审查员的专业素质直接影响审查质量。因此，需要加强审查员的专业培训，提高其对网络专利权相关法律法规和技术领域的了解和掌握程度。这包括组织定期的培训班、研讨会和交流活动等，帮助审查员不断更新知识结构和提升业务水平。

3.建立高效的审查机制

建立高效的审查机制是提高审查效率和质量的关键。例如，可以建立跨部门协作机制，加强专利审查机构与其他相关部门的沟通和协作；还可以建立信息化审查系统，实现审查流程的自动化和智能化管理。这些措施有助于缩短审查周期、提高审查效率并减少人为错误的发生。

（三）强化网络专利权的国际合作与交流

随着经济全球化进程的加速推进，网络专利权的国际合作与交流变得尤为重要。通过加强国际合作与交流，可以促进各国在网络专利权保护方面的经验分享和优势互补，共同应对网络环境下的专利权保护挑战。

1.参与国际专利组织和活动

积极参与国际专利组织和活动，是推动网络专利权国际合作与交流的重要途径。例如，可以加入 WIPO 等国际专利组织，参与其组织的各项活动和会议；还可以与其他国家开展双边或多边合作，共同推进网络专利权保护制度的完善和发展。

2.加强跨国专利审查合作

加强跨国专利审查合作，可以提高网络专利权的审查效率和质量。例如，可以与其他国家建立专利审查合作机制，实现专利申请的跨国优先审查；还可以开展专利审查员的互派交流活动，增进彼此的了解和信任。这些措施有助于减少重复审查、降低审查成本并提高审查效率。

3.推动国际专利保护标准的统一

推动国际专利保护标准的统一，是加强网络专利权国际协调与合作的重要目标。通过制定统一的国际专利保护标准，可以消除各国在网络专利权保护方面的差异和分歧，促进全球范围内的专利权保护制度的协调一致。这有助于为网络环境下的专利权保护提供更加稳定和可预测的法律环境。

二、提高网络专利权的维权效率

网络专利权的维权效率高低直接关系到专利权人的合法权益能否得到有效保障。为了提高网络专利权的维权效率，需要采取一系列措施来加强专利权人的维权能力、降低维权成本并提高维权成功率。

（一）建立快速响应机制

建立快速响应机制是提高网络专利权维权效率的重要措施。这包括建立专门的维权团队或机构、制定完善的维权流程和制定应急预案等。

1.建立专门的维权团队或机构

建立专门的维权团队或机构，可以为专利权人提供及时、专业的维权服务。这些团队或机构通常由具有丰富的法律知识和实践经验的专业人员组成，能够针对不同类型的专利侵权案件制定有效的维权策略并组织实施。

2.制定完善的维权流程

制定完善的维权流程可以确保维权工作有序进行。例如，可以规定从发现侵权行为到提起诉讼的整个流程中各个环节的时间节点和责任人；还可以建立案件跟踪和反馈机制，及时了解案件进展情况和处理结果。这些措施有助于提高工作效率和减少人为错误的发生。

3.制定应急预案

制定应急预案可以应对突发情况的发生。例如，可以针对可能出现的恶意侵权、重复侵权等情况制定专门的应对措施和方案；还可以建立与相关部门、机构的联动机制，确保在紧急情况下能够迅速响应并采取有效措施。

（二）加强证据收集与固定

在网络专利权维权过程中，证据收集与固定是至关重要的一环。只有充分、有效地收集并固定相关证据，才能为后续的维权工作提供有力支持。

1.明确证据收集范围

明确证据收集范围是提高证据收集效率和质量的关键。例如，可以规定在专利侵权案件中需要收集的证据类型包括侵权产品的实物、销售记录、广告宣传资料等；还可以规定在电子商务领域需要收集的证据类型包括交易记录、用户评价、网站截图等。这些措施有助于确保收集到的证据全面、客观且具有说服力。

2.采用先进的证据收集技术

采用先进的证据收集技术可以提高证据收集的效率和质量。例如，可以利用网络爬虫技术自动收集互联网上的相关信息和数据；还可以利用区块链技术确保收集到的证据的真实性和完整性。这些技术有助于减少人工干预和降低人为错误的风险。

3.加强证据固定与保全

加强证据固定与保全是确保证据有效性和可采性的重要措施。例如，可以对收集到的证据进行公证或司法鉴定等第三方认证；还可以建立专门的证据存储和管理系统，确保证据的安全性和可追溯性。这些措施有助于为后续的维权工作提供有力的证据支持。

（三）推动建立多元化纠纷解决机制

推动建立多元化纠纷解决机制是提高网络专利权维权效率的有效途径。通过引入调解、仲裁等非诉讼解决方式，可以降低维权成本并提高维权成功率。

1.加强调解工作

调解是一种温和、有效的纠纷解决方式。在网络专利权维权过程中，可以加强与相关调解机构的合作与交流，推动调解工作的深入开展。例如，可以建立专门的调解委员会或调解中心，负责处理网络专利权纠纷案件；还可以邀请具有丰富经验的专家或律师参与调解工作，提高调解的专业性和有效性。

2.推广仲裁制度

仲裁是一种快速、高效的纠纷解决方式。在网络专利权维权过程中，可以积极推广仲裁制度的应用。例如，可以与相关仲裁机构建立合作关系，为专利权人提供便捷的仲裁服务；还可以制定专门的仲裁规则和程序，确保仲裁工作的公正、公平和高效。

3.建立在线纠纷解决平台

建立在线纠纷解决平台，可以进一步提高网络专利权维权的效率。例如，可以开发专门的在线纠纷解决系统或平台，为专利权人和侵权方提供在线协商、调解和仲裁等服务；还可以利用大数据和人工智能技术提高平台的智能化水平和服务质量。这些措施有助于降低维权成本并提高维权成功率。

三、完善网络专利权的法律保护体系

完善网络专利权的法律保护体系是确保专利权得到有效保障的根本途径。这包括加强相关法律法规的制定和完善、提高司法保护水平及加强行政监管力度等。

（一）加强相关法律法规的制定和完善

加强相关法律法规的制定和完善是完善网络专利权的法律保护体系的基础。这包括制定专门的网络专利权保护法律、修订现有法律法规以适应网络环境的发展、加强国际法律协调与合作等。

1.制定专门的网络专利权保护法律

制定专门的网络专利权保护法律，可以为网络环境下的专利权保护提供明确的法律依据。例如，可以制定专门的法律，明确网络专利权的定义、范围、申请与审查标准、维权程序等内容；还可以规定网络专利权与其他知识产权之间的关系和协调机制等。这些措施有助于为网络专利权保护提供更加全面、系统的法律保障。

2.修订现有法律法规以适应网络环境的变化

随着网络技术的不断发展和网络环境的不断变化，现有法律法规可能无法完全适应网络专利权保护的新需求。因此，需要对现有法律法规进行修订和完善以适应网络环境的变化。例如，可以对《专利法》等相关法律法规进行修改和补充，明确计算机程序和商业方法的可专利性标准，以及电子商务等新兴领域的可专利性主题；还可以对《侵权责任法》等相关法律法规进行修改和完善，加强对网络专利侵权行为的打击力度和处罚等。

3.加强国际法律协调与合作

加强国际法律协调与合作也是完善网络专利权的法律保护体系的重要方面。通过参与国际专利组织、加强跨国专利审查合作及推动国际专利保护标准的统一等措施，可以促进各国在网络专利权保护方面的经验分享和优势互补，从而共同应对网络环境下的专利权保护挑战。

（二）提高司法保护水平

提高司法保护水平是确保网络专利权得到有效保障的关键环节。这包括加强司法审判的专业性、提高司法审判的效率和公正性，以及加强司法审判的透明度和公信力等。

1.加强司法审判的专业性

加强司法审判的专业性是提高司法保护水平的基础。例如，可以设立专门的知识产权法庭或合议庭负责审理网络专利权纠纷案件；还可以聘请具有丰富的知识产权法律知识和实践经验的专家或律师担任陪审员或顾问参与案件的审理工作。这些措施有助于提高司法审判的专业性和准确性。

2.提高司法审判的效率和公正性

提高司法审判的效率和公正性是确保网络专利权得到有效保障的重要基础。例如，可以优化司法审判流程，减少不必要的环节和程序；还可以加强司法审判的监督和制约机制，确保审判工作的公正性和公平性。这些措施有助于缩短审判周期、降低审判成本并提高审判质量。

3.加强司法审判的透明度和公信力

加强司法审判的透明度和公信力是提高司法保护水平的重要途径。例如，可以建立司法审判信息公开制度，及时向社会公布案件审理情况和判决结果；还可以加强司法审判的公众参与和监督机制，邀请公众参与案件的旁听和评议工作。这些措施有助于提高司法审判的透明度和公信力，增强社会公众对司法审判的信任和支持。

（三）加强行政监管力度

加强行政监管力度是确保网络专利权得到有效保障的重要手段。这包括建立健全行政监管机制、加强行政执法力度及推动行业自律和诚信体系建设等。

1.建立健全行政监管机制

建立健全行政监管机制是加强行政监管力度的基础。例如，可以设立专门的行政监管机构，负责网络专利权保护工作的监督和管理；还可以制定完善的行政监管规章制度，明确行政监管的职责、权限和程序等。这些措施有助于确保行政监管工作的有序进行和有效实施。

2.加强行政执法力度

加强行政执法力度是确保网络专利权得到有效保障的关键环节。例如，可以加大对网络专利侵权行为的查处力度，严厉打击恶意侵权和重复侵权等行为；还可以加强对网络交易平台等市场主体的监管，确保其依法履行知识产权保护义务。这些措施有助于维护网络市场秩序和公平的竞争环境，保障专利权人的合法权益。

3.推动行业自律和诚信体系建设

推动行业自律和诚信体系建设也是加强行政监管力度的重要方面。通过加强行业内部的自律管理和诚信体系建设，可以促进行业内部的规范运作和健康发展，降低网络专利侵权的发生概率。例如，可以建立行业协会或联盟，制定行业自律规范和标准，加强行业内部的交流和合作，共同推动网络专利权保护工作的深入开展；还可以建立行业诚信档案和评价体系，对行业内企业的知识产权保护情况进行记录和评估，并依据评估结果采取奖惩和激励等措施。这些措施有助于营造良好的行业氛围和企业文化，促进网络专利权保护工作的深入开展。

思　考　题

1.如何界定计算机程序与数学算法的界限？

2.如何确定商业方法专利的保护范围？

3.如何界定电子商务领域中的可专利性主题？

4.在网络环境下，如何有效打击专利侵权行为？

5.如何完善网络专利权的法律保护体系？

第五章 网络知识产权的域名保护

摘要：本章详细探讨了网络知识产权中的域名保护问题，包括域名概述，域名与商标权、企业名称权的冲突，域名纠纷的法律后果，以及域名纠纷的解决策略与法律建议。

重点：域名的概念、特点和价值；域名与商标权、企业名称权的冲突；域名纠纷的法律后果；域名纠纷的解决策略与法律建议。

难点：域名与商标权、企业名称权的冲突的界定；域名纠纷的法律适用；国际域名纠纷的协调与处理。

域名是互联网上的电子地址，是一种为了方便用户记忆、实现对联网计算机进行简便定位而存在的网络地址的表现形式。域名本身既不是商标，也不是现实企业的名称。但是，域名在全世界具有唯一性，域名是进入网站或虚拟企业的唯一路径，一个域名已注册，其他任何机构就不能再注册相同的域名，这使得域名实际上与商标、企业标识物有了相类似的意义。也因此有人把域名喻为网络商标，它不再仅仅是“门牌号码”。随着域名注册的普及，在网络的无数站点中拥有一个好听、易记、个性化、识别性强的域名就成为吸引人们注意力、在市场竞争中取得胜利的手段。于是，域名便具有了巨大的商业价值，成为信息社会的新型无形财产，并成为网络知识产权保护的重要组成部分。

第一节 域名概述

在数字化浪潮的席卷下，网络知识产权的保护已成为时代发展的关键议题，而域名保护作为其中的重要一环，正逐渐凸显其不可替代的必要性。域名，作为互联网世界中企业、机构和个人的重要标识，宛如现实世界中的“门牌号码”，是网络访问的关键入口。在信息爆炸时代，一个简洁、易记且与品牌紧密相关的域名，能够极大地提升用户访问的便利性，为企业赢得更多的流量与商机。以“baidu.com”为例，百度通过这一简洁明了的域名，让用户能够轻松访问其搜索引擎，从而奠定了其在互联网搜索领域的领先地位。从知识产权保护的视角审视，域名与商标、商号等传统知识产权要素存在着千丝万缕的联系。许多企业的域名往往与自身的商标或商号高度一致，这不仅有助于强化品牌形象在网络空间的延续性与一致性，更能够有效防止消费者产生混淆。例如，“alibaba.com”这一域名与阿里巴巴集团的商号及商标完美契合，使消费者在网络世界中能够迅速识别并建立起对该品牌的信任。然而，这种紧密联系也使得域名极易成为侵权行为的目标。一旦他人恶意注册与知名品牌相同或相似的域名，便可能引发一系列的法律纠纷，对品牌所有者的权益造成严重损害。此外，域名混淆也是常见的侵权形式之一。部分企业为了搭便车，故意注册与竞争对手相似的域名，使消费者在访问时产生混淆，从而截留竞争对手的流量，抢占市场份额。这种行为不仅违反了市场竞争的公平原则，也严重侵犯了其他企业的合法权益，扰乱了正常的市场秩序。

一、域名的概念

域名（domain name），又称网域，是互联网上用于识别和定位计算机（或计算机组）的一种友好名称。它由一串用点分隔的名字组成，这些名字可以是字母、数字或特定的符号，用于在数据传输时标识计算机的电子方位。域名可以看作是互联网的地址簿，它代替了复杂的 IP 地址，使得用户无须记住由一长串数字组成的 IP 地址，就能访问特定的网络资源。

域名由若干部分组成，通常包括顶级域名（TLD）、二级域名、子域名等。例如，在“http：//www.example.com”中，“www”是子域名，“example”是二级域名，而“.com”则是顶级域名。顶级域名位于域名最右端，代表了域名的最高层级，它又细分为通用顶级域名（gTLD），以及国家和地区顶级域名（ccTLD）。通用顶级域名如“.com”（商业机构）、“.net”（网络服务商）、“.org”（非营利组织）等，无特定国家限制；国家和地区顶级域名如“.cn”（中国）、“.jp”（日本）、“.uk”（英国）等，代表特定的国家或地区。

域名系统是分层的，允许定义子域名。这种结构化的命名方式，使得用户可以通过输入简单易记的域名，就能访问目标网站。域名不仅应便于记忆和书写，还应有助于提升用户访问网站的便捷性。

二、域名的特点

（一）标识性

域名具有显著的标识性，能够唯一标识和定位一个特定的网络资源。在网络中，域名就像是企业或组织的“网上名片”，能够让人们通过域名确定该企业或组织的身份和业务范围。这种标识性使得域名成为企业在互联网上的重要资产之一。

（二）唯一性

域名在全球范围内是唯一的，即每个域名只能对应一个特定的网络资源。这种唯一性确保了网络地址的唯一性和可识别性，避免了网络资源的混淆和冲突。因此，企业在选择域名时需要考虑其独特性和可识别性，以确保其在互联网上的唯一性和品牌形象。

（三）排他性

由于域名的唯一性，一个域名一旦被注册，其他任何机构或个人就不能再注册相同的域名。这种排他性使得域名成为一种稀缺资源，具有很高的商业价值。企业可以通过注册与自己品牌或业务相关的域名，来保护自己的知识产权和品牌形象。

（四）灵活性

域名应具有一定的灵活性，可以根据企业的需求和业务发展进行调整。例如，企业可以通过添加子域名来扩展其业务范围或创建新的服务；同时，企业也可以在需要时更改域名，以适应其业务发展的需求。

（五）层次结构

域名采用层次树状结构，由多个通过点分隔的部分组成。这种结构化的命名方式使得域名更加易于管理和维护。同时，层次结构也使得域名在搜索引擎中的排名更加有利，有助于提高网站的可见性和流量。

（六）易于记忆

相比复杂的 IP 地址，域名更加易于记忆和拼写，这使得用户能够更加方便地访问所需的网络资源，提高了用户的体验和满意度。同时，易于记忆的域名也有助于企业在互联网上提升自己的品牌形象和知名度。

（七）品牌塑造

域名通常与企业的品牌形象紧密相关。一个好的域名能够提升企业的品牌知名度和认知度，增强用户对企业的信任和忠诚度。因此，企业在选择域名时需要考虑其与企业品牌或业务的相关性。

三、域名的价值

域名的价值体现在多个方面，包括商业价值、品牌建设、搜索引擎优化、投资潜力和其他价值等。以下是对域名价值的详细阐述。

（一）商业价值

域名是企业在互联网上的重要资产之一，具有很高的商业价值。优秀的域名往往具有较高的商业价值，因为它们能够吸引更多的用户访问和关注，为企业带来更多的商业机会和收益。例如，一些独特、容易记忆的域名可以成为独立的品牌，为企业带来品牌效应和市场份额。同时，域名也是企业进行网络营销和推广的重要工具。通过注册与自己品牌或业务相关的域名，企业可以建立自己的官方网站、电子商务平台等，为用户提供更加便捷、高效的服务。这些域名不仅能够提升企业的品牌形象和知名度，还能够为企业带来更多的商业机会和收益。

（二）品牌建设

域名在品牌建设中扮演着至关重要的角色。一个好的域名能够提升企业的品牌知名度和认知度，增强用户对企业的信任和忠诚度。域名通常与企业的品牌形象紧密相关，能够反映企业的业务范围、企业文化和价值观等。域名还可以作为企业的在线身份标识，帮助企业在互联网上提升自己的品牌形象和知名度。通过注册与自己品牌或业务相关的域名，企业可以建立自己的官方网站、社交媒体账号等，为用户提供更加便捷、高效的服务。这些域名不仅能够提升企业的品牌形象和知名度，还能够为企业带来更多的商业机会和收益。

（三）搜索引擎优化（SEO）

域名对搜索引擎排名产生影响，包含关键词的域名往往更容易在搜索结果中获得更好的排名，提高网站的可见性。这是因为搜索引擎通常会优先考虑与用户搜索关键词相关的域名，并将其排在搜索结果的前列。因此，企业在选择域名时可以考虑包含与自己业务相关的关键词，以提高网站在搜索引擎中的排名和可见性。此外，域名的存在时间长度和历史也会对 SEO 产生影响。一个老域名（即注册时间较长的域名）通常比新域名更容易获得搜索引擎的信任和青睐，因为它们通常具有更高的权威性和可信度。因此，企业在选择域名时可以考虑选择老域名或购买已经具有一定历史和权威性的域名，以提高网站在搜索引擎中的排名和可见性。

（四）投资潜力

域名作为一种稀缺资源，具有很大的投资潜力。一些独特、容易记忆的域名可以成为独立的品牌或投资品，因为它们具有很高的商业价值和市场价值。这些域名通常能够吸引更多的用户访问和关注，为企业或投资者带来更多的商业机会和收益。随着互联网的不断发展和普及，域名的投资潜力也在不断增加。越来越多的企业和个人开始意识到域名的重要性，并纷纷注册和购买与自己品牌或业务相关的域名。这使得域名的市场需求不断增加，价格也随之水涨船高。因此，域名成为一种具有很高投资价值的资产之一。

（五）其他价值

除了商业价值、品牌建设、搜索引擎优化和投资潜力外，域名还具有其他方面的价值。例如，域名可以作为企业的知识产权之一，保护企业的合法权益不受侵犯。此外，域名还可以作为企业的重要资产之一，在企业的资产重组、并购等过程中发挥重要作用。一些优秀的域名甚至可以成为企业的核心竞争力之一，助力企业在市场竞争中占据有利地位。

四、域名的注册、管理与保护

域名的注册、管理与保护是确保域名价值得以充分实现的重要环节。以下是对域名注册、管理与保护的详细阐述。

（一）域名的注册

域名的注册是一个相对简单但至关重要的过程。用户可以通过注册商购买域名，并支付一定的年费以保持域名的所有权。在注册过程中，用户需要选择合适的域名、顶级域名，并提供必要的注册信息。注册商负责向互联网域名系统（DNS）提交相关信息，确保域名能够正常解析。注册域名时，用户需要遵守相关的法律法规和政策规定。例如，用户需要确保所注册的域名不侵犯他人的知识产权和合法权益；同时，用户还需要遵守相关的域名注册规则和管理政策，以确保域名的合法性和有效性。

（二）域名的管理

域名的管理包括域名的续费、转移和修改等操作。域名的续费是保持域名持有者资格的关键步骤，用户需要在域名到期前完成续费操作，以避免域名被注销或被他人抢注。域名的转移则允许用户将域名从一个注册商转移到另一个注册商，以满足用户的个性化需求。此外，用户还可以对域名进行修改操作，例如更改域名的 DNS 设置、联系人信息等。这些操作有助于用户更好地管理和维护自己的域名资产，确保其能够正常解析和访问。

（三）域名的保护

域名的保护是确保域名价值得以充分实现的重要环节。用户需要采取措施保护自己的域名不被侵犯和盗用。用户可以定期监测域名的注册情况和使用情况，及时发现并处理潜在的侵权行为和域名争议；同时，用户还可以选择购买相关的域名保护服务，如域名锁定、隐私保护等，以提高域名的安全性和可靠性。在域名争议处理方面，用户需要了解相关的争议解决机制和政策规定。例如，用户可以选择通过亚洲域名争议解决中心等机构进行域名争议仲裁和调解。同时，用户还需要遵守相关的争议解决规则和程序要求，以确保争议能够得到公正、有效的处理。

五、域名的未来发展趋势

随着互联网的不断发展和普及，域名也在不断演进和发展。以下是对域名未来发展趋势的展望。

（一）新兴顶级域名的涌现

随着互联网的不断发展和普及，越来越多的新兴顶级域名（如“.app”“.blog”等）不断涌现。这些新兴顶级域名为用户提供了更多选择和可能性，也为特定行业或领域的网站建设提供了更多可能性。未来，随着技术的不断进步和市场的不断变化，预计会有更多新兴顶级域名出现并得到广泛应用。

（二）基于区块链的域名系统

随着区块链技术的兴起和发展，一些基于区块链的域名系统（如 ENS、Handshake 等）崭露头角。这些域名系统试图提供更安全、去中心化的域名注册和管理服务，以解决传统域名系统中存在的安全漏洞和信任问题。未来，随着区块链技术的不断成熟和应用场景的不断拓展，预计会有更多基于区块链的域名产生。

（三）域名与人工智能的融合

随着人工智能技术的快速发展，域名系统也将逐渐融入人工智能的元素。例如，通过人工智能技术，可以实现域名的智能解析、智能推荐等功能，提高域名的使用效率和用户体验。同时，人工智能还可以帮助用户更好地管理和维护域名资产，如自动监测域名的使用情况、预测域名的价值趋势等。

（四）域名国际化与多语言支持

随着互联网的全球化发展，域名的国际化与多语言支持也成为一个重要的趋势。越来越多的非英语国家开始注重域名的本土化，以更好地服务本地用户。同时，随着多语言域名技术的不断成熟，用户可以使用自己熟悉的语言来注册和使用域名，这将极大地降低用户使用成本和提高用户体验。

（五）域名安全与隐私保护

随着网络攻击和数据泄露事件的频发，域名安全与隐私保护也成为用户关注的焦点。未来，域名注册管理机构将更加注重域名的安全性和隐私保护，如加强域名的身份验证、提供域名隐私保护服务等。同时，用户也需要提高安全意识，采取必要的措施来保护自己的域名资产不受侵犯。

（六）域名与物联网的结合

随着物联网技术的快速发展，域名系统将逐渐与物联网相结合，为物联网设备提供唯一的身份标识和访问入口。通过域名系统，可以实现对物联网设备的远程管理和控制，提高物联网系统的效率和可靠性。未来，随着物联网技术的不断普及和应用场景的不断拓展，域名在物联网领域的应用将越来越广泛。

（七）域名市场的规范化与法治化

随着域名市场的不断发展，域名注册和管理机构的规范化与法治化也将成为必然的趋势。政府和相关机构将加强对域名市场的监督和管理，制定更加完善的法律法规和政策规定，以维护市场的公平竞争和用户的合法权益。同时，域名注册管理机构也需要加强自身的建设和管理，提高服务质量和效率，为用户提供更好的域名注册和管理服务。

六、域名策略在企业发展中的重要性

（一）提升品牌形象

域名作为企业在互联网上的“门面”，对于提升品牌形象具有至关重要的作用。一个与企业品牌或业务相关的域名能够增强用户对企业的认知和信任，提高企业的品牌知名度和美誉度。因此，企业在选择域名时需要充分考虑其品牌策略和市场定位，确保域名与品牌形象的一致性。

（二）保护知识产权

域名作为企业的重要知识产权之一，需要得到充分的保护和管理。通过注册与本企业品牌或业务相关的域名，可以防止他人抢注或滥用自己的域名，维护企业的合法权益不受侵犯。同时，企业还需要定期监测域名的使用情况，及时发现并处理潜在的侵权行为和域名争议。

（三）拓展市场渠道

域名不仅可以帮助企业建立官方网站和电子商务平台，还可以作为拓展市场渠道的重要手段。通过注册与不同地区或业务领域相关的域名，企业可以更加精准地定位目标客户群体，提高市场营销的效果和效率。同时，企业还可以通过域名合作和联盟等方式，与其他企业共同拓展市场和实现资源共享。

（四）提升用户体验

一个易于记忆和拼写的域名能够提升用户的访问体验和满意度。用户可以通过输入简短的域名快速访问企业的官方网站或电子商务平台，获取所需的信息和服务。这不仅可以提高用户的访问效率和便捷性，还可以增强用户对企业的信任和忠诚度。

（五）支持国际化发展

对于希望走向国际市场的企业来说，注册国际化的域名是必不可少的一步。通过注册与不同国家和地区相关的域名，企业可以更好地适应不同市场的文化和语言习惯，提高在国际市场上的竞争力和影响力。同时，企业还可以通过使用多语言域名等手段，为不同语言背景的用户提供更加便捷和高效的服务。

第二节 域名与商标权、企业名称权的冲突

在数字时代，域名、商标和企业名称作为识别商业主体和商品服务的重要标志，各自扮演着不可或缺的角色。然而，随着互联网的迅猛发展，这些标志之间的冲突也日益凸显，尤其是域名与商标权之间的冲突，更是成为商业领域中的一个热点问题。本节将深入探讨域名与商标权、企业名称权的冲突及其解决途径，以期为企业和相关部门提供有益的参考。

一、域名与商标权的冲突

域名与商标权的冲突是数字时代知识产权领域的一个新挑战。域名作为互联网上的地址标识，其独特性和易记性使得它成为商业竞争的新战场。而商标作为区分商品或服务来源的标识，其商业价值和法律地位早已得到广泛认可。当这二者发生冲突时，不仅会影响消费者的权益，还会对商标权人的合法权益造成损害。

（一）域名与商标权的冲突表现

1.恶意抢注

恶意抢注是域名与商标权冲突中最为常见的一种形式。一些不法分子为了谋取不正当利益，利用域名注册的先到先得原则，恶意抢注他人知名商标作为域名。他们往往并不打算真正使用该域名来提供商品或服务，而是企图通过向商标权人索要高额转让费或进行其他不正当行为来牟利。这种行为不仅侵犯了商标权人的合法权益，还扰乱了市场秩序，损害了消费者的利益。

恶意抢注行为之所以屡禁不止，一方面，是因为域名注册制度的灵活性，使得抢注

者有机可乘。另一方面，也是因为部分抢注者抱着侥幸心理，认为即使被商标权人发现，也能通过拖延时间、提出无理要求等手段来谋取利益。然而，这种行为是不可取的，一旦被发现并证实存在恶意抢注行为，抢注者将面临法律制裁和赔偿责任。

2.混淆误认

混淆误认是域名与商标权冲突的另一种表现形式。将与他人商标相同或相似的域名用于自己的网站或网络服务上，容易使消费者产生混淆误认。消费者可能会误认为该网站或服务与商标权人存在某种关联或授权关系，从而做出错误的消费决策。这种混淆误认不仅损害了消费者的权益,还可能导致商标权人的商业声誉和市场份额受到负面影响。

混淆误认的发生往往与域名注册者的不诚信行为有关。他们可能故意选择与他人商标相似或相同的域名来误导消费者，以获取不正当的商业利益。然而，这种行为是违法的，一旦被发现并证实存在混淆误认行为，域名注册者将面临法律制裁和赔偿责任。

3.淡化商标价值

淡化商标价值也是域名与商标权冲突的一种重要表现形式。将他人知名商标作为域名用于与商标权人业务无关的网站或服务上，可能会淡化该商标的识别性和显著性。长此以往，这种淡化行为可能会降低商标的商业价值，对商标权人造成不可估量的损失。

淡化商标价值的行为往往具有隐蔽性和长期性。域名注册者可能并不直接使用该域名来销售商品或提供服务，而是将其用于与商标权人业务无关的领域。这样一来，消费者在面对该域名时可能不会产生直接的混淆误认，但长期下来却会逐渐淡化对商标的认知和记忆。这种淡化行为对商标权人的损害是潜移默化的，但一旦形成却难以挽回。

（二）域名与商标权冲突的影响

域名与商标权冲突不仅影响商标权人的合法权益，还对消费者和市场秩序造成负面影响。

1.对商标权人的影响

域名与商标权的冲突直接损害了商标权人的合法权益。商标权人为了维护自己的商标权益，不得不投入大量的人力、物力和财力来应对域名抢注、混淆误认和商标淡化等问题。这不仅增加了商标权人的经营成本，还可能影响其商业声誉和市场份额。在极端情况下，商标权人甚至可能因无法有效维护自己的商标权益而面临商业危机。

2.对消费者的影响

域名与商标权的冲突也损害了消费者的权益。消费者在面对混淆误认的域名时可能会做出错误的消费决策，从而遭受经济损失。此外，商标淡化行为也可能导致消费者对商标的认知和记忆逐渐模糊，进而影响其消费选择和判断。这些都对消费者的权益构成潜在威胁。

3.对市场秩序的影响

域名与商标权的冲突还扰乱了市场秩序。恶意抢注、混淆误认和商标淡化等行为破坏了市场竞争的公平性和公正性，使得诚信经营的企业在市场竞争中处于不利地位。长期下来，这种不公平的市场竞争可能会抑制创新和发展，对整个社会的经济繁荣产生负面影响。

二、域名与商标权冲突的解决途径

针对域名与商标权的冲突问题，我们需要从法律途径、协商调解和预防措施等多个方面入手，寻求有效的解决方案。

（一）法律途径

法律途径是解决域名与商标权冲突的重要手段。根据相关法律法规的规定，商标权人可以通过提起民事诉讼、行政投诉、向域名争议解决机构提起投诉等方式来维护自己的合法权益。

1.提起民事诉讼

当商标权人的合法权益受到侵害时，他们可以向人民法院提起民事诉讼，要求侵权者停止侵权行为并赔偿损失。在民事诉讼中，商标权人需要提供充分的证据来证明侵权行为的存在以及自己因此所遭受的损失。如果法院认定侵权行为成立，将依法判决侵权者承担相应的法律责任。

2.行政投诉

除了民事诉讼外，商标权人还可以向相关行政管理部门提出投诉，要求其对侵权行为进行调查和处理。行政管理部门在接到投诉后，将依法对侵权行为进行审查，并根据审查结果做出相应的处理决定。如果认定侵权行为成立，行政管理部门将依法对侵权者进行行政处罚，并要求其停止侵权行为。

3.向域名争议解决机构提起投诉

为了更有效地解决域名与商标权之间的冲突，一些国家和地区设立了专门的域名争议解决机构。例如，根据《中国互联网络信息中心域名争议解决办法》的规定，商标权人可以向域名争议解决机构提起投诉，要求将侵权域名予以注销或转移。这些域名争议解决机构通常具有专业的法律知识和丰富的实践经验，能够迅速、公正地处理域名争议案件。

在法律途径中，商标权人需要充分了解相关法律法规的规定和程序要求，确保自己的合法权益得到有效维护。同时，他们还需要积极收集证据、准备材料，并配合相关部门进行调查和处理工作。

（二）协商调解

协商调解是解决域名与商标权冲突的另一种有效方式。在域名与商标权发生冲突时，双方可以通过协商调解的方式来解决争议。

1.直接谈判

商标权人可以与域名注册者进行直接谈判，要求其停止侵权行为并支付相应的赔偿费用。在谈判过程中，双方需要充分沟通、协商，寻求共同的解决方案。如果谈判成功，双方可以签订协议来明确各自的权利和义务，从而避免类似的争议再次发生。

2.第三方调解

如果直接谈判无法达成一致意见，商标权人还可以寻求第三方调解机构的帮助。第三方调解机构通常具有专业的调解经验和技巧，能够帮助双方更好地沟通、协商，并促成争议的解决。在调解过程中，第三方调解机构应秉持公正、中立的原则，确保双方的合法权益得到充分保障。

协商调解途径的优势在于其灵活性和高效性。通过协商调解，双方可以迅速解决争议，避免长时间的法律诉讼过程。同时，协商调解还有助于维护双方的商业关系和合作前景，为未来的合作奠定良好的基础。

（三）预防措施

为了避免域名与商标权发生冲突，商标权人可以采取一些预防措施来加强自己的商标保护。

1.及时注册相关域名

商标权人在商标注册后，应及时将相关域名进行注册保护，这样可以有效防止他人恶意抢注。同时，商标权人还可以考虑注册多个与商标相关的域名，以进一步扩大保护范围。

2.加强市场监管

商标权人应加强对市场的监管力度，及时发现并处理潜在的侵权行为，可以与相关行政管理部门保持密切联系，共同打击恶意抢注等违法行为。同时，商标权人还可以利用技术手段进行监测和预警，提高反应速度和应对能力。

3.提高消费者的品牌意识

商标权人还应通过广告宣传、公益活动等方式提高消费者的品牌意识和辨别能力。这样可以帮助消费者更好地识别正品和仿冒品，减少因混淆误认而导致消费决策错误。同时，提高消费者的品牌意识还有助于增强商标权人的市场竞争力和商业价值。

4.建立域名管理制度

企业可以建立完善的域名管理制度，明确域名的注册、使用、维护和保护等流程和要求。通过制度化管理，可以确保域名合法合规使用，避免因管理不善而导致域名与商标权冲突。同时，企业还可以定期对域名进行审查和评估，及时发现并处理潜在的域名风险。

5.加强国际合作与交流

随着经济全球化的深入发展，域名与商标权的冲突也可能跨越国界。因此，商标权人应加强与国际相关机构、组织的合作与交流，共同应对跨国域名与商标权冲突问题。通过国际合作与交流，可以分享经验、协调行动，提高全球范围内的商标保护水平。

6.利用技术手段进行保护

除了法律手段和管理措施外，商标权人还可以利用技术手段加强商标保护。例如，可以采用数字水印、加密等技术手段对商标进行标识和保护，防止他人未经授权使用或篡改自己的商标。同时，商标权人还可以利用大数据、人工智能等技术手段进行监测和预警，提高商标保护的效率和准确性。

7.培训与教育

商标权人还应加强对员工的培训与教育，提高他们的商标保护意识和能力。员工是企业的重要组成部分，他们的行为直接关系到企业的商标保护效果。因此，商标权人应定期组织培训活动，向员工普及商标保护知识，提高他们的法律意识和操作技能。同时，商标权人还可以鼓励员工积极参与商标保护工作，为企业的商标保护贡献自己的力量。

三、域名与企业名称权的冲突及其协调机制

在数字化与网络化的今天，域名与企业名称已成为企业标识其身份、区分其服务或商品的重要符号。然而，随着互联网的普及和商业活动的日益频繁，域名与企业名称权之间的冲突也越发显著，这不仅关乎企业的商业利益，更直接影响到消费者的权益和市场秩序的稳定。因此，深入探讨域名与企业名称权的冲突表现及其协调机制，对于维护企业合法权益、促进市场公平竞争、保障消费者利益具有重要意义。

（一）域名与企业名称权的冲突

域名与企业名称权的冲突是数字时代企业知识产权领域面临的新挑战。这种冲突不仅体现在法律层面的权益争夺，更涉及市场竞争中的策略博弈。以下是对域名与企业名称权冲突表现的详细阐述。

1.重名现象

重名现象是域名与企业名称权冲突中最为直观的一种表现。由于域名和企业名称的注册机构不同、审查标准不一，加之互联网域名的全球性和企业名称的地域性特征，导致在实践中经常出现域名与企业名称重名的现象。这种重名可能源于无意的巧合，也可能源于有意的模仿或抄袭。

当域名与企业名称发生重名时，消费者可能会产生混淆误认。他们可能会误以为该域名所指向的网站或服务与对应的企业存在某种关联或授权关系，从而做出错误的消费决策。这种混淆误认不仅损害了消费者的权益，还可能对企业的商业信誉和市场竞争力造成负面影响。例如，消费者可能会因为误认而选择了质量低劣或服务不佳的产品或服务，进而对企业产生不满和抱怨。

此外，重名现象还可能引发企业之间的法律纠纷。当两个或多个企业都声称对同一域名享有权益时，他们可能会通过法律途径来争夺这些权益。这种法律纠纷不仅耗时耗力，还可能对企业的正常经营活动造成干扰和阻碍。

2.恶意注册

恶意注册是域名与企业名称权冲突中另一种常见的表现形式。一些不法分子为了谋取不正当利益，会恶意注册他人知名企业名称作为域名。他们往往并不打算真正使用该域名来提供商品或服务，而是企图通过向企业索要高额转让费或进行其他不正当行为来牟利。

恶意注册行为不仅侵犯了企业的合法权益，还扰乱了市场秩序，使得企业无法正常使用自己的企业名称作为域名来开展网络业务，从而失去了在互联网上的商业机会和竞争优势。同时，恶意注册行为也可能导致消费者产生混淆误认，进而损害企业的商业信誉和市场形象。

为了打击恶意注册行为，各国和地区制定了相关的法律法规和域名争议解决机制。这些机制和规定旨在保护企业的合法权益，维护市场秩序，促进互联网健康发展。然而，由于互联网具有跨地域、匿名性等特点，恶意注册行为仍然难以完全杜绝。因此，企业需要加强自我保护意识，及时注册和保护自己的域名和企业名称权。

3.不正当竞争

将他人知名企业名称作为域名用于自己的网站或网络服务上，可能会构成不正当竞争行为。不正当竞争是指经营者违反法律规定，损害其他经营者的合法权益，扰乱社会经济秩序的行为。在域名与企业名称权的冲突中，不正当竞争行为主要表现为域名注册者利用他人知名企业名称的知名度来吸引消费者，从而获取不正当的商业利益。

不正当竞争行为不仅损害了企业的商业信誉和市场竞争力，还破坏了市场竞争的公平性和公正性。它使得诚信经营的企业在市场竞争中处于不利地位，无法获得应有的市场份额和商业机会。同时，不正当竞争行为也可能导致消费者产生混淆误认，进而损害消费者的权益。

为了制止不正当竞争行为，各国和地区制定了相关的法律法规和监管措施。这些措施旨在保护企业的合法权益，维护市场竞争的公平性和公正性，促进经济健康发展。然而，由于互联网具有开放性、匿名性等特点，不正当竞争行为仍然难以完全遏制。因此，企业需要加强自我保护意识，提高市场竞争力，积极应对不正当竞争行为的挑战。

（二）域名与企业名称权冲突的协调机制

针对域名与企业名称权之间的冲突，需要建立一套完善的协调机制来保障各方的合法权益和市场秩序的稳定，以下是对相关协调机制的详细阐述。

1.法律规制

法律规制是解决域名与企业名称权冲突的重要手段。通过完善相关法律法规来规制域名与企业名称权的冲突，可以明确各方的权利和义务，为冲突的解决提供法律依据和保障。

首先，需要明确域名注册和使用的审查标准。目前，不同国家和地区对于域名注册和使用的审查标准存在差异，导致域名与企业名称权常发生冲突。因此，需要制定统一的域名注册和使用审查标准，确保域名的注册和使用符合法律法规的规定，避免与他人企业名称权发生冲突。

其次，需要规范域名争议解决程序。当域名与企业名称权发生冲突时，双方可以通过法律途径来解决争议。然而，由于域名争议具有跨地域、匿名性等特点，争议解决程序复杂且耗时，因此，需要制定简洁、高效的域名争议解决程序，确保争议得到及时、公正解决。

最后，需要加大对违法行为的处罚力度。对于恶意注册、不正当竞争等违法行为，需要依法予以严厉打击和处罚，以维护市场秩序和公共利益。

2.行政监管

行政监管是解决域名与企业名称权冲突的另一个重要手段。通过加强行政监管力度，对域名注册和使用行为进行规范和管理，可以有效预防和解决冲突。

首先，需要建立域名注册信息备案制度，要求域名注册者提供真实、准确的注册信息，并进行备案管理，这样可以方便相关部门对域名注册和使用行为进行监管和查处违法行为。

其次，需要加强对域名交易市场的监管。目前，域名交易市场存在不规范和违法行为，如恶意炒作、虚假交易等。这些行为不仅损害消费者的权益，还可能引发域名与企业名称权的冲突。因此，需要加强对域名交易市场的监管力度，规范市场秩序，保障消费者的合法权益。

最后，需要建立健全投诉举报机制，鼓励消费者和企业积极向相关部门投诉举报违法行为，以便及时发现并查处违法行为，维护市场秩序和公共利益。

3.行业自律

行业自律是解决域名与企业名称权冲突的重要补充手段。通过鼓励行业组织制定行业规范和自律公约，引导域名注册者合法合规地使用域名，可以形成行业内的良好风尚和秩序。

首先，鼓励行业组织制定相关自律公约。这些公约可以明确域名注册和使用的行为规范和准则，要求域名注册者遵守法律法规和行业规定，不得恶意注册或使用他人企业名称作为域名。

其次，加强对行业自律公约的宣传和推广。通过举办培训、研讨会等活动，提高域名注册者对自律公约的认知度和遵守意识。同时，还可以利用媒体、网络等渠道进行广泛宣传和推广，扩大自律公约的影响力和覆盖面。

最后，需要建立健全监督机制，对行业组织制定的自律公约的执行情况进行监督检查和评估，确保公约得到有效执行和落实。对于违反公约的行为，可以采取相应的惩戒措施，以维护行业内的良好风尚和秩序。

4.协商解决

协商解决是解决域名与企业名称权冲突的一种温和且有效的方式。在发生冲突时，双方可以通过协商解决的方式来化解矛盾，避免法律纠纷和降低损失。

首先，鼓励双方进行友好协商。当发生域名与企业名称权冲突时，双方应本着平等、自愿、公平的原则进行友好协商，寻求共同的解决方案。通过协商，双方可以充分了解对方的诉求和利益关切点，从而找到双方都能接受的解决方案。

其次，寻求第三方调解机构进行调解。当双方无法自行协商解决冲突时，可以寻求第三方调解机构的帮助。这些机构通常具有专业的调解经验和技巧，能够帮助双方更好地沟通、协商，并促成争议的解决。在调解过程中，第三方调解机构应秉持公正、中立的原则，确保双方的合法权益得到充分保障。

最后，加强对协商解决方式的宣传和推广。通过举办培训、讲座等活动，提高企业和消费者对协商解决方式的认知度和接受度。同时，还可以利用媒体、网络等渠道进行广泛宣传和推广，扩大协商解决方式的影响力和覆盖面。

第三节　域名纠纷的法律后果

在数字化与网络化的浪潮中，域名作为企业在互联网上的身份标识，其重要性日益凸显。然而，随着域名的普及和商业价值的提升，域名纠纷也随之增多。域名纠纷不仅涉及企业之间的利益争夺，更可能影响到消费者的权益和市场秩序的稳定。因此，深入探讨域名纠纷的法律后果，对于维护企业合法权益、促进市场公平竞争、保障消费者的利益具有重要意义。本节将重点讨论抢注类域名纠纷和盗用类域名纠纷及其法律后果。

一、抢注类域名纠纷及其法律后果

（一）抢注类域名纠纷的定义

抢注类域名纠纷是域名纠纷中较为常见的一种类型。它指的是一些不法分子，为了谋取不正当利益，恶意抢注他人知名商标、企业名称等具有商业价值的标识作为域名，然后利用这些域名的商业价值，向原权利人索要高额转让费，或者进行其他不正当行为，从而引发的纠纷。

抢注类域名纠纷的发生，往往源于域名注册制度的开放性和域名资源的有限性。在域名注册过程中，只要符合一定的格式要求，几乎任何词汇或组合都可以被注册为域名。随着互联网的发展，一些具有商业价值的词汇或组合，如知名商标、企业名称等，逐渐成为域名抢注的热点。有些不法分子通过抢注这些域名，企图利用原权利人的商业信誉和市场影响力，获取不正当的利益。

（二）抢注类域名纠纷的法律后果

抢注类域名纠纷一旦发生，其法律后果将涉及民事责任、行政责任和刑事责任 3 个方面。

1.民事责任

在抢注类域名纠纷中，抢注域名者的行为往往侵犯了原权利人的合法权益，因此，根据相关法律法规的规定，抢注域名者可能需要承担停止侵害、消除影响、赔礼道歉、赔偿损失等民事责任。

具体来说，停止侵害是抢注域名者应当承担的首要责任。抢注域名者必须立即停止使用抢注的域名，并采取措施防止该域名被进一步用于侵害原权利人的权益。消除影响和赔礼道歉则是为了恢复原权利人的商业信誉和市场形象。抢注域名者应当通过公开声明或其他方式，消除因抢注行为给原权利人带来的不良影响，并向原权利人赔礼道歉。赔偿损失则是为了弥补原权利人因抢注行为所遭受的经济损失，原权利人可以根据实际损失情况，向抢注域名者提出合理的赔偿要求。

被投诉的域名持有者如果构成恶意注册或使用域名的行为，应当承担相应的民事责任，包括停止使用域名、注销域名或将域名转移给原权利人等。这些规定为原权利人提供了有力的法律保障，有助于其维护合法权益。

2.行政责任

除了民事责任外，抢注域名者还可能面临行政责任。域名注册管理机构或相关行政部门可以对抢注域名者进行行政处罚，以维护市场秩序和公共利益。

行政处罚的具体措施可能包括注销或收回抢注的域名、对抢注者进行罚款等。注销或收回抢注的域名是直接的行政处罚措施，旨在剥夺抢注域名者非法获取的域名资源，防止其继续利用该域名进行不正当行为。罚款则是为了对抢注域名者进行经济制裁，迫使其承担因违法行为所带来的经济负担。

这些行政处罚措施的实施，需要域名注册管理机构或相关行政部门具备相应的监管权力和执法手段。同时，也需要建立健全监管机制和执法程序，确保行政处罚的公正性和合法性。

3.刑事责任

在某些情况下，抢注域名者的行为也可能构成犯罪，需要承担刑事责任。这主要是因为抢注域名者的行为可能涉及侵犯财产权、扰乱市场秩序等严重违法行为。

例如，以非法占有为目的抢注他人域名并勒索财物的行为，可能构成敲诈勒索罪。敲诈勒索罪是指以非法占有为目的，对被害人使用威胁或要挟的方法，强行索要公私财物的行为。在抢注域名纠纷中，如果抢注域名者以转让域名为由，向原权利人索要高额费用，并威胁其如果不支付费用将使用该域名进行不正当行为或损害原权利人的商业信誉等，那么抢注域名者的行为就可能构成敲诈勒索罪。

另外，以抢注域名为手段进行不正当竞争的行为，也可能构成不正当竞争罪。不正当竞争罪是指经营者违反法律规定，损害其他经营者的合法权益，扰乱社会经济秩序的行为。在抢注域名纠纷中，如果抢注域名者将抢注的域名用于自己的网站或网络服务上，以混淆消费者视听、误导消费者选择等方式进行不正当竞争行为，并给原权利人造成重大损失或严重后果，那么抢注域名者的行为就可能构成不正当竞争罪。

对于构成犯罪的抢注域名者，将依法追究其刑事责任。这不仅可以惩罚违法行为人，维护市场秩序和公共利益，还可以起到警示作用，遏制类似违法行为的再次发生。

二、盗用类域名纠纷及其法律后果

（一）盗用类域名纠纷的定义

盗用类域名纠纷是另一种常见的域名纠纷类型。它指的是未经原权利人许可，擅自将他人知名商标、企业名称等具有商业价值的标识作为域名用于自己的网站或网络服务上所引发的纠纷。

盗用类域名纠纷的发生，往往源于域名使用者的法律意识淡薄和对原权利人权益的忽视。一些域名使用者为了获取不正当的利益或提升自己的知名度，擅自使用他人知名商标、企业名称等作为域名，并将其用于自己的网站或网络服务上。这种行为不仅侵犯了原权利人的合法权益，还可能误导消费者，损害消费者的利益。

（二）盗用类域名纠纷的法律后果

盗用类域名纠纷一旦发生，其法律后果同样将涉及民事责任、行政责任和刑事责任3个方面。

1.民事责任

在盗用类域名纠纷中，盗用域名者的行为侵犯了原权利人的合法权益，因此，根据相关法律法规的规定，盗用域名者可能需要承担停止侵害、消除影响、赔礼道歉、赔偿损失等民事责任。

具体来说，停止侵害是盗用域名者应当承担的首要责任。盗用域名者必须立即停止使用盗用的域名，并采取措施防止该域名被进一步用于侵害原权利人的权益。消除影响和赔礼道歉则是为了恢复原权利人的商业信誉和市场形象。盗用域名者应当通过公开声明或其他方式，消除因盗用行为给原权利人带来的不良影响，并向原权利人赔礼道歉。赔偿损失则是为了弥补原权利人因盗用行为所遭受的经济损失，原权利人可以根据实际损失情况，向盗用域名者提出合理的赔偿要求。

例如，根据《反不正当竞争法》的规定，经营者不得擅自使用他人有一定影响的域名主体部分、网站名称、网页等作为自己的域名主体部分、网站名称、网页等。如果盗用域名者违反了这一规定，就需要承担相应的民事责任，包括停止使用盗用的域名、赔偿原权利人的经济损失等。

2.行政责任

除了民事责任外，盗用域名者还可能面临行政责任。域名注册管理机构或相关行政部门可以对盗用域名者进行行政处罚，以维护市场秩序和公共利益。

行政处罚的具体措施可能包括注销或收回盗用的域名、对盗用者进行罚款等。注销或收回盗用的域名是直接的行政处罚措施，旨在剥夺盗用域名者非法获取的域名资源，防止其继续利用该域名进行不正当行为。罚款则是为了对盗用域名者进行经济制裁，迫使其承担因违法行为所带来的经济负担。

在实施行政处罚时，域名注册管理机构或相关行政部门需要遵循法定程序，确保行政处罚的公正性和合法性。同时，也需要加强对域名使用者的监管和教育，增强其法律意识和保护意识，预防类似违法行为的再次发生。

3.刑事责任

在某些情况下，盗用域名者的行为可能构成犯罪，需要承担刑事责任。这主要是因为盗用域名者的行为可能涉及侵犯财产权、扰乱市场秩序等严重违法行为。

例如，盗用他人域名进行网络诈骗等行为，可能构成诈骗罪。诈骗罪是指以非法占有为目的，使用欺骗方法，骗取数额较大的公私财物的行为。在盗用类域名纠纷中，如果盗用域名者通过盗用的域名进行网络诈骗活动，如利用虚构事实、隐瞒真相等手段骗取消费者的财物或个人信息等，那么盗用域名者的行为就可能构成诈骗罪。

另外，盗用他人域名进行不正当竞争并造成严重后果的行为，也可能构成不正当竞争罪。在盗用类域名纠纷中，如果盗用域名者将盗用的域名用于自己的网站或网络服务上，以混淆消费者视听、误导消费者选择等方式进行不正当竞争行为，并给原权利人造成重大损失或严重后果，那么盗用域名者的行为就可能构成不正当竞争罪。

对于构成犯罪的盗用域名者，将依法追究其刑事责任。这不仅可以惩罚违法行为人，维护市场秩序和公共利益，还可以起到警示作用，遏制类似违法行为的再次发生。同时，也需要加强对域名使用者的监管和教育，增强其法律意识和保护意识，预防类似违法行为的再次发生。

第四节　域名纠纷的解决策略与法律建议

在数字时代，域名作为企业在互联网上的身份标识和品牌形象的重要组成部分，其价值和重要性不言而喻。然而，随着域名的普及和商业化的深入，域名纠纷也日益增多，给企业和消费者带来了诸多困扰。为了解决域名纠纷，维护市场秩序和公共利益，需要采取一系列有效的解决策略，并提出相应的法律建议。

一、域名纠纷的解决策略

（一）加强域名注册前的审查

域名注册前的审查是解决域名纠纷的第一道防线。在注册域名前，应加强对域名的审查力度，确保所注册的域名不与他人知名商标、企业名称等相同或相似，从而避免潜在的侵权风险。具体来说，域名注册者可以通过查询商标数据库、企业名称登记信息等方式，对拟注册的域名进行全面的审查。这不仅可以了解到已有商标和企业名称的注册情况，还可以发现潜在的侵权风险，从而及时调整注册策略，避免不必要的纠纷。

同时，域名注册机构也应加强对域名注册申请的审查和管理力度。域名注册机构作为域名管理的权威机构，应建立健全审查机制，对域名注册申请进行严格的审查，确保域名的合法合规注册和使用。对于涉嫌侵权的域名注册申请，域名注册机构应及时予以驳回或要求注册者提供相关证明文件，以维护市场秩序和公共利益。

（二）建立域名争议解决机制

建立域名争议解决机制是解决域名纠纷的有效途径之一。当发生域名纠纷时，通过设立专门的域名争议解决机构或委托第三方机构来处理争议，可以更加专业、公正、高效地解决纠纷，维护当事人的合法权益。域名争议解决机构应具备专业的法律知识和技术背景，能够准确判断域名纠纷的性质和归属，提出合理的解决方案。在处理争议过程中，应遵循公正、公平、高效的原则，确保争议得到妥善解决。同时，域名争议解决机构还应建立健全争议处理程序和规则，为当事人提供便捷、高效的争议解决服务。

此外，为了鼓励当事人利用域名争议解决机制来解决纠纷，还可以考虑将域名争议解决作为诉讼前的必经程序，这样不仅可以减轻法院的负担，还可以提高争议解决的效率和效果。为了进一步优化域名纠纷的处理体系，鼓励当事人通过域名争议解决机制化解矛盾，将域名争议解决设定为诉讼前的必经程序不失为一项极具价值的举措。域名争议解决机制具备诸多显著优势，这使得其成为前置程序具备了坚实基础。从审理形式看，其基本采用书面审理，所有法律文件通过电子邮件交互，全面实现线上化，涵盖提交、立案、证据交换、答辩及送达等环节，高效便捷。在时间成本上，相较于漫长的诉讼、仲裁程序，域名争议解决程序通常两三个月即可完结，大大提升了解决效率。例如，根据贸仲网上争议解决中心 2024 年的数据，域名争议程序从收到投诉到做出裁决平均仅用时 41 天，且 82%的案件投诉人胜诉。因此将域名争议解决作为诉讼前置程序，首先能极大地减轻法院负担。通过前置域名争议解决机制，相当一部分纠纷可在该阶段化解，法院得以集中精力处理更为复杂、重大的案件。其次能提高争议解决的整体效果。域名争议解决机构的专业性强，专注于域名相关问题，裁决更具针对性，并且，该机制有"域名锁定"步骤，类似财产保全的"冻结"措施，在投诉未决期间锁定争议域名，防止被投诉人转让、修改、注销，保障裁决执行，有效维护当事人权益，提升争议解决的质量与效果，促进域名市场的健康有序发展。

（三）加强法律宣传和培训

加强网络知识产权中的域名保护具有紧迫性与现实意义。从企业自身发展的角度来看，有效的域名保护能够为企业构筑起一道坚固的防线，防止品牌资产的流失，维护企业的声誉与形象。在数字时代，品牌形象是企业的核心竞争力之一，而域名作为品牌在网络空间的重要载体，其安全性与稳定性直接关系到品牌形象的塑造与维护，一旦域名被侵权，企业可能需要投入大量的人力、物力和财力进行维权，这不仅会增加企业的运营成本，还可能对企业的正常经营造成负面影响。

从市场竞争秩序的层面考量，强化域名保护有助于营造公平、公正、有序的市场竞争环境。在一个法制健全、域名保护有力的市场环境中，企业能够专注于自身的创新与发展，通过提升产品质量和服务水平来赢得市场份额，而不是陷入无休止的域名侵权纠纷之中，这将促进整个行业的健康发展，推动经济的持续繁荣。同时，还可以加强对域名注册者、网站运营者等相关人员的法律培训力度。这些人员是域名使用和管理的直接参与者，他们的法律意识和合规经营能力直接影响到域名市场的秩序和公共利益。因此，通过加强法律培训，可以提高他们的法律素养和合规意识，促使他们自觉遵守相关法律法规，规范域名注册和使用行为。

（四）强化行政监管和执法力度

强化行政监管和执法力度是维护域名市场秩序的重要手段之一，因此相关行政部门应加强对域名注册和使用行为的监管力度，及时发现和处理域名纠纷和违法行为。具体来说，行政部门可以建立健全域名监管机制，对域名注册和使用行为进行日常监管和检查。对于发现的域名纠纷和违法行为，应及时进行调查和处理，依法予以处罚和制裁。同时，还可以加强对域名注册机构的监管力度，确保其依法履行职责，规范域名注册和管理行为。

此外，为了提高违法成本，震慑潜在违法行为人，还应加大对违法行为的处罚力度，对于恶意抢注、盗用他人域名等严重违法行为，应依法予以严厉处罚，维护市场秩序和公共利益。加大对恶意抢注、盗用域名等违法行为的处罚力度，是净化网络环境的关键举措。例如，针对利用抢注域名搭建钓鱼网站、销售假冒商品的行为，除经济处罚外，可增设刑事责任条款，对主犯判处有期徒刑并公开失信信息，形成法律震慑。在技术层面，需建立全国性域名侵权黑名单制度，一旦查实恶意抢注行为，违法主体将被永久禁止参与域名注册及相关互联网服务，其关联企业也将受限。同时，域名注册商应建立实时监测机制，对高频抢注、批量注册相似域名的账号实施预冻结，从源头阻断违法行为。在企业层面，应推动建立跨行业维权联盟，共享侵权证据链，对反复侵权者发起集体诉讼，提高违法者的诉讼成本。通过法律、技术、行业自律的三重加码，让潜在违法者意识到“域名碰瓷”不仅无利可图，更将面临法律严惩和行业禁入，从而切实维护市场秩序与公众利益。

二、构建域名的法治保护制度机制

从社会层面来看，加强域名保护对于维护消费者的合法权益具有重要意义。在网络购物、在线服务等日益普及的今天，消费者往往通过域名来识别和访问企业的官方网站。如果域名保护不力，消费者很容易被误导，陷入虚假网站的陷阱，遭受财产损失和个人信息泄露的风险。因此，保障域名的真实性与唯一性，能够为消费者提供安全、可靠的网络消费环境，增强消费者对网络市场的信心。为了加强网络知识产权中的域名保护，需要政府、企业和社会各方共同努力。政府应进一步完善相关法律法规，加大对域名侵权行为的打击力度，提高侵权成本。同时，加强对域名注册管理机构的监管，规范域名注册流程，从源头上遏制域名侵权行为的发生。企业自身则应增强域名保护意识，及时注册与自身品牌相关的域名，并建立健全域名监测与维权机制，一旦发现侵权行为，迅速采取法律手段进行维权。此外，企业还可以通过注册多个相关域名、采用中文域名等方式，进一步强化域名保护的效果。社会各界也应加强对域名保护的宣传与教育，提高公众的法律意识和维权意识，形成全社会共同关注和保护域名知识产权的良好氛围。在数字时代的浪潮中，域名保护作为网络知识产权保护的重要组成部分，对于企业的发展、市场竞争秩序的维护及消费者权益的保障都具有不可估量的重要意义。我们必须充分认识到域名保护的紧迫性与必要性，积极采取有效措施，加强域名保护工作，为数字经济的健康发展筑牢坚实的基础。

（一）完善相关法律法规

目前，我国已经出台了一系列关于域名知识产权保护的法律法规，但也存在一些不足之处。为了更好地保护域名知识产权，维护市场秩序和公共利益，建议国家立法机关进一步完善相关法律法规体系。

具体来说，可以修订相关法律条款，明确域名知识产权保护的法律规定和争议解决程序。例如，可以增加关于域名商标侵权的规定，明确域名商标侵权的构成要件和法律责任；可以增加关于域名不正当竞争的规定，明确域名不正当竞争的行为类型和处罚措施。

同时，还可以考虑制定专门的域名知识产权保护法规，全面规定域名知识产权的保护范围、保护方式、争议解决程序等内容，为域名知识产权保护提供更加全面、具体的法律保障。

（二）加强国际合作与协调

由于域名具有全球性的特点，域名纠纷往往涉及跨国界、跨地区的法律问题，因此，加强国际合作与协调对于解决域名纠纷具有重要意义。

建议国家相关部门积极参与国际域名组织和机构的活动，加强与其他国家或地区在域名知识产权保护方面的交流与合作。通过参与国际域名组织和机构的活动，可以及时了解国际域名知识产权保护的最新动态和趋势，学习、借鉴其他国家的先进经验和做法。

同时，还可以加强与其他国家或地区在域名纠纷处理方面的合作与协调。对于涉及跨国界、跨地区的域名纠纷，可以通过国际司法协助、国际仲裁等方式进行处理和解决。此外，还可以共同推动建立全球统一的域名知识产权保护标准和争议解决机制，为全球域名市场的公平竞争提供有力保障。

（三）建立域名知识产权预警机制

建立域名知识产权预警机制是及时发现和处理潜在的域名纠纷和侵权行为的重要手段之一。具体来说，可以建立域名知识产权监测系统，对域名注册和使用行为进行实时监测和分析。通过监测系统，可以及时发现与已有商标、企业名称等相同或相似的域名注册和使用行为，以及涉嫌侵权的域名网站和内容等。对于发现的潜在纠纷和侵权行为，应及时进行预警和提示，告知相关权利人和域名注册者采取相应的措施。

同时，还可以加强对重点行业、重点企业的知识产权预警服务力度。对于涉及重要产业、关键技术的知名品牌企业，可以提供更加全面、专业的知识产权预警服务，帮助其及时发现和处理潜在的域名纠纷和侵权行为，提高其防范和应对能力。在当下竞争激烈且创新驱动的市场环境中，知识产权的重要性越发凸显。为进一步强化知识产权保护工作，提升重点行业、重点企业的风险防范能力，对其加强知识产权预警服务力度成为关键举措。对于涉及重要产业的企业和行业，例如，新能源汽车产业，其技术更新迅速，竞争激烈，知识产权纠纷频发。通过收集全球范围内该行业的专利申请情况、技术发展趋势等信息，可以运用大数据分析和专业的知识产权分析工具，为相关企业提供详细的技术竞争态势报告，帮助企业提前了解潜在的技术侵权风险，及时调整研发方向，避免投入大量资源后因侵权问题导致研发成果无法应用。针对掌握关键技术的企业，以半导体芯片制造企业为例，其研发的芯片制程技术是核心竞争力所在。为这类企业提供知识产权预警服务时，不仅要监测国内同行业的知识产权动态，还要密切关注国际竞争对手在专利布局、技术创新等方面的进展。及时向企业通报国外竞争对手新申请的专利可能对其现有技术和产品造成的威胁，并协助企业制定应对策略，如通过专利无效宣告程序挑战对方专利的有效性，或者开展交叉许可谈判，以技术换技术，保障自身技术的合法使用和市场竞争力。知名品牌企业同样需要重点关注，例如一些国际知名的服装品牌，品牌价值是其核心资产。在知识产权预警服务中，除了监测商标侵权行为，还要关注域名抢注、品牌形象在数字领域的侵权风险等。通过建立实时监测系统，对网络上的各类销售平台、社交媒体等进行巡查，一旦发现有仿冒品牌的域名注册或者未经授权使用品牌形象进行宣传推广的行为，立即向企业发出预警，并协助企业采取法律措施，如向域名注册机构投诉、向法院提起诉讼等，维护品牌的市场价值和商业信誉。在实施过程中，可以整合专业的知识产权服务机构、行业协会及政府相关部门的资源，形成全方位、多层次的知识产权预警服务网络；为重点行业、重点企业配备专属的知识产权顾问团队，提供定制化的预警服务方案，从技术研发、市场推广到产品销售的全生命周期，助力企业及时发现和处理潜在的域名纠纷和侵权行为，切实提高其防范和应对能力，为企业的创新发展和市场竞争保驾护航。

（四）加强公众教育和宣传

加强公众教育和宣传是提高公众对域名知识产权保护意识的重要途径之一。通过加强公众教育和宣传，可以营造全社会共同关注和支持域名知识产权保护的良好氛围，提高公众对域名知识产权保护的认识和重视程度。对此，建议相关部门和社会组织积极开展域名知识产权保护、宣传活动。可以通过举办法律知识讲座、发放宣传资料、开展在线宣传等方式，向公众普及域名知识产权保护的相关法律知识，提高公众对域名纠纷的认识和防范意识。同时，还可以加强对公众的知识产权教育和培训力度，提高公众的知识产权素养和合规意识。此外，还可以通过媒体曝光典型案例、发布域名纠纷处理结果等方式，加大对域名知识产权保护的宣传力度。通过曝光典型案例和处理结果，可以震慑潜在违法行为人，同时也可以增强公众对域名知识产权保护的信心和信任，促进全社会共同参与和支持域名知识产权保护工作。

思　考　题

1.如何平衡域名保护与企业创新的关系？
2.如何提升公众对域名保护的意识？
3.如何完善域名争议解决机制？
4.如何加强国际合作以应对域名纠纷？

第六章　网络知识产权的反不正当竞争保护

摘要：本章探讨了网络知识产权的反不正当竞争保护，分析了网络不正当竞争行为的认定、法律责任、法律救济途径以及防范与应对等。

重点：网络不正当竞争行为的认定；网络不正当竞争行为的法律责任；网络不正当竞争行为的法律救济途径；网络不正当竞争行为的防范与应对。

难点：法律适用的复杂性；证据收集的困难；国际合作的挑战。

在当今这个信息化、数字化时代，网络已经渗透到我们生活的方方面面，成为现代社会不可或缺的一部分。随着网络的普及和发展，网络环境下的商业活动也日益频繁，为经济发展注入了新的活力。然而，网络环境的开放性和匿名性也为一些不正当竞争行为提供了温床，这些行为不仅损害了其他经营者的合法权益，还扰乱了市场秩序，影响了网络经济的健康发展。因此，探讨网络知识产权的反不正当竞争保护，对于维护市场秩序、促进公平竞争、保护消费者和经营者的合法权益具有重要意义。

第一节　网络不正当竞争行为的认定

网络不正当竞争行为的认定是维护市场公平竞争秩序、保护消费者和经营者合法权益的重要环节。随着互联网的快速发展，网络不正当竞争行为日益增多，其形式和手段也越发复杂多样。因此，网络知识产权的反不正当竞争保护显得尤为重要。

一、网络不正当竞争行为的定义与特点

在网络经济日益繁荣的今天，网络不正当竞争行为已成为一个不容忽视的问题。为了深入理解和有效应对这一挑战，我们需要明确网络不正当竞争行为的定义与特点，以便更准确地认定和打击此类行为，维护网络市场的公平竞争秩序。

（一）网络不正当竞争行为的定义

网络不正当竞争行为是一个在网络环境中存在的特定概念。它指的是在网络这一特殊的市场平台上，经营者违反诚实信用原则和公认的商业道德，采用不正当的手段来损害其他经营者的合法权益，进而扰乱整个网络市场秩序的行为。这种行为从根本上违背了市场竞争的基本原则，即公平、公正和诚信，同时也对网络经济的健康发展环境造成了严重的破坏。

在网络环境中，经营者之间的竞争日益激烈，网络技术的飞速发展为经营者提供了更多的竞争手段和途径。然而，一些经营者为了谋取私利，不惜采用虚假宣传、诋毁商誉、侵犯商业秘密、不正当有奖销售等手段来打击竞争对手，从而获取市场份额和利益。这些行为不仅损害了受害者的合法权益，还破坏了市场竞争的公平性和公正性，对整个网络市场的健康发展构成了严重威胁。

（二）网络不正当竞争行为的特点

网络不正当竞争行为作为市场竞争中的一种异常现象，具有其自身的特点，这些特点使得我们在认定和打击此类行为时面临更大的挑战。具体来说，网络不正当竞争行为具有以下几个显著特点。

1.手段多样性

网络技术的飞速发展为不正当竞争行为提供了更多的可能性和手段。在网络环境中，有些经营者采用不正当手段来损害竞争对手的利益，这些手段包括但不限于虚假宣传、诋毁商誉、侵犯商业秘密、不正当有奖销售等。

虚假宣传是一种常见的网络不正当竞争手段。经营者通过夸大其产品或服务的性能、质量、效果等，或者虚构不存在的优势来误导消费者，从而获取市场份额和利益。这种虚假宣传行为不仅损害了消费者的合法权益，还破坏了市场竞争的公平性和公正性。

诋毁商誉是另一种常见的网络不正当竞争手段。经营者通过散布虚假信息、恶意评价竞争对手的产品或服务等方式，损害竞争对手的商誉和声誉。这种诋毁商誉行为不仅影响了受害者的市场表现和消费者信任度，还可能引发连锁反应，导致整个市场秩序的混乱。

侵犯商业秘密也是一种严重的网络不正当竞争行为。它指经营者通过非法手段获取竞争对手的商业秘密，如技术秘密、客户名单、经营策略等，并利用这些商业秘密来谋取私利。这种侵犯商业秘密行为不仅损害了受害者的合法权益，还破坏了市场竞争的公平性和创新性。

不正当有奖销售则是一种利用消费者心理进行不正当竞争的手段。经营者通过设置不合理的有奖销售条件、虚构中奖信息等方式，来诱导消费者参与并购买其产品或服务。这种不正当有奖销售行为不仅损害了消费者的合法权益，还破坏了市场竞争的秩序和公平性。

这些不正当竞争行为往往利用网络的匿名性、跨地域性等特点，变得更加隐蔽和难以追查。网络的匿名性使得经营者可以轻易地隐藏自己的身份和行踪，从而逃避法律监管和追责。网络的跨地域性又使得不正当竞争行为的影响范围更加广泛，一旦不良信息在网络上发布，就可能迅速传播至全国各地甚至全球范围。

2.影响广泛性

网络环境的开放性使得不正当竞争行为的影响范围更加广泛。在网络环境中，信息传播的速度极快，一旦不良信息在网络上发布，就可能迅速传播开来。这种广泛传播不仅会对受害者的声誉和利益造成严重损害，还可能引发连锁反应，导致整个市场秩序的混乱。

例如，某个经营者通过虚假宣传或诋毁商誉等手段来损害竞争对手的利益，这些信息可能会迅速在网络上传播开来，被大量消费者和潜在客户看到。这将导致受害者的市场表现和消费者信任度大幅下降，甚至可能面临倒闭的风险。同时，这种不正当竞争行为还可能引发其他经营者的效仿和跟风，导致整个市场陷入恶性竞争的泥潭。

网络不正当竞争行为的危害性十分严重。这种行为不仅损害了受害者的合法权益，还破坏了市场竞争的公平性和公正性。在网络环境中，经营者之间的竞争本应该是基于产品质量、服务水平和创新能力等因素的良性竞争，然而，网络不正当竞争行为的出现打破了这种良性竞争的局面，使得一些优质产品和服务被埋没，无法获得应有的市场份额和认可。

同时，网络不正当竞争行为还可能导致消费者无法获取真实、准确的信息。在网络环境中，消费者往往依赖于网络上的信息和评价来做出消费决策。如果网络上充斥着虚假信息和恶意评价，那么消费者就很难判断产品或服务的真实质量和性能，从而做出错误的消费决策。这不仅损害了消费者的合法权益，还降低了市场竞争的透明度和公信力。

长此以往，网络不正当竞争行为将严重阻碍网络经济的健康发展。网络经济作为一种新兴的经济形态，具有巨大的发展潜力和市场前景。如果网络市场中充满了不正当竞争和恶性竞争的行为，那么网络经济的发展将受到严重的制约和阻碍。这将导致优质产品和服务被埋没，消费者无法享受到更好的消费体验和服务质量，整个网络市场的竞争力和创新力也将大幅下降。

因此，我们必须高度重视网络不正当竞争行为的危害性和严重性，采取有效措施来打击和遏制此类行为的发生和蔓延。同时，我们还需要加强网络市场的监督和管理力度，提高市场竞争的透明度和公信力，为网络经济的健康发展创造良好的市场环境。只有这样，才能确保网络市场的公平竞争秩序得到维护，消费者的合法权益得到保障，网络经济能够持续健康地发展下去。

二、网络不正当竞争行为的常见类型及认定标准

网络不正当竞争行为，作为市场竞争中的一股逆流，其种类繁多、手段多变，给市场的公平竞争秩序带来了严峻挑战。为了有效打击和遏制这类行为，我们需要明确其常见类型及认定标准，以便在实践中能够准确、公正地进行认定和处理。以下是对网络不正当竞争行为常见类型及其认定标准的详细阐述。

（一）网络虚假宣传行为

网络虚假宣传行为是指经营者利用网络平台发布虚假或引人误解的宣传信息，误导消费者购买其商品或服务的行为。在网络环境中，信息传播速度快，影响范围广，虚假宣传行为因此具有更大的危害性和隐蔽性。

认定网络虚假宣传行为时，我们需要综合考虑多个因素。

首先，要审查宣传内容的真实性。经营者发布的宣传信息必须真实、准确，不得夸大其词或虚构事实。如果宣传内容存在明显的不实之处，如虚构产品性能、夸大使用效

果等，那么就有可能构成虚假宣传。

其次，要判断宣传内容是否足以使消费者产生误解。网络虚假宣传的目的在于误导消费者，使其做出错误的购买决策。因此，需要分析宣传内容是否对消费者的判断产生了实质性影响。如果宣传内容具有误导性，使得消费者在购买商品或服务时产生了错误的认知，那么就可以认定其为虚假宣传。

最后，还需要考虑宣传信息的传播范围和影响力。网络平台的开放性使得虚假宣传信息能够迅速传播，覆盖广泛的受众群体。因此，在认定网络虚假宣传行为时，需要评估宣传信息的传播范围、受众数量及对消费者行为的影响程度。如果宣传信息已经广泛传播，并对大量消费者的购买决策产生了误导性影响，那么就可以认定其为严重的网络虚假宣传行为。

综上所述，认定网络虚假宣传行为时，需综合考虑宣传内容的真实性、准确性、误导性，以及传播范围和影响力等因素。若宣传内容存在夸大其词、虚构事实或隐瞒真相等情形，且足以影响消费者的购买决策，则可认定其为网络虚假宣传行为。

（二）网络诋毁商誉行为

网络诋毁商誉行为，是指经营者通过网络平台散布虚假信息或恶意评价竞争对手的商品或服务，损害其商誉的行为。商誉是企业重要的无形资产，对于企业的市场竞争力和长期发展至关重要。因此，网络诋毁商誉行为不仅损害了竞争对手的合法权益，还破坏了市场竞争的公平性和秩序。

在认定网络诋毁商誉行为时，需要关注以下几个关键点。

首先，要审查信息的真实性。经营者发布的信息必须真实、客观，不得编造或歪曲事实。如果信息为虚假或恶意编造的，那么就有可能构成诋毁商誉行为。

其次，要评估信息的传播范围和影响程度。网络平台的传播速度极快，虚假信息或恶意评价可能迅速扩散，对竞争对手的商誉造成严重影响。因此，需要分析信息已经在网络上传播了多久、覆盖了多少受众群体，以及对竞争对手的市场表现和消费者信任度产生了多大的负面影响。

最后，还需要考虑信息是否对竞争对手的商誉造成了实际损害。商誉的损害不仅表现为直接的经济损失，还包括市场声誉的下降、消费者信任度的降低等间接损害。在认定网络诋毁商誉行为时，需要综合评估这些损害因素，判断信息是否对竞争对手的商誉造成了实质性的损害。

综上所述，认定网络诋毁商誉行为时，需综合考虑信息的真实性、传播范围、影响程度及对竞争对手商誉的实际损害等因素。若信息为虚假或恶意编造的，且已广泛传播，并对竞争对手的商誉造成了严重影响，则可认定其为网络诋毁商誉行为。

（三）网络侵犯商业秘密行为

网络侵犯商业秘密行为，是指经营者通过网络手段获取、披露或使用他人的商业秘密，损害其合法权益的行为。商业秘密是企业的重要资产，对于企业的竞争优势和市场地位具有至关重要的作用。因此，网络侵犯商业秘密行为不仅违反了商业道德和法律法规，还严重损害了企业的合法权益和市场竞争秩序。

在认定网络侵犯商业秘密行为时，需要明确以下几个关键要素。

首先，要确定商业秘密的保密性。商业秘密必须是不为公众所知悉、具有商业价值并经权利人采取相应保密措施的信息。如果信息已经公开或未采取保密措施，那么就不构成商业秘密。

其次，要评估商业秘密的价值性。商业秘密必须对企业具有实际的商业价值，能够为企业带来竞争优势或经济利益。如果信息不具备商业价值或只是普通的技术知识或经验，那么就不构成商业秘密。

最后，还需要审查经营者获取、披露或使用商业秘密的手段是否合法。经营者必须通过合法途径获取商业秘密，并不得擅自披露或使用。如果经营者通过网络手段非法获取、披露或使用他人的商业秘密，那么就构成网络侵犯商业秘密行为。

在具体实践中，还需要综合考虑其他相关因素，如商业秘密的具体内容、经营者的主观恶意程度及侵权行为对权利人造成的实际损害等。若经营者未经允许获取了他人的商业秘密，并擅自披露或使用，且该商业秘密具有保密性和价值性，则可认定其为网络侵犯商业秘密行为。

（四）网络不正当有奖销售行为

网络不正当有奖销售行为，是指经营者在网络平台上进行有奖销售时，违反相关规定，损害消费者和其他经营者的合法权益的行为。有奖销售是一种常见的促销手段，但必须在法律规定的范围内进行，不得损害消费者和其他经营者的合法权益。

在认定网络不正当有奖销售行为时，需要关注以下几个方面。

首先，要审查有奖销售的合法性。经营者在进行有奖销售时，必须遵守相关法律法规的规定，不得设置不合理的奖励条件或虚假的中奖信息。如果有奖销售活动存在违法情形，如未按照相关规定进行公示或抽奖等，那么就有可能构成不正当有奖销售。

其次，要判断有奖销售的公正性。有奖销售活动必须公正、透明，不得存在欺骗性或误导性。经营者必须确保抽奖过程的公平性和随机性，不得操纵中奖结果或设置不合理的中奖概率。如果有奖销售活动存在不公正情形，如操纵中奖结果或设置过高的中奖门槛等，那么就可以认定其为不正当有奖销售行为。

最后，还需要考虑有奖销售活动是否对消费者和其他经营者造成了不公平竞争。有奖销售活动不得损害消费者和其他经营者的合法权益，不得通过不正当手段获取市场份额或排挤竞争对手。如果有奖销售活动对消费者和其他经营者造成了不公平竞争，如通过虚假宣传或恶意诋毁等手段获取市场份额等，那么就可以认定其为网络不正当有奖销售行为。

在具体实践中，还需要综合考虑其他相关因素，如有奖销售活动的具体形式、经营者的主观恶意程度以及侵权行为对消费者和其他经营者造成的实际损害等。若有奖销售活动存在欺骗性、误导性或未按照相关规定进行公示和抽奖等，且对消费者和其他经营者造成了不公平竞争，则可认定其为网络不正当有奖销售行为。

除了上述常见类型外，网络不正当竞争行为还可能包括网络混淆行为、网络商业贿赂行为等。网络混淆行为是指经营者通过网络手段混淆商品或服务的来源、标识等，使消费者产生误认或混淆的行为。这种行为不仅损害了消费者的合法权益，还破坏了市场竞争的公平性和秩序。在认定网络混淆行为时，需要综合考虑商品或服务的相似性、标识的混淆程度及消费者的误认情况等因素。网络商业贿赂行为是指经营者通过网络手段向交易相对方或其工作人员提供财物或其他利益，以谋取交易机会或竞争优势的行为。这种行为不仅违反了商业道德和法律法规，还破坏了市场竞争的公平性和透明度。在认定网络商业贿赂行为时，需要审查经营者是否提供了财物或其他利益、交易相对方或其工作人员是否接受了这些利益，以及这些利益是否对交易决策产生了实质性影响等因素。

综上所述，网络不正当竞争行为的认定是一个复杂而细致的过程。在认定过程中，需要结合具体案情和相关法律法规进行综合分析，确保认定的准确性和公正性。同时，还需要不断加强对网络不正当竞争行为的监管和打击力度，维护市场竞争的公平性和秩序，保障消费者和其他经营者的合法权益。只有这样，才能营造一个健康、有序的网络市场环境，促进网络经济持续健康发展。

第二节　网络不正当竞争行为的法律责任

网络不正当竞争行为不仅严重损害了受害者的合法权益，更破坏了市场竞争的公平性和公正性，扰乱了正常的市场秩序。为了维护市场的公平竞争环境，保护消费者和经营者的合法权益，必须依法对这类行为追究相应的法律责任。网络不正当竞争行为的法律责任，主要涵盖民事责任、行政责任和刑事责任 3 个方面，每一种责任形式都发挥着其独特的作用，共同构成了打击网络不正当竞争行为的法律防线。

一、民事责任

网络不正当竞争行为的民事责任，是指侵权者因其不法行为给受害者造成经济损失或商誉损害等后果，而依法应承担的赔偿责任和其他民事法律后果。在网络不正当竞争行为中，受害者往往是直接的经济受损者或商誉受损者，他们有权依据相关法律法规，要求侵权者承担相应的民事责任。

民事责任的主要内容包括赔偿损失、消除影响、恢复名誉等。赔偿损失是民事责任中最为常见和直接的一种形式。当网络不正当竞争行为导致受害者遭受经济损失时，例如，因虚假宣传导致销售额下降、因商业诋毁导致客户流失等，受害者有权要求侵权者赔偿其因此遭受的实际损失。赔偿损失的数额，通常根据受害者的实际损失或侵权者的违法所得来确定，以确保受害者得到充分的补偿。除了赔偿损失外，消除影响和恢复名誉也是民事责任的重要组成部分。网络不正当竞争行为往往伴随着对受害者商誉的损害，例如，通过散布虚假信息或恶意评价来贬低竞争对手的商品或服务，从而损害其市场声誉。在这种情况下，受害者有权要求侵权者采取措施消除不良影响，恢复其名誉。措施通常包括在网络平台上发布澄清声明、删除虚假信息等，以消除对受害者商誉的负面影响。

在民事诉讼中，受害者需要提供充分的证据来证明侵权行为的存在，以及其所遭受的损失或损害。证据是民事诉讼的核心，它直接关系到案件的胜败。因此，受害者应尽可能收集并保存所有与侵权行为相关的证据，如网络截图、交易记录、客户反馈等，以便在诉讼中证明自己的主张。

法院在审理网络不正当竞争行为的民事诉讼时，将依据相关法律法规和事实证据，做出公正裁决。法院将综合考虑侵权行为的性质、情节、后果及受害者的实际损失等因素，来确定侵权者应承担的民事责任。同时，法院将依法对侵权行为进行制裁，以维护市场竞争的公平性和公正性。

二、行政责任

网络不正当竞争行为的行政责任，是指相关行政部门依法对侵权者进行查处，并对其处以行政处罚的法律责任形式。行政责任是维护市场秩序和公共利益的重要手段，它通过对违法行为的制裁和惩罚，来遏制不正当竞争行为的蔓延和扩散。

在网络不正当竞争行为中，行政部门如市场监管部门、工商行政管理部门等，有权依法对侵权行为进行查处。他们将对涉嫌违法的网络平台、经营者或相关责任人进行调查取证，并根据调查结果做出相应的行政处罚决定。

行政处罚的种类多样，包括罚款、没收违法所得、责令停业整顿等。罚款是行政处罚中最常见的一种形式，它通过对侵权者处以一定数额的罚款，来惩罚其违法行为并促使其改正。没收违法所得是指针对侵权者因违法行为所获得的非法利益进行没收，以剥夺其违法所得并防止其继续从事违法行为。责令停业整顿则是对严重违反市场竞争规则的经营者进行的一种严厉处罚，它将迫使经营者停止违法行为并整改其经营行为，以恢复市场竞争的公平性和秩序。

行政责任的追究不仅有助于维护市场秩序和公共利益，还能对潜在的不正当竞争行为起到警示和威慑作用。通过依法对违法行为进行查处和处罚，行政部门可以向市场传递明确的信号：任何破坏市场竞争秩序的行为都将受到法律的制裁和惩罚。这将有助于遏制不正当竞争行为的蔓延和扩散，维护市场的公平竞争环境。

三、刑事责任

网络不正当竞争行为的刑事责任，是指对于严重的网络不正当竞争行为，如侵犯商业秘密构成犯罪等，侵权者可能面临刑事追究的法律责任形式。刑事责任是最严厉的法律责任形式之一，它通过对违法行为的刑事制裁和惩罚，来维护社会稳定和安全。

在网络不正当竞争行为中，一些严重的违法行为可能构成犯罪，如侵犯商业秘密、网络诈骗等。这些行为不仅损害了受害者的合法权益，还破坏了市场竞争的公平性和秩序，对社会造成了严重的危害。因此，对于这些严重的违法行为，必须依法追究侵权者的刑事责任。

刑事责任的形式包括有期徒刑、拘役、罚金等刑罚。有期徒刑是一种剥夺犯罪人一定期限人身自由的刑罚，它对于严重的网络不正当竞争行为具有强大的威慑力。拘役则是一种短期剥夺犯罪人人身自由的刑罚，适用于情节较轻的犯罪行为。罚金则是一种强制犯罪人向国家缴纳一定数额金钱的刑罚，它通过经济手段来惩罚犯罪人并剥夺其非法所得。

在刑事追究过程中，司法机关将依法对涉嫌犯罪的网络不正当竞争行为进行调查取证，并根据调查结果做出相应的刑事判决。司法机关将综合考虑犯罪行为的性质、情节、后果及犯罪人的主观恶意等因素，来确定犯罪人应承担的刑事责任。同时，司法机关还将依法对犯罪行为进行刑事制裁和惩罚，以维护社会稳定和安全。

刑事责任的追究对于打击网络犯罪、维护社会稳定和安全具有重要意义。通过依法对严重的网络不正当竞争行为进行刑事追究，可以彰显法律的威严和公正，对潜在的网络犯罪行为起到警示和威慑作用。同时，刑事责任的追究还可以为受害者提供有力的法律保障和救济途径，使其能够得到充分的赔偿和补偿。

第三节　网络不正当竞争行为的法律救济途径

当经营者遭受网络不正当竞争行为的侵害，其合法权益会受到严重威胁和损害。为了维护自身的合法权益，经营者可以通过多种法律救济途径来寻求帮助。这些途径主要包括民事诉讼、行政投诉和刑事报案等。以下将对这些法律救济途径进行详细阐述和扩充，以便经营者更好地了解自己的权利，并在必要时采取适当的法律行动。

一、民事诉讼：维护经营者合法权益的司法保障

民事诉讼是经营者维护自己合法权益的重要司法手段之一。当经营者遭受网络不正当竞争行为侵害时，可以向人民法院提起民事诉讼，要求侵权者承担民事责任。

（一）民事诉讼的具体操作流程

1.确定管辖法院

根据《中华人民共和国民事诉讼法》（简称《民事诉讼法》）的相关规定，因侵权行为提起的诉讼，由侵权行为地或者被告住所地人民法院管辖。在网络不正当竞争行为中，侵权行为地通常指的是侵权行为的实施地、侵权结果的发生地或者被告的服务器所在地等。经营者可以根据实际情况选择向有管辖权的人民法院提起诉讼。

2.准备起诉材料

经营者提起民事诉讼时，需要准备充分的起诉材料，包括起诉状、证据材料等。起诉状应当明确原告的诉讼请求、事实和理由，以及证据和证据来源等。诉讼请求应当具体、明确，如要求侵权者停止侵权行为、赔偿损失、消除影响等。证据材料应当能够证明侵权行为的存在，以及经营者所遭受的损失或损害。常见的证据材料包括侵权行为的截图、公证文书、销售数据、财务报表、市场调查报告、专家鉴定意见等。证据应当真

实、合法、有效，且能够相互印证，形成完整的证据链。

3.提起诉讼

经营者将起诉状和证据材料提交给有管辖权的人民法院，并按照法院的要求缴纳诉讼费用。法院在收到起诉状和证据材料后，将进行审查。如果符合立案条件，法院将予以立案，并通知经营者；如果不符合立案条件，法院将裁定不予受理，并告知经营者原因。

4.庭前准备

法院在立案后，将向被告送达起诉状副本和应诉通知书，并告知被告有关的诉讼权利和义务。被告应当在收到起诉状副本后的一定时间内提出答辩状，并提交相关证据材料。法院在庭前将组织双方进行证据交换和质证，以便双方了解对方的证据和观点，为庭审做好准备。

5.开庭审理

法院将按照法定程序开庭审理案件。在庭审过程中，双方将进行陈述、举证、质证和辩论等环节。法院将依法审查双方提交的证据材料，并听取双方的陈述和辩论意见。在查明事实的基础上，法院将依法做出公正裁决。

6.执行判决或裁定

如果法院做出有利于经营者的判决或裁定，侵权者应当履行判决或裁定确定的义务。如果侵权者拒不履行义务，经营者可以向法院申请强制执行。法院在执行过程中，有权采取查封、扣押、冻结等强制措施，以确保判决或裁定的履行。

（二）民事诉讼的注意事项

1.及时提起诉讼

经营者应当在网络不正当竞争行为发生后及时提起诉讼，以免错过诉讼时效期间。根据《民事诉讼法》的相关规定，诉讼时效期间通常为 3 年，自权利人知道或者应当知道权利受到损害以及义务人之日起计算。

2.充分准备证据材料

经营者应当充分准备证据材料，以证明侵权行为的存在，以及自己所遭受的损失或损害。证据材料应当真实、合法、有效，且能够相互印证，形成完整的证据链。如果证据不足或无法证明侵权行为的存在以及损失或损害的大小，可能会影响案件的审理结果。

3.合理确定诉讼请求

经营者应当合理确定诉讼请求，既不要过高，也不要过低。如果诉讼请求过高，可能导致法院不予支持；如果诉讼请求过低，可能无法充分弥补自己所遭受的损失或损害。

4.积极配合法院审理案件

经营者应当积极配合法院审理案件，按时出庭参加诉讼活动，如实陈述事实和理由，提供相关证据材料，并遵守法庭纪律和诉讼程序。如果经营者无正当理由拒不到庭或者未经法庭许可中途退庭，可能会影响案件的审理结果。

二、行政投诉：维护市场秩序和公共利益的重要手段

行政投诉是经营者维护自己合法权益的另一种重要途径。当经营者遭受网络不正当竞争行为侵害时，可以向相关行政部门投诉举报网络不正当竞争行为。行政部门将依法进行查处，并对侵权者处以行政处罚。

（一）行政投诉的具体操作流程

1.确定投诉举报部门

经营者应当根据网络不正当竞争行为的性质和涉及的领域，确定向哪个行政部门投诉举报。例如，如果涉及虚假宣传行为，可以向市场监管部门投诉举报；如果涉及侵犯商业秘密行为，可以向公安机关或工商行政管理部门投诉举报等。

2.准备投诉举报材料

经营者提起行政投诉时，需要准备充分的投诉举报材料，包括投诉举报书、证据材料等。投诉举报书应当明确投诉举报人的基本情况、被投诉举报人的基本情况，以及投诉举报的事实和理由、证据和证据来源等。证据材料应当能够证明网络不正当竞争行为的存在，以及经营者所遭受的损失或损害。常见的证据材料包括侵权行为的截图、公证文书、销售数据、财务报表等。

3.提交投诉举报材料

经营者将投诉举报书和证据材料提交给相关行政部门，并按照部门的要求填写投诉举报登记表或提供其他相关信息。行政部门在收到投诉举报材料和登记表后，将进行审查。如果符合受理条件，行政部门将予以受理，并通知经营者；如果不符合受理条件，行政部门将告知经营者原因。

4.调查处理

行政部门在受理投诉举报后，将依法进行调查处理。调查处理过程中，行政部门有权要求被投诉举报人提供相关证据材料、说明情况或者接受询问等。行政部门在调查处理过程中，应当遵循公正、公平、公开的原则，依法保护投诉举报人的合法权益和商业秘密等。

5.做出处理决定

行政部门在调查处理完毕后，将根据查明的事实和法律规定，做出处理决定。如果认定存在网络不正当竞争行为，行政部门将对侵权者处以行政处罚，如罚款、没收违法所得、责令停止违法行为等。行政部门将及时将处理决定告知投诉举报人和被投诉举报人，并依法公开相关信息。

6.执行处理决定

如果行政部门做出有利于经营者的处理决定，侵权者应当履行处理决定确定的义务。如果侵权者拒不履行义务，行政部门有权采取多种强制措施来确保处理决定的履行，如冻结银行账户、查封财产等。

（二）行政投诉的注意事项

1.准确确定投诉举报部门

经营者应当准确确定向哪个行政部门投诉举报网络不正当竞争行为。如果投诉举报部门不准确或不属于该部门的职责范围，可能会导致投诉举报无法得到有效处理。

2.充分准备投诉举报材料

经营者应当充分准备投诉举报材料，以证明网络不正当竞争行为的存在，以及自己所遭受的损失或损害。投诉举报材料应当真实、合法、有效，且能够相互印证，形成完整的证据链。

3.积极配合行政部门调查处理

经营者应当积极配合行政部门调查处理网络不正当竞争行为，如实提供相关信息和证据材料，并遵守行政部门的调查处理程序和要求。如果经营者拒绝配合或提供虚假信息，可能会影响行政部门的调查处理结果。

4.及时关注处理进展和结果

经营者应当及时关注行政部门的处理进展和结果，以便及时了解投诉举报的处理情况。如果行政部门做出处理决定后，经营者认为处理结果不公正或不满意，可以依法申请行政复议或提起行政诉讼来维护自己的合法权益。

三、刑事报案：打击网络犯罪、维护社会稳定和安全的有力武器

刑事报案是经营者维护自己合法权益的最后一种途径。当网络不正当竞争行为涉嫌犯罪时，经营者可以向公安机关报案。公安机关将依法立案侦查，并追究侵权者的刑事责任。

（一）刑事报案的具体操作流程

1.确定报案机关

经营者应当根据网络不正当竞争行为涉嫌的犯罪类型和性质，确定向哪个公安机关报案。通常情况下，经营者可以向当地公安机关报案，如果涉嫌跨区域犯罪或重大犯罪案件，也可以向上一级公安机关或专门机关报案。

2.准备报案材料

经营者提起刑事报案时，需要准备充分的报案材料，包括报案书、证据材料等。报案书应当明确报案人的基本情况、被报案人的基本情况，以及报案的事实和理由、证据和证据来源等。报案书应当详细陈述网络不正当竞争行为的事实和涉嫌犯罪的情况，以便公安机关了解案件的基本情况和性质。证据材料应当能够证明网络不正当竞争行为涉嫌犯罪的事实，以及经营者所遭受的损失或损害。常见的证据材料包括侵权行为的截图、公证文书、销售数据、财务报表、通信记录、交易记录等。证据应当真实、合法、有效，且能够相互印证，形成完整的证据链。

3.提交报案材料

经营者将报案书和证据材料提交给相关公安机关，并按照公安机关的要求填写报案

登记表或提供其他相关信息。公安机关在收到报案材料和登记表后，将进行审查。如果认为符合立案条件，公安机关将予以立案，并开展侦查工作；如果不符合立案条件，公安机关将告知经营者原因，并可能建议经营者通过其他途径维护自己的合法权益。

4.立案侦查

公安机关在立案后，将依法进行侦查工作。侦查过程中，公安机关有权采取多种侦查措施，如询问报案人、证人，勘验、检查、搜查相关场所和物品，扣押涉案物品，查询、冻结涉案银行账户等，以收集、固定证据，查明案件事实。公安机关在侦查过程中，应当遵循合法、公正、客观、全面的原则，依法保护报案人的合法权益，确保侦查活动的合法性和有效性。同时，公安机关也应当对侦查过程中涉及的商业秘密和个人隐私等信息进行保密。

5.移送审查起诉

公安机关在侦查终结后，如果认为案件事实清楚，证据确实、充分，依法应当追究犯罪嫌疑人的刑事责任，将移送人民检察院审查起诉。人民检察院在收到公安机关移送的案件后，将依法进行审查。如果认为案件符合起诉条件，将向人民法院提起公诉；如果认为案件不符合起诉条件或者存在其他法定不起诉情形，将做出不起诉决定，并通知公安机关和报案人。

6.审判与执行

人民法院在受理人民检察院提起公诉的案件后，将依法进行审判。在审判过程中，人民法院将审查案件的事实、证据和适用法律等方面，听取公诉人、被告人及其辩护人的意见，并依法做出公正裁决。如果人民法院做出有罪判决，并判处被告人刑罚，被告人应当履行判决确定的义务。如果被告人拒不履行义务，人民法院有权采取多种强制措施来确保判决的履行，如冻结银行账户、查封财产等。

（二）刑事报案的注意事项

1.及时报案

经营者应当在网络不正当竞争行为涉嫌犯罪时及时报案，以便公安机关能够尽早开展侦查工作，收集、固定证据，查明案件事实。如果报案过晚，可能会导致证据灭失或难以收集，影响案件的侦查和审判结果。

2.充分准备报案材料

经营者应当充分准备报案材料，以证明网络不正当竞争行为涉嫌犯罪的事实，以及自己所遭受的损失或损害。报案材料应当真实、合法、有效，且能够相互印证，形成完整的证据链。如果报案材料不足或无法证明涉嫌犯罪的事实，可能会影响公安机关的立案和侦查工作。

3.积极配合公安机关的侦查工作

经营者应当积极配合公安机关的侦查工作，如实陈述事实和理由，提供相关证据材料，并遵守公安机关的侦查程序和要求。如果经营者拒绝配合或提供虚假信息，可能会影响公安机关的侦查结果和案件的审判结果。

4.关注案件进展和结果

经营者应当关注案件的进展和结果，及时了解公安机关的侦查情况、人民检察院的审查起诉情况和人民法院的审判情况。如果经营者对案件的进展和结果有异议或不满，可以依法提出申诉或上诉来维护自己的合法权益。

第四节　网络不正当竞争行为的防范与应对

随着互联网的快速发展和普及，网络经济已经成为现代经济体系的重要组成部分。然而，网络不正当竞争问题也随之日益凸显，对公平竞争的市场秩序构成了严重威胁。为有效防范和应对网络不正当竞争行为，需要从多个方面入手，构建全面、系统的防范与应对体系。

一、加强网络不正当竞争行为的监管与处罚

在当今数字时代，网络已成为商业活动的重要平台，然而，网络不正当竞争行为也随之屡见不鲜，严重损害了其他经营者的合法权益，扰乱了社会经济秩序。为了有效防范和应对这一问题，必须加强对网络不正当竞争行为的监管与处罚力度，确保网络市场的公平竞争和健康发展。以下将详细阐述具体的措施及其背后的逻辑与实施细节。

（一）完善法律法规体系

建立健全网络不正当竞争相关法律法规体系，是防范和应对网络不正当竞争行为的首要任务。这一体系应明确界定网络不正当竞争行为的定义、类型、认定标准和法律责任，为监管和执法提供坚实的法律依据。

网络不正当竞争行为，通常指的是经营者利用技术手段，在互联网领域通过一系列不正当手段损害其他经营者的合法权益。如前所述，这些手段包括但不限于虚假宣传、诋毁商誉、混淆行为、侵犯商业秘密以及不正当有奖销售等。法律法规应明确规定这些行为的构成要件、法律责任及处罚措施。例如，对于虚假宣传行为，应明确其构成要件包括宣传内容的虚假性、误导性，以及宣传行为的故意或过失等；对于法律责任，应规定相应的民事责任、行政责任和刑事责任；对于处罚措施，应根据违法行为的严重程度和后果，设定不同的罚款数额、停业整顿期限及刑事处罚等。同时，加强对法律法规的宣传和普及工作也至关重要。通过举办法律讲座、发布典型案例、开展法律咨询等方式，可以让网络经营者、消费者和社会公众更加深入地了解网络不正当竞争行为的危害性和法律后果。这不仅有助于提高公众的法律意识，还能增强其遵守市场竞争规则的自觉性，形成全社会共同抵制网络不正当竞争行为的良好氛围。在宣传过程中，应注重针对性和实效性。对于网络经营者，应重点宣传法律法规中关于不正当竞争行为的规定和处罚措施，引导其合法经营、诚信经营；对于消费者，应重点宣传如何识别网络不正当竞争行为、如何维护自身合法权益等知识，提高其自我保护能力；对于社会公众，应广泛宣传

网络不正当竞争行为的危害性和法律后果，增强其监督意识和参与意识。

（二）加强监管部门协作

网络不正当竞争问题涉及多个部门，需要相关部门加强协作和配合，形成合力。工商、公安和网信等部门应各司其职、密切配合，共同打击网络不正当竞争行为。

工商部门作为市场监管的主要部门，负责对网络不正当竞争行为的日常监管和查处工作。具体而言，工商部门应建立健全网络市场监管制度，加强对网络经营者的登记管理，确保其合法经营；同时，应加强对网络市场的巡查和监测，及时发现和查处网络不正当竞争行为。在查处过程中，工商部门应依法行使调查取证、询问当事人、查封扣押等职权，确保查处工作顺利进行。

公安部门负责对涉嫌犯罪的网络不正当竞争行为进行立案侦查。对于构成犯罪的网络不正当竞争行为，如侵犯商业秘密、损害商业信誉和商品声誉等，公安部门应依法立案侦查，追究犯罪嫌疑人的刑事责任。在侦查过程中，公安部门应充分运用技术手段，如网络追踪、数据分析等，提高侦查效率和准确性。

网信部门负责对网络不正当竞争行为的网络传播渠道进行监管和治理。网络不正当竞争行为往往通过网络传播渠道进行扩散和蔓延，因此，网信部门应加强对网络传播渠道的监督和管理，及时发现和制止网络不正当竞争行为的传播。同时，网信部门还应建立健全网络信息安全管理制度，加强对网络信息的审查和过滤，防止不良信息的传播和扩散。

为了加强部门间的协作和配合，工商、公安、网信等部门应建立信息共享和联合执法机制。通过信息共享，各部门可以及时了解网络不正当竞争行为的线索和动态，提高监管和执法的针对性和有效性；通过联合执法，可以整合各部门的力量和资源，形成对网络不正当竞争行为的强大打击力度。在具体实施中，可以建立定期会商制度、联合行动机制及信息共享平台等，确保部门间的顺畅沟通和有效协作。

此外，还应加强与电商平台、行业协会等社会组织的合作，共同维护网络市场秩序。电商平台是网络经营的重要载体，应加强对平台内经营者的管理和监督，建立健全内部管理制度和自律机制，防止网络不正当竞争行为的发生。具体而言，电商平台应加强对入驻商家的资质审核和日常管理，确保其合法经营；同时，应建立健全投诉举报机制，及时处理消费者和商家的投诉举报，维护网络市场的公平竞争环境。行业协会作为行业自律组织，应加强对行业内的规范和引导，推动行业诚信建设和公平竞争。行业协会可以制定行业自律规范，明确行业内的竞争规则和行为标准；同时，可以组织开展行业培训、交流等活动，提高行业内的整体素质和竞争力。通过行业协会的积极参与和推动，可以形成良好的行业风尚和市场秩序，有效遏制网络不正当竞争行为的发生。

（三）加大处罚力度

对于网络不正当竞争行为，应依法严惩不贷，加大处罚力度。通过严厉的处罚措施，可以形成有效的威慑力，遏制网络不正当竞争行为的蔓延。

对于情节轻微的违法行为，可以采取警告、罚款等行政处罚措施。警告是一种轻微的行政处罚，适用于违法行为较轻、尚未造成严重后果的情况。通过警告，可以促使违法者认识到自己的错误并及时改正，避免其继续从事不正当竞争行为。罚款是一种经济处罚，适用于违法行为有一定经济收益或者造成一定经济损失的情况。通过罚款，可以剥夺违法者的经济利益，起到惩罚和震慑的作用。在具体实施中，应根据违法行为的严重程度和后果，设定不同的罚款数额和缴纳期限，确保处罚的公正性和合理性。

对于情节严重的违法行为，应依法追究其刑事责任。情节严重的违法行为通常涉及违法行为持续时间长、涉及范围广、造成严重后果或者恶劣影响的情况。对于这类行为，应依法移送司法机关追究刑事责任，通过刑事处罚来维护市场秩序和公共利益。在具体实施中，应加强与司法机关的沟通和协作，确保案件的顺利移送和审理。同时，应加大对刑事犯罪的打击力度，提高刑事处罚的威慑力和震慑效果。

在加大处罚力度的同时，还应注重处罚的公开性和透明度。对于受到处罚的违法者，应依法公开其违法行为和处罚结果，让社会公众了解其违法事实和受到的处罚，形成对违法者的社会舆论压力。同时，也可以通过公开处罚结果，警示其他经营者不要从事不正当竞争行为，从而维护市场的公平竞争环境。

（四）建立信用体系

建立健全网络经营者信用体系，是防范和应对网络不正当竞争行为的重要手段之一。信用体系是一种对市场主体信用状况进行管理和评价的制度，通过记录市场主体的信用信息、评价市场主体的信用等级、公开市场主体的信用状况等方式，可以促使市场主体自觉遵守市场竞争规则、维护市场秩序。

在网络经营者信用体系中，应建立网络经营者的信用档案，记录其经营行为、守法情况、消费者评价等信息。通过信用档案的建立和管理，可以全面了解网络经营者的信用状况，为其后续的经营行为提供参考和依据。

同时，应建立网络经营者信用评价机制，对市场主体的信用状况进行评价和分级。信用评价机制可以根据网络经营者的经营行为、守法情况、消费者评价等信息，对其信用状况进行综合评价和分级。通过信用评价机制的建立和实施，可以形成对网络经营者的信用约束和激励机制，促使其自觉遵守市场竞争规则、维护市场秩序。

对于存在不正当竞争行为的经营者，应将其列入信用黑名单，限制其参与网络经营活动。信用黑名单是一种对市场主体的严重失信行为进行惩戒的制度，通过将严重失信的市场主体列入黑名单，并在一定期限内限制其参与市场活动，来促使其认识到自己的错误并改正。在具体实施中，应明确信用黑名单的列入标准和程序，确保列入的准确性和公正性。同时，应加强对信用黑名单的管理和更新，及时将符合列出条件的经营者移出黑名单，恢复其市场参与资格。

除了建立信用黑名单制度外，还可以建立信用修复机制，鼓励失信经营者通过积极整改、履行社会责任等方式修复信用。信用修复机制可以为失信经营者提供改正错误、重塑信用的机会，促使其重新回到市场竞争的轨道上来。在具体实施中，应明确信用修复的条件和程序，确保修复的合法性和有效性。同时，应加强对信用修复过程的监督和管理，防止失信经营者通过不正当手段修复信用。

通过建立网络经营者信用体系，可以促使网络经营者自觉遵守市场竞争规则、维护市场秩序。信用体系作为一种市场化的监管手段，可以通过信用信息的记录和公开、信用评价的分级和公开、信用黑名单的列入和公开等方式，对网络经营者形成有效的信用约束和激励。同时，信用体系还可以提高消费者的知情权和选择权，让消费者更加了解网络经营者的信用状况，从而做出更加明智的消费决策。

在实施网络经营者信用体系的过程中，还应注重保护网络经营者的合法权益和隐私。在记录和公开信用信息时，应依法保护网络经营者的商业秘密和个人隐私，避免泄露敏感信息。同时，应建立健全信用信息的异议和投诉处理机制，及时处理网络经营者对信用信息的异议和投诉，确保其合法权益得到保障。

二、提高企业防范网络不正当竞争行为的能力

企业作为网络经济的主体，是网络市场竞争的直接参与者，也是网络不正当竞争行为的潜在受害者。因此，企业应提高自身的防范意识和能力，有效应对网络不正当竞争问题。

（一）加强内部管理

企业内部管理是防范网络不正当竞争行为的第一道防线。建立健全内部管理制度，规范员工行为，是防止员工利用企业资源进行不正当竞争的重要手段。企业应制定明确的员工行为准则，明确禁止员工从事任何形式的网络不正当竞争行为，如虚假宣传、诋毁竞争对手、侵犯商业秘密等。同时，企业还应加强对员工的培训和教育工作，提高员工的法律意识和职业道德水平。通过定期举办法律讲座、职业道德培训等活动，使员工充分认识到网络不正当竞争的危害性和违法性，增强员工的自律意识和责任感。

在加强内部管理的过程中，企业还应注重对员工的监督和考核。通过建立健全监督机制，对员工的工作行为进行实时监控和评估，及时发现并纠正员工的违规行为。同时，企业还应将员工的防范网络不正当竞争行为纳入绩效考核体系，将员工的防范意识和能力作为评价其工作表现的重要指标之一，从而激励员工积极参与防范网络不正当竞争行为的工作。

（二）增强技术防范能力

在数字时代，技术手段成为防范网络不正当竞争行为的重要工具。企业应积极采用先进的技术手段，保护企业的商业秘密和客户信息等敏感信息不被泄露或滥用。数据加密技术是一种有效的信息保护手段，通过对敏感信息进行加密处理，确保信息在传输和存储过程中的安全性。防火墙技术是防止外部网络攻击和侵入的重要屏障，通过设置防火墙规则，可以有效阻挡非法入侵和恶意攻击，保障企业网络系统的安全稳定运行。

除了数据加密和防火墙技术外，企业还可以采用其他技术手段来增强防范能力。例如，通过入侵检测系统（IDS）和入侵防御系统（IPS）来实时监控网络流量，及时发现并防范网络攻击行为；通过安全审计系统来对企业的网络系统进行全面审计和评估，发现潜在的安全漏洞和风险点，并及时进行修复和加固；通过数据备份和恢复技术来确保企业数据的安全性和可用性，防止因数据丢失或损坏给企业造成不可估量的损失。

在增强技术防范能力的过程中，企业还应注重对网络系统的监控和检测工作。通过建立健全监控系统，对企业的网络系统进行实时监控和检测，及时发现并处置网络异常行为和事件。同时，企业还应定期对网络系统进行安全评估和漏洞扫描，及时发现并修复潜在的安全漏洞和风险点，确保企业网络系统的安全性和稳定性。

（三）建立应对机制

尽管企业可以采取多种措施来防范网络不正当竞争行为，但仍然无法完全避免其发生。因此，企业需要建立完善的应对机制，以便在发生网络不正当竞争事件时能够迅速响应并采取有效措施进行处置和应对。

首先，企业应制定详细的应急预案，明确应对网络不正当竞争事件的流程、步骤和责任分工。应急预案应包括事件报告、分析评估、应急处置、后续跟踪等环节，确保在事件发生时能够迅速、有序地进行处置。同时，企业还应定期对应急预案进行演练和评估，不断提高应急预案的实用性和可操作性。

其次，企业应组建专业的应对团队，负责网络不正当竞争事件的具体处置工作。应对团队应由具备相关法律、技术和公关等专业知识的人员组成，确保在事件发生时能够迅速、准确地判断事件性质和影响范围，并采取有效的处置措施。同时，企业还应加强对应对团队的培训和教育工作，提高团队成员的应对能力和水平。

最后，企业还应加强与相关部门的沟通和协作。在发生网络不正当竞争事件时，企业应及时向相关部门报告事件情况，并积极配合相关部门的调查和处理工作。通过加强与相关部门的沟通和协作，可以形成合力，共同打击网络不正当竞争行为，维护市场秩序和公共利益。

（四）加强合作与交流

网络不正当竞争行为具有复杂性和多样性，需要企业之间加强合作与交流，共同应对。通过加强合作与交流，可以形成行业共识和合力，共同维护市场秩序和公共利益。

首先，企业应加强与同行业企业的合作与交流。同行业企业之间具有相似的市场环境和竞争态势，面临着共同的网络不正当竞争问题。通过加强合作与交流，可以共同分享经验和资源，共同探讨解决方案和对策，提高整个行业的防范和应对能力。例如，可以建立行业联盟或协会，定期组织交流会和研讨会，就网络不正当竞争问题进行深入探讨和研究。

其次，企业还应加强与相关产业链上下游企业的合作与交流。网络不正当竞争问题往往涉及多个产业链环节，需要各环节企业共同协作才能有效解决。通过与相关产业链上下游企业的合作与交流，可以形成完整的产业链防范和应对体系，提高整个产业链的竞争力和抗风险能力。例如，可以与供应商、分销商等建立紧密的合作关系，共同制定防范和应对网络不正当竞争行为的策略和措施。

最后，企业还应加强与政府部门的合作与交流。政府部门在打击网络不正当竞争行为方面发挥着重要作用，具有法律赋予的监管和执法权力。通过与政府部门的合作与交流，可以及时了解政府部门的政策导向和监管要求，因此，积极配合政府部门的监管和执法工作，共同维护市场秩序和公共利益。同时，还可以通过向政府部门反映网络不正当竞争问题的情况和诉求，推动政府部门加强相关法律法规的制定和完善工作。

三、完善网络不正当竞争问题相关的法律体系

为了更有效地防范和应对网络不正当竞争问题，还需要不断完善相关法律体系。法律是维护市场秩序和公共利益的重要手段，也是打击网络不正当竞争行为的有力武器。完善网络不正当竞争问题的相关法律体系，可以从以下几个方面入手。

（一）修订现有法律法规

针对网络不正当竞争问题的新情况和新特点，应及时修订现有法律法规，以适应网络市场竞争的发展需求。现有法律法规中关于网络不正当竞争行为的规定需要加以完善和明确。例如，可以进一步明确网络不正当竞争行为的定义、类型、认定标准和法律责任等，为执法提供明确的法律依据。

在修订现有法律法规的过程中，还应加强对法律法规的解释。由于网络市场竞争的复杂性和多样性，法律法规在具体适用过程中可能存在一些争议和困惑。因此，需要加强对法律法规的解释，确保法律法规的准确性和有效性。可以通过提供相关司法解释、指导性案例等方式，为执法提供具体的指导和参考。

（二）制定专门法规或规章

针对网络不正当竞争问题的特殊性和复杂性，可以考虑制定专门法规或规章来规范网络市场竞争行为。专门法规可以更加具体和细致地规定网络不正当竞争行为的认定标准、处罚措施和救济途径等，为打击网络不正当竞争行为提供有力的法律保障。

在制定专门法规的过程中，应充分考虑网络市场竞争的实际情况和发展趋势。可以通过调研、论证等方式，广泛征求各方面的意见和建议，确保专门法规的科学性和可行性。同时，还应加强对专门法规的宣传和普及工作，提高社会各界对专门法规的认知度和遵守度。

（三）加强司法实践

司法机关在审理网络不正当竞争案件时，应充分考虑网络环境的特殊性和复杂性，依法公正裁决。由于网络不正当竞争案件往往涉及多个法律领域和专业技术知识，司法机关在审理过程中需要加强对相关法律法规和专业知识的理解和运用。可以通过加强培训等方式，提高司法人员的专业素养和审判能力。

同时，司法机关还应加强对网络不正当竞争案件的研究和总结工作。通过深入研究和分析网络不正当竞争案件的特点和规律，形成具有指导意义的判例和司法解释，为打击网络不正当竞争行为提供有力的司法支持。还可以通过发布典型案例、编纂司法指南等方式，为执法和司法实践提供具体的参考和借鉴。

（四）强化行政监管与执法力度

行政部门在打击网络不正当竞争行为方面发挥着重要作用。应加强对网络市场的监管和执法力度，及时发现并查处网络不正当竞争行为。可以通过建立健全监管机制、加

强执法队伍建设等方式，提高行政监管和执法的效率和效果。

在行政监管和执法过程中，应注重运用现代科技手段提高监管和执法的精准度和有效性。例如，可以利用大数据、人工智能等技术手段对网络市场进行实时监测和分析，及时发现网络不正当竞争行为的线索和证据。同时，还应加强与相关部门的协作和配合，形成监管和执法的合力，共同打击网络不正当竞争行为。

（五）推动国际合作与交流

网络不正当竞争问题具有跨地域性和全球性特点，需要各国加强合作与协调，从而共同应对。随着经济全球化的深入发展和互联网的普及应用，网络不正当竞争行为已经跨越国界成为全球性的问题。各国应加强合作与交流，共同打击跨国网络不正当竞争行为，维护全球网络市场秩序和公共利益。

我国应积极参与国际合作与交流活动，推动建立国际网络不正当竞争行为监管机制和合作框架。可以通过签订国际协议、参与国际组织等方式，加强与各国在打击网络不正当竞争行为方面的合作与交流。同时，还可以加强与国外相关机构和专家的沟通与合作，学习、借鉴国外在打击网络不正当竞争行为方面的先进经验和做法。

在推动国际合作与交流的过程中，还应注重加强国际法律规则的制定和完善工作。由于网络不正当竞争行为具有跨国性特点，需要制定具有普遍约束力的国际法律规则来规范网络市场竞争行为。我国可以积极参与国际法律规则的制定过程，推动制定符合我国利益和达成国际共识的国际法律规则，为打击跨国网络不正当竞争行为提供有力的法律保障。

此外，还可以通过加强国际执法合作来共同打击跨国网络不正当竞争行为。各国执法机构可以加强信息共享、线索通报、协查协办等方面的合作与交流，形成执法合力，共同打击跨国网络不正当竞争行为。

思　考　题

1.在打击不正当竞争行为的同时，如何保护创新，促进网络经济的健康发展？

2.在保障隐私权和商业秘密的前提下，如何有效收集和保存网络不正当竞争行为的证据？

3.在经济全球化背景下，如何加强国际合作，共同打击跨国网络不正当竞争行为？

4.如何确保法律救济途径的便捷性、高效性和公正性，为受害者提供及时有效的法律保障？

第七章　网络知识产权的保护路径及案例分析

摘要：本章探讨了网络知识产权的保护路径及案例分析，重点分析了法律手段、技术手段和道德手段在网络知识产权保护中的应用，并通过国内外典型案例探讨了侵权行为的认定与法律责任，以及保护策略的成效与不足。

重点：保护路径；侵权行为认定与法律责任；保护策略的成效与不足。

难点：法律适用的复杂性；技术手段的局限性；道德约束的强制性弱。

第一节　网络知识产权的保护路径

在网络时代，知识产权的保护面临着前所未有的挑战。随着互联网的普及和数字化技术的飞速发展，知识产权的侵权行为变得日益频繁和复杂。为了有效应对这些挑战，必须综合运用法律、技术和道德等多种手段，构建起全方位、多层次的网络知识产权保护体系。

一、法律手段在网络知识产权保护中的应用

法律手段是网络知识产权保护的基础和核心。在数字化、网络化的时代背景下，知识产权的保护面临着前所未有的挑战。为了应对这些挑战，各国政府、司法机关和行政执法部门纷纷采取行动，通过制定和完善相关法律法规、加强司法审判和行政执法力度，为权利人提供有力的法律保障。下面将详细阐述法律手段在网络知识产权保护中的应用，包括立法保护、司法保护和行政执法保护 3 个方面。

（一）立法保护：构建网络知识产权保护的法律框架

立法保护是网络知识产权保护的首要环节。各国政府高度重视网络知识产权的立法工作，不断修订和完善相关法律法规，以适应网络环境下的新变化。

在版权法方面，各国政府纷纷制定或修订版权法，明确网络作品的著作权归属、权利内容和保护范围。网络作品作为数字时代的新兴产物，其创作、传播和利用方式与传统作品存在显著差异。因此，版权法需要针对网络作品的特殊性进行相应调整。例如，一些国家通过版权法明确规定了网络作品的数字化复制权、信息网络传播权等新型权利，为权利人提供了更为全面的法律保护。同时，版权法还加强了对网络服务提供商的责任规定，要求其采取必要措施防止侵权行为的发生，并在侵权行为发生时及时采取删除、屏蔽、断开链接等必要措施。

在商标法方面，各国政府也积极修订和完善商标法，以适应网络环境下的商标保护需求。网络域名作为互联网上的重要标识，具有极高的商业价值和品牌效应。因此，商标法将网络域名纳入保护范围，明确规定了域名注册和使用中的行为规范，以及域名侵权行为的法律责任。此外，商标法还加强了对驰名商标的保护，防止其在网络环境中被恶意抢注或滥用。

在专利法方面，各国政府同样重视网络环境下的专利权保护。随着网络技术的快速发展，涉及网络技术的发明专利、实用新型专利和外观设计专利日益增多。专利法通过明确专利权的授予条件、权利内容和保护期限，为权利人提供了有力的法律保护。同时，专利法还加强了对专利侵权行为的打击力度，提高了侵权行为的违法成本。

除了专门的知识产权法律外，各国政府还针对网络环境的特殊性，制定了网络安全法、电子商务法等相关法律法规，为网络知识产权的保护提供了有力的法律支撑。这些法律法规明确了网络空间中的行为规范，规定了网络服务提供者的责任和义务，为打击网络知识产权侵权行为提供了法律依据。

在立法过程中，各国政府还注重与国际接轨，积极参与国际知识产权合作与交流。通过加入 WIPO，各国政府共同制定国际知识产权规则，推动知识产权保护的国际化和统一化。这不仅有助于提升各国在网络知识产权保护方面的水平和能力，还有助于形成打击跨国知识产权侵权行为的国际合力。

立法保护为网络知识产权保护提供了坚实的法律基础。通过制定和完善相关法律法规，明确知识产权的权属、权利内容和保护范围，为权利人提供了有力的法律保障。同时，立法保护还促进了网络环境的健康发展，维护了市场秩序和公共利益。

（二）司法保护：维护网络知识产权的公正与权威

司法机关在网络知识产权保护中发挥着至关重要的作用。通过依法审理各类知识产权侵权案件，打击侵权行为，维护权利人的合法权益，司法机关为网络知识产权保护提供了有力的司法保障。

在司法实践中，法院不断探索和完善网络知识产权的审判机制，提高审判效率和公正性。为了适应网络知识产权案件的专业性和复杂性，一些法院建立了专门的知识产权法庭或合议庭，负责审理涉及网络知识产权的各类案件。这些专门法庭或合议庭由具有丰富的知识产权审判经验的法官组成，能够更准确地理解和适用法律，提高审判质量和效率。

在审理过程中，法院充分运用证据规则，确保案件的公正审理。网络知识产权侵权案件往往涉及大量的电子证据，如电子邮件、聊天记录、网页截图等。这些证据具有易篡改、易消失的特点，给案件的审理带来了很大的挑战。因此，法院在审理过程中严格遵守证据规则，对电子证据的收集、保全、质证等环节进行严格把关，确保证据的真实性和可靠性。

为了及时制止侵权行为，法院还积极采用证据保全、行为保全等临时措施。在网络知识产权侵权案件中，侵权行为往往具有迅速扩散和难以逆转的特点。因此，法院在受理案件后，可以根据权利人的申请，及时采取证据保全、行为保全等临时措施，防止侵权行为的进一步扩散和损害后果的扩大。这些临时措施的有效运用，为权利人提供了及时有效的法律救济。

在判决方面，法院加大对侵权行为的惩罚力度，提高侵权成本。网络知识产权侵权行为的频发，很大程度上是因为侵权成本较低而收益较高。为了遏制这种趋势，法院在判决中充分考虑侵权行为的性质、情节和后果等因素，对侵权人进行严厉的惩罚。通过提高侵权成本，降低侵权行为的预期收益，从而有效遏制侵权行为的发生。

此外，法院还注重加强与相关部门的协作配合，形成打击侵权行为的合力。网络知识产权保护涉及多个部门和领域的协作配合。法院在审理案件的过程中，积极与行政执法部门、公安机关等相关部门进行沟通协作，共同打击侵权行为。通过加强信息共享、线索移送、联合执法等方面的合作，形成打击侵权行为的强大合力。

司法保护为网络知识产权保护提供了有力的司法保障。通过依法审理各类知识产权侵权案件，打击侵权行为，维护权利人的合法权益，司法机关维护了网络知识产权的公正与权威。同时，司法保护还促进了网络环境的健康发展，维护了市场秩序和公共利益。在未来的司法实践中，法院将继续探索和完善网络知识产权的审判机制，提高审判效率和公正性，为网络知识产权保护提供更加有力的司法保障。具体来说，法院将在以下几个方面进一步加强司法保护工作。

一是加强专业化审判队伍建设。网络知识产权案件具有专业性强、技术复杂等特点，要求法官具备较高的专业素养和审判能力。因此，法院将继续加强专业化审判队伍建设，选拔和培养具有丰富的知识产权审判经验和专业知识的法官，提高审判质量和效率。

二是完善证据规则体系。网络知识产权案件涉及大量的电子证据，证据的真实性和可靠性对于案件的审理至关重要。因此，法院将继续完善证据规则体系，对电子证据的收集、保全、质证等环节进行更加严格的规定和把关，确保证据的真实性和可靠性。

三是加大惩罚力度。为了遏制网络知识产权侵权行为的频发趋势，法院将继续加大惩罚力度，对侵权行为进行严厉的惩处。通过提高侵权成本，降低侵权行为的预期收益，从而有效遏制侵权行为的发生。

四是加强国际合作与交流。网络知识产权的保护涉及国际合作与交流，法院将继续加强与国际知识产权组织和其他国家法院的合作与交流，共同打击跨国知识产权侵权行为，推动国际知识产权保护的统一化和规范化。

（三）行政执法保护：强化网络知识产权的市场监管与执法力度

行政执法部门在网络知识产权保护中扮演着重要角色。通过加强市场监管，查处各类知识产权侵权行为，维护市场秩序，行政执法部门为网络知识产权保护提供了有力的行政执法保障。

在市场监管方面，行政执法部门积极开展网络市场巡查和专项整治行动。针对网络市场中存在的知识产权侵权行为，行政执法部门通过定期或不定期的网络市场巡查，及时发现并查处侵权行为。同时，行政执法部门还针对重点领域和突出问题，开展专项整治行动，集中力量打击侵权行为，维护市场秩序。

在查处侵权行为方面，行政执法部门依法对侵权行为进行调查取证、行政处罚等。

当发现侵权行为时，行政执法部门会立即启动调查程序，对侵权行为进行全面、细致的调查取证。在掌握充分证据的基础上，行政执法部门将依法对侵权人进行行政处罚，如罚款、没收违法所得、责令停止侵权行为等。这些行政处罚措施的有效实施，对侵权行为形成了有力的震慑和打击。

除了直接查处侵权行为外，行政执法部门还注重加强与相关部门的协作配合，形成打击侵权行为的合力。网络知识产权的保护涉及多个部门和领域的协作配合，需要各部门之间加强信息共享、线索移送、联合执法等方面的合作。行政执法部门积极与司法机关、公安机关等相关部门进行沟通协作，共同打击侵权行为。通过加强协作配合，形成打击侵权行为的强大合力，从而提高执法效率和效果。

在行政执法过程中，行政执法部门还注重加强宣传教育和培训。为了提高公众对网络知识产权保护的认识和意识，行政执法部门积极开展宣传教育活动，普及知识产权法律法规知识，提高公众的法律素养和维权意识。同时，行政执法部门还加强对执法人员的培训和教育，提高执法人员的专业素养和执法能力，确保执法工作的规范化和专业化。

行政执法保护为网络知识产权保护提供了有力的行政执法保障。通过加强市场监管、查处侵权行为、加强与相关部门的协作配合，以及加强宣传教育和培训等方面的工作，行政执法部门有效遏制了网络知识产权侵权行为的发生和蔓延。同时，行政执法保护还促进了网络环境的健康发展，维护了市场秩序和公共利益。在未来的行政执法工作中，行政执法部门将继续加强以下几个方面的工作。

一是加强市场监管力度。随着网络技术的不断发展和应用场景的不断拓展，网络市场中的知识产权侵权行为将呈现出更加复杂和多样的特点。因此，行政执法部门将继续加强市场监管力度，完善市场监管机制，提高市场监管的效率和准确性。通过加强网络市场巡查、开展专项整治行动等手段，及时发现并查处侵权行为，维护市场秩序。

二是完善执法程序和规范。在行政执法过程中，执法程序和规范的完善对于保障执法工作的公正性和合法性至关重要。因此，行政执法部门将继续完善执法程序和规范，明确执法标准和流程，确保执法工作的规范化和专业化。同时，行政执法部门还将加强对执法人员的培训和教育，提高执法人员的专业素养和执法能力，确保执法工作的准确性和公正性。

三是加强与相关部门的协作配合。网络知识产权保护涉及多个部门和领域的协作配合，需要各部门之间加强信息共享、线索移送、联合执法等方面的合作。因此，行政执法部门将继续加强与司法机关、公安机关等相关部门的沟通协作，形成打击侵权行为的合力。通过加强协作配合，为网络知识产权保护提供更加有力的行政执法保障。

四是加强宣传教育和培训。一方面，提高公众对网络知识产权保护的认识和意识。另一方面，行政执法部门还将加强对企业的培训和教育，提高其知识产权保护意识和能力，促进其自觉遵守知识产权法律法规，共同维护网络市场的秩序和公共利益。

二、技术手段在网络知识产权保护中的作用

在数字时代，网络知识产权保护面临着前所未有的挑战。随着互联网的普及和技术

的飞速发展，数字作品的传播速度之快、范围之广前所未有，这也为知识产权侵权提供了便利。为了有效应对这一挑战，技术手段成为网络知识产权保护的重要手段之一。通过运用先进的技术手段，我们可以更有效地防止和打击网络知识产权侵权行为，提高保护的效率和准确性。

（一）数字水印技术：隐形的守护者

数字水印技术，作为一种将特定信息嵌入数字作品的技术，其在网络知识产权保护中发挥着至关重要的作用。数字水印技术的工作原理是将版权信息、作者信息等标识以隐蔽的方式嵌入数字作品，如图像、音频或视频等。这些嵌入的信息在不影响作品正常使用的情况下，能够有效地证明作品的权属和来源。

数字水印技术具有多个显著特点。首先，其隐蔽性使得水印信息难以被察觉和破坏。这意味着，即使作品被非法复制和传播，水印信息仍然能够保留下来，作为追究侵权责任的有力证据。其次，数字水印技术具有鲁棒性，即水印信息能够抵抗各种有意或无意的攻击，如压缩、裁剪、旋转等。这使得水印信息在作品经历多种处理后仍然能够保持完整和可识别性。最后，数字水印技术的安全性保证了水印信息不会被未经授权的人员轻易提取或篡改。

在实际应用中，数字水印技术可以广泛应用于各种数字作品的版权保护。例如，在图像作品中嵌入水印可以防止图片被非法下载和使用；在音频或视频作品中嵌入水印可以追踪非法传播的源头。此外，数字水印技术还可以与其他技术手段相结合，如与加密技术和访问控制技术结合，形成更加完善的保护体系。

（二）加密技术：信息的保险锁

加密技术，作为一种将明文信息转换为密文信息的技术，其在网络知识产权保护中同样发挥着重要作用。通过对数字作品进行加密处理，可以限制作品的访问和使用，确保只有经过授权的人员才能获取和利用这些作品。

加密技术的工作原理是利用算法将原始数据（明文）转换为一种看似无意义、难以理解的形式（密文）。这种转换过程需要依赖密钥来完成，只有拥有正确密钥的人才能将密文还原为明文。因此，加密技术的安全性主要取决于密钥的保密性和加密算法的强度。

在网络知识产权保护中，加密技术可以应用于多个环节。首先，在数字作品的创作和存储过程中，加密技术可以确保作品在传输和存储过程中的安全性，防止其被未经授权的人员截取或窃取。其次，在数字作品的分发和传播过程中，加密技术可以限制作品的访问范围，确保只有合法的用户才能获取和使用这些作品。例如，通过 DRM 系统对电子书、音乐或视频等数字内容进行加密处理，并设置相应的访问权限和规则，可以有效地防止非法复制和传播行为。

此外，加密技术还可以与其他技术手段相结合，如将数字水印技术和访问控制技术结合，形成更加完善的保护体系。例如，在数字作品中同时嵌入水印信息和进行加密处理，既可以证明作品的权属和来源，又可以限制作品的访问和使用。

（三）访问控制技术：精细化的管理工具

访问控制技术是一种通过设置访问权限和访问规则来限制用户对数字作品访问和使用的技术。在网络知识产权保护中，访问控制技术发挥着至关重要的作用，它可以帮助我们实现对数字作品的精细化管理和控制。

访问控制技术的工作原理是基于用户身份和权限来设置不同的访问级别和规则。通过身份验证机制（如用户名和密码、生物识别等）来确认用户的身份，并根据其身份和权限来决定其对数字作品的访问和使用权限。这种精细化的管理方式可以确保只有经过授权的用户才能访问和使用数字作品，从而有效地防止非法复制、传播和篡改行为。

在实际应用中，访问控制技术可以应用于多个场景。例如，在企业内部网络中，可以通过访问控制技术来限制员工对敏感信息和文件的访问权限，确保只有相关人员才能获取和使用这些信息。在在线教育平台中，可以通过访问控制技术来限制学生对课程内容和资源的访问范围，确保他们只能访问自己已经注册的课程。此外，在数字图书馆、电子商务平台等场景中，访问控制技术也发挥着重要作用。

访问控制技术的优势在于其灵活性和可定制性。我们可以根据用户的需求和权限来灵活地设置访问方式和访问范围，从而满足不同场景下的保护需求。同时，随着技术的不断发展，访问控制技术也在不断更新和完善，如基于角色的访问控制（RBAC）、基于属性的访问控制（ABAC）等新型访问控制模型的出现，为数字作品的保护提供了更加灵活和高效的解决方案。

（四）网络监测技术：实时的守护者

网络监测技术是一种通过网络爬虫、数据分析等技术手段对网络信息进行实时监测和分析的技术。在网络知识产权保护中，网络监测技术发挥着至关重要的作用，它可以帮助我们及时发现和定位网络知识产权侵权行为，为权利人提供有力的证据支持。

网络监测技术的工作原理是利用网络爬虫程序在网络上自动抓取和收集信息，并通过数据分析技术对收集到的信息进行实时处理和分析。通过监测网络上的文件传输、网页更新、社交媒体活动等行为，可以及时发现潜在的侵权行为，如未经授权的数字作品上传、分享或销售等。同时，网络监测技术还可以对收集到的信息进行深度挖掘和分析，如识别侵权行为的模式、追踪侵权者的身份和来源等，为权利人提供更加全面和准确的证据支持。

网络监测技术已经广泛应用于各个行业和领域。例如，在版权保护方面，版权所有者可以利用网络监测技术来监测网络上的盗版行为，及时发现并采取措施进行打击。在商标保护方面，企业可以利用网络监测技术来监测网络上的假冒商品和侵权行为，维护自己的品牌形象和市场份额。此外，在专利保护、商业秘密保护等方面，网络监测技术也发挥着重要作用。

网络监测技术的优势在于其实时性和准确性。通过实时监测和分析网络上的信息，可以及时发现潜在的侵权行为，并采取措施进行打击和防范。同时，随着技术的不断发展，网络监测技术也在不断更新和完善，如基于人工智能和机器学习的监测技术的出现，为网络知识产权保护提供了更加智能和高效的解决方案。

除了上述提到的数字水印技术、加密技术、访问控制技术和网络监测技术外，还有许多其他技术手段也在网络知识产权保护中发挥着重要作用。例如，数字签名技术可以用于验证数字作品的完整性和真实性；区块链技术可以用于构建去中心化的版权登记和交易系统；大数据分析技术可以用于挖掘和分析网络上的知识产权信息等。这些技术手段的相互结合和应用，可以形成更加完善和高效的保护体系，为网络知识产权保护提供有力的支持。

三、道德手段在网络知识产权保护中的补充

在技术手段日益完善的今天，我们也不能忽视道德手段在网络知识产权保护中的重要作用。道德手段作为法律手段和技术手段的补充，通过加强道德教育和宣传，提高公众的知识产权保护意识，营造良好的知识产权保护氛围，对于预防和减少网络知识产权侵权行为具有重要意义。

（一）加强道德教育：培养尊重知识产权的自觉性

道德教育是培养公众知识产权保护意识的重要途径。通过加强道德教育，可以提高公众对知识产权的认知和理解，增强他们尊重和保护知识产权的自觉性。

在学校教育中，应将知识产权教育纳入国民教育体系，从小培养学生的知识产权意识和创新精神。通过开设相关课程、组织专题讲座或活动等形式，让学生了解知识产权的基本概念、法律法规及其重要性，引导他们树立正确的价值观和道德观。同时，还应鼓励学生积极参与创新实践活动，培养他们的创新能力和实践能力，为未来的知识产权保护打下坚实的基础。

在家庭教育中，家长也应承担起对孩子进行知识产权教育的责任。通过日常生活中的点滴细节，如尊重他人的劳动成果、不抄袭他人的作品等，引导孩子树立正确的知识产权观念。同时，家长还应以身作则，自觉遵守知识产权法律法规，为孩子树立良好的榜样。

除了学校教育和家庭教育外，社会教育也是加强道德教育的重要途径。政府和相关机构应加强对企业、科研机构和政府等相关人员的知识产权培训和教育，提高他们的知识产权保护能力和水平。通过组织培训班、研讨会或交流会等形式，让相关人员了解知识产权的最新动态和法律法规变化，提高他们的法律意识和风险意识。

（二）加强宣传普及：提高公众对知识产权保护的知晓率和参与度

宣传普及是提高公众知识产权保护意识的重要手段。通过加强宣传普及工作，可以提高公众对知识产权保护的知晓率和参与度，形成全社会共同关注和支持知识产权保护的良好氛围。

政府和相关机构应充分利用各种媒体和渠道，广泛宣传知识产权保护的重要性和必要性。通过电视、广播、报纸等传统媒体，以及网络、社交媒体等新媒体平台，向公众普及知识产权法律法规和相关知识，提高他们的法律意识和保护意识。同时，还应加强对典型案件的报道和分析，让公众了解侵权行为的危害性和后果，提高他们的警惕性和

防范能力。

此外，政府和相关机构还可以组织各种形式的宣传活动，如知识产权宣传周、知识产权讲座或展览等，吸引更多公众参与其中。通过这些活动，可以让公众更加深入地了解知识产权的保护现状和挑战，激发他们的保护热情和参与。同时，还可以鼓励公众积极参与知识产权保护工作，如举报侵权行为、参与维权行动等，形成全社会共同打击侵权行为的强大合力。

（三）倡导诚信文化：引导公众树立正确的价值观和道德观

诚信是知识产权保护的重要基石。通过倡导诚信文化，可以引导公众树立正确的价值观和道德观，增强他们遵守法律法规和尊重他人知识产权的自觉性。

政府和相关机构应加强对诚信文化的宣传和推广，营造良好的社会诚信氛围。通过举办诚信宣传活动、发布诚信倡议书或建立诚信档案等形式，让公众了解诚信的重要性和价值，引导他们树立诚信为本的理念。同时，还应加强对知识产权侵权行为的惩戒和曝光力度，形成对侵权行为的强大舆论压力。对于严重的侵权行为，政府应依法予以严厉的打击和处罚；对于典型的侵权案件，媒体应予以曝光，让侵权者受到社会的唾弃和谴责。

除了政府和相关机构的努力外，公众自身也应积极参与到诚信文化的建设中来：应自觉遵守法律法规和道德规范，不参与任何侵权行为；同时，还应积极监督和举报身边的侵权行为，为维护良好的知识产权保护环境贡献自己的力量。

在倡导诚信文化的过程中，还应注重培养公众的创新意识和创新精神。创新是知识产权的核心价值所在，也是推动社会进步和发展的重要动力。

第二节　网络知识产权典型案例分析

通过对国内外网络知识产权典型案例的深入剖析，我们可以更加直观地了解网络知识产权侵权行为的认定与法律责任，以及保护策略的成效与不足。

一、国内外网络知识产权典型案例介绍

（一）国内案例

1.涉黄案

在网络技术飞速发展的今天，网络知识产权保护的问题日益凸显，其中，某播放器软件公司涉黄案便是一个极具代表性的国内网络知识产权侵权案例。该公司曾以其独特的播放器软件在市场中占有一席之地，然而，该公司却因其播放器软件涉嫌传播淫秽物品而被相关部门查处。这一事件的曝光，不仅让该公司的形象大打折扣，更在后续的调查中，揭示了其存在严重的版权侵权行为。

该公司作为播放器软件的提供者，本应承担起对平台内容的监管责任，确保所传播

的内容合法合规。然而，事实上，该公司却未经权利人许可，擅自在其播放器中提供了大量盗版影视作品的在线播放和下载服务。这些盗版影视作品，涵盖了电影、电视剧、动漫等多个领域，严重侵犯了权利人的著作权。对于权利人而言，他们投入了大量的人力、物力和财力进行创作，却因为该公司的侵权行为，使得他们的劳动成果被无偿地传播和使用，这无疑是对他们权益的极大侵害。

此案件曝光后，引发了广泛的社会关注和讨论。公众对于网络知识产权保护的问题开始给予更多的关注，并对该公司的行为表示强烈的谴责。同时，相关部门也对此案件进行了深入的调查和处理。最终，该公司因其严重的侵权行为，付出了沉重的法律代价。这一案例的判决，不仅彰显了我国对于网络知识产权保护的坚定决心，也为其他企业敲响了警钟，提醒其在运营过程中必须严格遵守相关法律法规，尊重他人的知识产权。

该案件不仅是一起严重的版权侵权案件，更是一面镜子，反映了网络环境下知识产权保护的复杂性和挑战性。在网络时代，信息的传播速度极快，侵权行为的隐蔽性也相对较高。因此，如何有效地保护网络知识产权，防止类似事件再次发生，成为摆在我们面前的一项重要任务。这需要政府、企业、社会各方共同努力，加强法律法规的制定和完善，提高公众的知识产权保护意识，共同营造尊重知识、保护创新的良好环境。

2.版权纠纷案

在信息化时代，信息的传播速度之快、范围之广前所未有，而随之而来的版权问题也日益凸显。其中，某信息平台的版权纠纷案便是一个典型的网络新闻版权侵权案例，它充分反映了网络环境下新闻作品版权保护的复杂性和挑战性。

该信息平台凭借其强大的算法技术和个性化的推荐服务，在短时间内迅速积累了大量用户。然而，随着其用户规模的不断扩大，该信息平台也逐渐陷入了版权纠纷的旋涡。多家新闻媒体和版权机构发现，该信息平台未经授权擅自转载了其新闻作品，并在其平台上进行传播。这些新闻作品涵盖了时政、经济、文化等多个领域，是新闻媒体和版权机构倾注了大量心血和智慧的成果。

对于新闻媒体和版权机构而言，其新闻作品不仅具有信息传递的价值，更承载着其品牌形象和商业利益。然而，该信息平台的侵权行为却使得他们的劳动成果被无偿地使用和传播，严重损害了他们的合法权益。因此，多家新闻媒体和版权机构纷纷对其提起了诉讼，要求其停止侵权行为并赔偿损失。

此案件在法庭上展开了激烈的辩论。该信息平台辩称，其只是提供了一个信息聚合和推荐的平台，并没有直接侵犯新闻媒体的版权。然而，法庭在审理过程中发现，在未经授权的情况下，其擅自转载了新闻媒体的新闻作品，并在其平台上进行了传播，这一行为已经构成了对新闻媒体版权的侵犯。

最终，法庭依法做出了判决，要求该信息平台停止侵权行为，并赔偿新闻媒体和版权机构的损失。这一判决不仅维护了新闻媒体和版权机构的合法权益，也为网络新闻版权保护树立了典范。它提醒我们，在网络环境下，新闻作品的版权保护同样重要，任何未经授权的传播和使用都是对版权人权益的侵害。

该信息平台版权纠纷案不仅是一起具有典型意义的网络新闻版权侵权案件，更是一个警示，它告诉我们，在网络时代，信息的传播和获取虽然变得更加便捷，但版权的保护却变得更加重要和复杂。我们需要加强法律法规的制定和完善，提高公众的知识产权保护意识，共同营造一个尊重知识、保护创新的良好环境。同时，新闻媒体和版权机构也需要加强自身的版权保护意识，采取有效的技术措施和管理手段，防止自己的新闻作品被擅自转载和传播。

（二）国外案例

1.Napster 案

在互联网发展的浪潮中，音乐产业的数字化转型成为一股不可阻挡的力量。然而，随着数字音乐的普及，网络音乐版权保护问题也日益凸显。其中，Napster 案便是一个具有里程碑意义的网络音乐版权侵权案例，它引发了全球范围内关于网络音乐版权保护的广泛讨论，并对后来的网络音乐版权保护产生了深远影响。

Napster 是美国一家提供音乐文件共享服务的网站，在运营初期，Napster 凭借其独特的 P2P（点对点）技术，使得用户能够方便地搜索、下载和分享音乐文件。这一创新的服务模式迅速吸引了大量用户，使得 Napster 在短时间内成为网络音乐领域的佼佼者。

然而，Napster 的崛起却伴随着严重的版权侵权问题。在其平台上，用户可以未经版权人许可，自由地下载和分享大量未经授权的音乐作品。这些音乐作品涵盖了流行、摇滚、古典等多个音乐流派，其是众多音乐人和唱片公司倾注了大量心血和智慧的成果。

对于音乐人和唱片公司而言，他们的音乐作品不仅具有艺术价值，更承载着他们的商业利益。然而，Napster 的侵权行为却使得他们的劳动成果被无偿地使用和传播，严重损害了他们的合法权益。因此，音乐人和多家唱片公司对 Napster 提起了诉讼，要求其停止侵权行为并赔偿损失。

Napster 在法庭上辩称，其只是提供了一个音乐文件共享的平台，并没有直接侵犯音乐人和唱片公司的版权。然而，法庭认为 Napster 在未经授权的情况下，允许用户在其平台上自由地下载和分享音乐作品，这一行为已经构成了对音乐人和唱片公司版权的侵犯。

最终，法庭依法做出了判决，要求 Napster 停止侵权行为，并赔偿音乐人和唱片公司的损失。这一判决不仅维护了音乐人和唱片公司的合法权益，也为网络音乐版权保护树立了典范。

Napster 案的判决对于网络音乐版权保护产生了深远的影响。它使得网络音乐平台开始更加重视版权问题，加强了对平台内容的监督和管理。同时，它也促进了网络音乐版权法律法规的制定和完善，为网络音乐版权保护提供了更加有力的法律保障。

然而，Napster 案的判决也并未完全解决网络音乐版权保护的问题。随着网络技术的不断发展，新的侵权方式和手段也在不断涌现。因此，我们需要不断加强网络音乐版权保护的力度，提高公众的知识产权保护意识。

此外，Napster 案还引发了关于网络音乐产业的商业模式的深入思考。在数字时代，音乐产业的商业模式正在发生深刻变革。传统的唱片销售模式已经逐渐被数字音乐销售、流媒体服务等新模式取代。然而，新模式的出现也带来了新的版权问题。如何在保障版权人权益的同时，促进网络音乐产业的健康发展，成为摆在我们面前的一项重要任务。

总之，Napster 案是一个具有里程碑意义的网络音乐版权侵权案例。它不仅揭示了网络音乐版权保护的复杂性和挑战性，也为后来的网络音乐版权保护提供了宝贵的经验和教训。我们需要认真总结这一案件的经验和教训，不断加强网络音乐版权保护的力度，推动网络音乐产业健康发展。

2.YouTube 版权侵权案

在数字时代，视频已成为人们获取信息、娱乐和社交的重要方式。然而，随着视频的爆炸式增长，网络视频版权保护问题也日益突出。其中，YouTube 版权侵权案便是一个极具代表性的网络视频版权侵权案例，它反映了网络视频版权保护的复杂性和艰巨性。

YouTube 作为全球最大的视频分享网站，凭借其强大的平台优势和用户基础，成为众多视频创作者和内容提供商的首选发布平台。然而多家版权机构和内容创作者发现，他们的视频作品在未经授权的情况下被大量上传至 YouTube 平台，并被其他用户免费观看、分享和下载。这些视频作品涵盖了电影、电视剧、音乐视频、短片等多个领域，其是版权机构和内容创作者倾注了大量心血和智慧的成果。

对于版权机构和内容创作者而言，他们的视频作品不仅具有艺术价值和信息传递的功能，更承载着他们的商业利益和品牌形象。然而，YouTube 的侵权行为却使得他们的劳动成果被无偿地使用和传播，严重损害了他们的合法权益。因此，多家版权机构和内容创作者纷纷对 YouTube 提起了诉讼，要求其删除侵权视频并赔偿损失。

YouTube 在法庭上辩称，其只是一个视频分享平台，并没有直接侵犯版权机构和内容创作者的版权。同时，YouTube 表示已经采取了多种技术措施和管理手段来防止侵权行为的发生，并且积极配合版权机构和内容创作者进行维权。然而，尽管其采取了一定的措施来防止侵权行为，但仍然有大量未经授权的视频作品在其平台上被传播和使用。

最终，法庭依法做出了判决，要求 YouTube 删除侵权视频，并赔偿版权机构和内容创作者的损失。YouTube 版权侵权案的判决对于网络视频版权保护产生了深远的影响。它使得网络视频平台开始更加重视版权问题，加强了对平台内容的监督和管理。同时，它也促进了网络视频版权法律法规的制定和完善，为网络视频版权保护提供了更加有力的法律保障。

然而，随着网络技术的不断发展，新的侵权方式和手段也在不断涌现。例如，一些用户可能会通过技术手段来规避平台的版权保护措施，上传和分享侵权视频。此外，随着短视频、直播等新兴视频形式的兴起，网络视频版权保护面临着更加复杂和多元的挑战。

在 YouTube 版权侵权案之后，网络视频平台开始采取更加严格的版权保护措施。一方面，加强了内容的审核和监管，利用先进的技术手段来识别和删除侵权视频。例如，通过内容识别技术，平台可以自动检测上传的视频是否与已有的版权内容相似，从而及时发现并处理侵权行为。另一方面，网络视频平台也与版权机构和内容创作者建立了更加紧密的合作关系，共同打击侵权行为，维护版权秩序。

然而，网络视频版权保护并非一蹴而就的事情。除了平台自身的努力外，还需要政府、法律机构和社会各界的共同参与和支持。政府应加强对网络视频版权保护的立法和执法力度，为版权保护提供有力的法律保障。法律机构应加大对侵权行为的打击力度，对侵权者进行严厉的惩处，以儆效尤。同时，社会各界也应提高版权保护意识，尊重他人的知识产权，不传播侵权视频。

版权机构和内容创作者也应加强自身的版权保护意识和管理能力。一方面，应及时对自己的视频作品进行版权登记和备案，确保自己的权益得到有效保护。另一方面，还应积极与网络视频平台合作，共同打击侵权行为，维护自己的合法权益。

此外，随着区块链、人工智能等新兴技术的发展，网络视频版权保护也迎来了新的机遇。例如，区块链技术可以实现对视频内容的溯源和追踪，确保视频内容的真实性和合法性；人工智能技术可以辅助平台进行内容审核和监管，提高侵权行为的识别和处理效率。这些新兴技术的应用将为网络视频版权保护提供更加有力和有效的手段。

总之，YouTube 版权侵权案是一个具有深远影响的网络视频版权侵权案例。它不仅揭示了网络视频版权保护的复杂性和艰巨性，也为后来的网络视频版权保护提供了宝贵的经验。我们需要认真总结这一案件的经验和教训，不断加强网络视频版权保护，推动网络视频产业健康发展。同时，我们也需要积极拥抱新兴技术，探索更加有效和高效的版权保护手段和方法，为网络视频版权保护注入新的活力和动力。

二、案例分析：侵权行为的认定与法律责任

（一）侵权行为的认定

在网络知识产权侵权案件中，侵权行为的认定是整个案件处理的关键环节，它直接关系到权利人的权益能否得到有效保护，以及侵权人是否需要承担相应的法律责任。因此，对侵权行为的准确认定显得尤为重要。

1.是否存在未经权利人许可而擅自使用其知识产权的行为

这是认定侵权行为的首要因素。在网络环境中，知识产权的形式多种多样，包括版权、商标权、专利权等。这些知识产权都是权利人通过创作、注册或申请等方式获得的合法权益，受到法律的保护。未经权利人许可，任何人不得擅自使用这些知识产权。然而，在网络环境中，由于信息的传播速度极快，且往往跨越国界，侵权行为的发生变得更加容易。一些不法分子为了谋取私利，往往未经权利人许可，擅自使用其知识产权，如盗版软件、盗版音乐、盗版电影等。这些行为都构成了对权利人知识产权的侵犯，是典型的侵权行为。

在上述案例中，无论是版权侵权行为，还是音乐版权侵权问题，都涉及未经权利人许可而擅自使用其知识产权的行为。未经版权人许可，擅自在自己的平台上提供大量盗版影视作品，供用户下载和观看，严重侵犯了版权人的合法权益。而未经音乐版权人许可，允许用户在平台上共享音乐文件，同样构成了对音乐版权人的侵权。

2.该行为是否对权利人造成了实际损害或潜在损害

这是认定侵权行为的另一个重要因素。侵权行为的发生，往往会给权利人带来实际的损害或潜在的损害。实际损害是指侵权行为已经给权利人造成了直接的经济损失或其他不利影响。例如，在版权侵权案件中，侵权人未经许可擅自复制、发行或传播版权作

品，导致版权人的作品销售量下降、市场份额减少，从而给版权人带来经济损失。潜在损害则是指侵权行为虽然尚未给权利人造成实际的损害，但存在造成损害的可能性。例如，在商标侵权案件中，侵权人未经许可擅自使用与他人注册商标相同或近似的商标，可能会误导消费者，损害权利人的商誉，从而给权利人带来潜在的损害。

在上述案例中，该播放器软件公司和 Napster 的侵权行为都给权利人造成了实际的损害。该播放器软件公司的侵权行为导致版权人的影视作品被大量盗版和传播，严重损害了版权人的经济利益。而 Napster 的侵权行为则导致音乐版权人的音乐作品被非法共享和传播，同样给音乐版权人带来了经济损失。

3.该行为是否具有违法性

这是认定侵权行为的最后一个因素。侵权行为必须具有违法性，即违反了相关的法律法规。在网络知识产权侵权案件中，侵权人往往违反了《著作权法》《商标法》《专利法》等法律法规的规定，擅自使用他人的知识产权，从而构成了侵权行为。如果侵权人的行为并不违反法律法规的规定，那么就不能认定其为侵权行为。

在上述案例中，该播放器软件公司和 Napster 的侵权行为都具有违法性。该播放器软件公司未经版权人许可擅自提供盗版影视作品，违反了《著作权法》的相关规定。而 Napster 未经音乐版权人许可允许用户共享音乐文件，同样违反了《著作权法》的相关规定。因此，它们的行为都被认定为侵权行为。

综上所述，对于网络知识产权侵权行为的认定，需要考虑是否存在未经权利人许可而擅自使用其知识产权的行为、该行为是否对权利人造成了实际损害或潜在损害，以及该行为是否具有违法性等因素。只有同时满足这 3 个条件，才能认定其为侵权行为。

（二）侵权行为的法律责任

对于网络知识产权侵权行为，侵权人需要承担相应的法律责任。这是保护权利人合法权益、维护市场秩序、促进创新发展的重要保障。网络知识产权侵权行为的法律责任主要包括民事责任、行政责任和刑事责任等。

1.民事责任

民事责任是指侵权人因其侵权行为而需要承担的民事法律后果。在网络知识产权侵权案件中，侵权人往往需要承担停止侵权、赔偿损失等民事责任。停止侵权是指侵权人必须立即停止其侵权行为，不得再继续侵犯权利人的知识产权。赔偿损失则是指侵权人需要因其侵权行为给权利人造成经济损失而进行赔偿。赔偿数额的确定，通常需要考虑权利人的实际损失、侵权人的获利情况、侵权行为的性质和情节等因素。

在上述案例中，4 个公司都因其侵权行为而承担了民事责任。例如，Napster 被判停止侵权，并赔偿音乐版权人的经济损失。这些民事责任的承担，有效地保护了权利人的合法权益，维护了市场秩序。

2.行政责任

行政责任是指侵权人因其侵权行为而需要承担的行政法律后果。在网络知识产权侵权案件中，如果侵权人的行为违反了相关的行政法规或规章，那么行政部门就有权对其进行行政处罚。行政处罚的种类包括罚款、没收违法所得、责令停业整顿等。行政处罚的目的是制止侵权行为，维护市场秩序，保护权利人的合法权益。

在上述案例中，4 个公司因其版权侵权行为而受到了行政部门的处罚。行政部门对其进行了罚款，并责令其停止侵权行为。这些行政处罚的做出，有效地打击了侵权行为，维护了市场秩序。

3.刑事责任

刑事责任是指侵权人因其侵权行为而需要承担的刑事法律后果。在网络知识产权侵权案件中，如果侵权人的行为构成了犯罪，那么就需要依法追究其刑事责任。刑事责任的种类包括有期徒刑、拘役、罚金等。刑事责任的承担，是对侵权行为最为严厉的惩罚，也是保护权利人合法权益、维护市场秩序的重要手段。

虽然上述案例并未涉及侵权人承担刑事责任的情况，但在实际的网络知识产权侵权案件中，确实存在侵权人因侵权行为而承担刑事责任的情况。例如，一些不法分子为了谋取私利，大量复制、发行或传播盗版软件、盗版音乐等，其行为已经构成了犯罪，需要依法追究其刑事责任。

综上所述，对于网络知识产权侵权行为，侵权人需要承担相应的法律责任，包括民事责任、行政责任和刑事责任等。这些法律责任的承担，有效地保护了权利人的合法权益，维护了市场秩序，促进了创新发展。同时，也提醒广大网民要遵守法律法规，尊重他人的知识产权，不得擅自使用他人的知识产权进行侵权活动。

三、案例分析：保护策略的成效与不足

（一）保护策略的成效

在网络知识产权保护中，采取多种保护策略是确保权利人权益得到有效维护的重要手段。通过法律手段、技术手段和道德手段等多种方式的综合运用，可以有效地打击侵权行为，维护市场秩序，促进创新发展。以下是对上述案例中保护策略的成效的详细阐述。

1.法律手段的成效

法律手段是网络知识产权保护中最为重要和有效的手段之一。通过司法审判和行政执法等方式，可以依法对侵权行为进行惩处，维护权利人的合法权益。

在上述案例中，法律手段发挥了重要作用。例如，播放器软件公司因版权侵权行为而被判处巨额罚款并关闭，这充分体现了法律手段对侵权行为的严厉打击。通过司法审判，法院依法对该公司的侵权行为进行了认定，并做出了公正的判决。这不仅维护了版权人的合法权益，也向广大网民传递了一个明确的信号：任何侵犯知识产权的行为都将受到法律的制裁。

同样，在 Napster 的音乐版权侵权案件中，法律手段也发挥了重要作用。Napster 因其音乐版权侵权问题而赔偿音乐人和唱片公司的损失，同样体现了法律手段对侵权行为的严厉打击。通过司法审判和行政执法，相关部门依法对 Napster 的侵权行为进行了处理，维护了音乐版权人的合法权益。

法律手段的成效不仅体现在对侵权行为的惩处上，还体现在对权利人的救济上。当权利人的知识产权受到侵犯时，他们可以通过法律途径寻求救济，要求侵权人停止侵权、赔偿损失等。法律手段的运用，为权利人提供了有效的法律保障，增强了他们维护自己权益的信心和决心。

2.技术手段的成效

技术手段在网络知识产权保护中也发挥了重要作用。随着科技的不断发展，越来越多的技术手段被应用于网络知识产权保护中，如数字水印技术、加密技术和访问控制技术等。这些技术手段可以有效地防止和打击侵权行为，保护权利人的合法权益。

如前文所述，数字水印技术是一种将特定信息嵌入数字作品的技术。通过数字水印技术，权利人可以在其作品中嵌入独特的标识信息，以便在作品被盗版或传播时追踪和识别侵权者。这种技术可以有效地防止和打击盗版行为，保护权利人的版权。

加密技术则是一种将信息转换为密文的技术。通过加密技术，权利人可以对其作品进行加密处理，只有拥有密钥的人才能解密并查看作品内容。这种技术可以有效地防止未经授权的访问和传播行为，保护权利人的知识产权。

访问控制技术则是一种限制对特定资源进行访问的技术。通过访问控制技术，权利人可以设置访问权限和访问规则，只有符合特定条件的人才能访问和使用相关资源。这种技术可以有效地防止未经授权的访问和使用行为，保护权利人的合法权益。

在上述案例中，虽然并未明确提及技术手段的具体运用情况，但在实际的网络知识产权保护中，技术手段确实发挥了重要作用。许多网络平台和内容提供商都采用数字水印、加密和访问控制等技术手段来保护其知识产权。这些技术手段的运用，有效地防止和打击了侵权行为，维护了权利人的合法权益。

3.道德手段的成效

道德手段在网络知识产权保护中发挥了重要补充作用。通过加强道德教育和宣传普及等工作，可以提高公众的知识产权保护意识和自觉性，促使其自觉遵守法律法规，尊重他人的知识产权。

在上述案例中，虽然并未明确提及道德手段的具体运用情况，但在实际的网络知识产权保护中，道德手段确实发挥了重要作用。许多国家和地区都通过加强道德教育和宣传普及等工作来提高公众的知识产权保护意识。例如，一些学校将知识产权保护纳入课程体系，向学生普及知识产权保护的相关知识；一些社会组织也积极开展知识产权保护宣传活动，提高公众对知识产权保护的认知和重视程度。

道德手段的运用可以有效地提高公众的知识产权保护意识和自觉性。当人们意识到知识产权的重要性时，就会更加尊重他人的知识产权，不会擅自使用他人的知识产权进行侵权活动。这种道德约束虽然不如法律约束具有强制性，但在一定程度上也可以起到预防和减少侵权行为的作用。

（二）保护策略的不足

尽管上述案例中的保护策略取得了一定成效，但仍存在一些不足之处。以下是对这些不足之处的详细阐述。

1.法律手段的不足

尽管法律手段在网络知识产权保护中发挥了重要作用，但仍存在一些不足之处。首先，法律程序的复杂性可能导致维权周期过长。从发现侵权行为到最终判决，往往需要经历漫长的诉讼过程，这不仅消耗了大量的时间和资源，也可能使权利人在维权过程中遭受更大的损失。其次，法律适用的不确定性也是一个问题。网络技术快速发展，新的侵权方式不断涌现，法律往往难以及时跟上这种变化，导致在某些新型侵权案件中，法律适用存在模糊地带，给维权带来困难。最后，跨国侵权案件的管辖和执行难度较大。网络无国界，跨国侵权案件频发，但不同国家的法律体系存在差异，管辖和执行起来相对复杂，难以形成有效的国际合作机制。

2.技术手段的不足

技术手段虽然在一定程度上能够有效地防止和打击侵权行为，但也存在局限性。首先，技术手段可能被破解或绕过。随着技术不断发展，黑客和侵权者可能找到破解或绕过技术手段的方法，从而实施侵权行为。其次，技术手段的实施成本较高。数字水印、加密和访问控制等技术手段的实施需要投入大量的资金和技术资源，对于一些小型企业或个人来说，可能难以承担。最后，技术手段可能影响用户的体验。例如，加密技术可能导致文件传输速度变慢，访问控制技术可能限制用户的访问权限，这些都可能影响用户的使用体验，从而降低技术手段的接受度。

3.道德手段的不足

道德手段在网络知识产权保护中虽然发挥了重要补充作用，但也存在一些不足。首先，道德教育的普及程度有限。尽管一些学校和社会组织积极开展知识产权保护宣传活动，但仍有大量公众对知识产权保护缺乏足够的了解和认识。其次，道德约束的强制性较弱。与法律约束不同，道德约束主要依赖于人们的自觉性和道德观念。最后，道德手段的效果难以量化评估。由于道德手段主要影响人们的思想观念和行为习惯，其效果难以用具体的数据或指标来衡量，这给评估道德手段的有效性带来了一定的困难。

第三节　网络知识产权保护的未来趋势

随着网络技术的不断发展和创新，网络知识产权保护面临着新的挑战和机遇。未来，网络知识产权保护将呈现出以下发展趋势，并需要不断创新和完善保护策略，加强国际合作与协调。

一、网络知识产权保护的发展趋势预测

（一）法律法规的不断完善

随着网络技术的迅猛发展，网络知识产权侵权行为日趋多样化、复杂化。为了更有效地应对这一挑战，各国政府积极致力于完善相关法律法规，以构建更加健全的网络知

识产权保护体系。

1.明确网络知识产权的权属、权利内容和保护范围

网络环境的特殊性使得网络知识产权的权属、权利内容和保护范围变得相对模糊。为了明确这些基本问题，各国政府不断修订和完善相关法律法规，确保网络知识产权的权益得到清晰界定。例如，对于网络上的文字作品、音乐、视频、软件等数字内容，法律将明确规定其著作权的归属和保护范围；对于网络商标、域名等标识性权利，法律也将进一步明确其权利内容和保护标准。

2.加大对网络知识产权侵权行为的打击力度

网络知识产权侵权行为的频发严重损害了权利人的合法权益，也扰乱了市场秩序。为了遏制这一势头，各国政府将加大对网络知识产权侵权行为的打击力度。一方面，政府加强执法力度，对发现的侵权行为进行严厉查处。另一方面，政府还提高侵权行为的违法成本，通过加大罚款力度、追究刑事责任等方式，让侵权者付出沉重的代价。

3.适应网络技术发展的新趋势

网络技术日新月异，新的应用场景和商业模式层出不穷。为了适应这一发展趋势，各国政府将密切关注网络技术的发展动态，及时调整和完善相关法律法规。例如，随着人工智能、大数据、云计算等技术的广泛应用，网络知识产权的保护范围也将相应拓展，以涵盖这些新技术带来的新知识产权形态。

（二）技术手段的不断创新

技术手段在网络知识产权保护中发挥着举足轻重的作用。未来，随着科技的不断进步，网络知识产权保护的技术手段也将不断创新和完善。

1.人工智能技术的应用

人工智能技术的快速发展为网络知识产权保护提供了新的契机。通过人工智能技术，可以对网络信息进行实时监测和分析，及时发现和定位侵权行为。例如，可以利用人工智能算法对网络上的文字、图片、视频等内容进行自动比对和识别，快速发现盗版和侵权行为。同时，人工智能技术还可以辅助执法人员进行证据收集和案件调查，提高执法效率和准确性。

2.大数据技术的运用

大数据技术具有强大的数据处理和分析能力，可以为网络知识产权保护提供有力支持。通过大数据技术，可以对网络上的知识产权信息进行统计和分析，了解知识产权的分布情况、使用趋势和侵权风险等信息。这些信息可以为政策制定和决策提供科学依据，帮助政府和企业更好地制定知识产权保护策略。此外，大数据技术还可以用于监测和分析网络用户的行为习惯和消费偏好，为知识产权的运营和商业化提供有力支持。

3.区块链技术的引入

区块链技术是一种去中心化、不可篡改的分布式账本技术，具有高度的安全性和可信度。将区块链技术引入网络知识产权保护领域，可以实现对数字作品的版权确权和交易追溯。通过区块链技术，可以为每个数字作品生成唯一的标识码，并将其记录在区块链上，确保版权的归属和交易历史得到准确记录。这不仅可以提高版权保护的效率和准确性，还可以降低版权纠纷的发生率和处理成本。

4.其他技术手段的融合与创新

除了人工智能、大数据和区块链技术外，还有许多技术手段也可以用于网络知识产权保护。例如，数字水印技术可以在数字作品中嵌入不可见的标识信息，用于追踪和识别侵权者；加密技术可以对数字内容进行加密处理，防止未经授权的访问和传播；访问控制技术可以限制对特定资源的访问权限，防止未经授权的使用和复制等行为。未来，这些技术手段将继续融合和创新，为网络知识产权保护提供更加全面和有效的解决方案。

（三）保护范围的不断扩大

网络知识产权保护范围的不断扩大是网络技术发展、应用场景拓展及经济全球化发展的必然结果。这一发展趋势可以从以下几个方面进行详细阐述。

1.传统知识产权在网络空间的延伸

随着网络的普及和发展，传统知识产权如著作权、商标权和专利权等在网络空间得到了延伸。网络成为知识产权传播和使用的重要平台，传统知识产权形态在网络环境中有了新的特点和表现形式。例如，网络上的文字作品、音乐、视频、软件等都受到著作权的保护，网络用户在使用这些作品时必须遵守著作权法的规定；网络上的商标、域名等受到商标权的保护，企业可以通过注册商标和域名来维护自己的品牌形象和市场地位；而涉及网络技术的发明专利、实用新型专利和外观设计专利等则属于专利权的保护范畴，这些专利技术的出现和应用推动了网络技术的创新和发展。

2.新型网络知识产权形态的出现

网络技术的发展催生了一系列新型知识产权形态，这些形态逐渐被纳入知识产权的保护范围。例如，数据库作为网络环境下重要的信息集合体，其开发者对其享有知识产权，未经许可不得擅自复制、使用或传播数据库中的内容；多媒体作品如音频、视频、动画等在网络上的传播和使用也受到著作权的保护，这些作品具有丰富的表现形式和广泛的受众群体，是网络文化的重要组成部分；网络域名作为网站在互联网上的唯一标识，具有一定的商业价值，因此也受到知识产权的保护，企业可以通过注册和使用具有独特性和辨识度的域名来提升自己的品牌形象和市场竞争力。

3.保护标准的国际化与统一化

随着经济全球化的深入发展，知识产权保护的标准逐渐趋向国际化和统一化。各国在知识产权保护方面将加强合作与交流，共同打击跨国知识产权侵权行为，维护国际市场的公平竞争秩序。各国政府和国际组织将积极推动网络知识产权保护标准的国际化与统一化进程。例如，通过签订国际条约和协议、制定国际标准和规范等方式，来加强各国在网络知识产权保护方面的合作与协调。同时，通过加强国际执法合作、建立跨国诉讼机制等方式来打击跨国网络知识产权侵权行为，保护权利人的合法权益。

4.保护力度的加强与创新

为了应对网络环境下知识产权侵权行为的复杂性和隐蔽性，各国将不断加强知识产权保护力度，提高侵权行为的违法成本。同时，也将不断创新知识产权保护的方式和手段，以适应网络技术的发展和应用场景的变化。例如，利用区块链技术实现知识产权的登记、交易和保护的智能化管理，提高版权保护的效率和准确性；加强在线版权保护，通过建立版权监测系统、设立版权举报平台等方式来及时发现和打击网络版权侵权行为；此外，还可以通过加强法律宣传教育、提高公众知识产权意识等方式来营造良好的知识产权保护氛围，促进知识产权的创新和发展。

5.保护范围的动态调整

网络知识产权保护范围的不断扩大还体现在其动态调整上。随着网络技术的快速发展和应用场景的不断拓展，新的知识产权形态和侵权行为层出不穷。因此，网络知识产权保护范围也需要根据实际情况进行动态调整，以确保权利人的合法权益得到有效保护。例如，随着人工智能技术的快速发展和应用，涉及人工智能技术的知识产权形态也逐渐增多，如人工智能算法、机器学习模型等都需要纳入知识产权保护的范围。同时，网络侵权行为也在不断变化，如通过深度伪造技术制造虚假内容、利用黑客手段攻击和篡改网络系统等，对于这些行为都需要加强防范和打击力度。因此，各国政府和国际组织需要密切关注网络技术的发展动态和侵权行为的变化趋势，及时调整和完善网络知识产权的保护范围和措施。

（四）跨界融合的深化

随着数字经济的蓬勃发展，网络知识产权保护不再局限于单一的领域或行业，而是呈现出跨界融合的趋势。这一趋势的深化将对网络知识产权保护提出更高的要求。

1.文化创意产业的跨界融合

在文化创意产业中，音乐、影视、游戏等不同类型的作品常常相互融合，形成新的知识产权形态。例如，在音乐产业中，音乐作品可以与影视作品、游戏等相结合，形成跨界的音乐作品形态；在影视产业中，影视作品可以融入音乐、动画、特效等多种元素，打造出更具吸引力和竞争力的影视作品；在游戏产业中，游戏作品可以与音乐、影视、动漫等相结合，形成跨界的游戏作品形态。这些跨界融合的作品不仅具有更高的艺术价值和商业价值，也涉及更复杂的知识产权问题。因此，在保护这些作品的知识产权时，需要综合考虑不同领域的特点和需求，构建跨界的保护机制和合作平台。

2.科技与文化的深度融合

科技与文化的深度融合是推动数字经济发展的重要动力之一。在这一过程中，科技为文化创作和传播提供了更加便捷和高效的手段，同时，也给网络知识产权保护带来了新的挑战。例如，随着虚拟现实、增强现实等技术的快速发展和应用，用户可以通过这些技术体验到更加沉浸式和互动式的文化内容。然而，这些新技术也带来了新的知识产权问题，如虚拟现实和增强现实内容的版权归属、使用许可等问题都需要进一步明确和规范。因此，在科技与文化深度融合的过程中，需要加强网络知识产权的保护和管理，确保科技与文化的创新和发展得到充分的保障。

3.跨界合作与共享机制的建立

跨界合作与共享机制的建立是推动网络知识产权保护跨界融合的重要途径之一。通过跨界合作与共享机制，不同领域的企业和机构可以共同分享知识产权资源和经验，加强彼此之间的合作与交流，共同推动网络知识产权保护的发展。例如，可以建立跨界的知识产权保护联盟或协会，加强不同领域之间的协作与配合；还可以建立跨界的知识产权信息共享平台，促进知识产权信息的交流和共享，提高知识产权保护的效率。

（五）国际化合作的加强

网络是无国界的，网络知识产权保护也需要国际社会的共同努力。未来，随着经济全球化的深入发展，各国之间的合作与交流将更加频繁和紧密。在网络知识产权保护方面，各国将采取如下措施，共同打击跨国知识产权侵权行为。

1.立法协调的加强

各国在网络知识产权保护方面的立法存在差异和分歧，这给跨国知识产权保护和管理带来了困难。为了加强立法协调，各国政府和国际组织积极推动网络知识产权保护国际条约和协议的签订和实施。通过这些条约和协议，可以明确各国在网络知识产权保护方面的权利和义务，促进各国立法的统一和协调。同时，各国政府还将加强立法交流和合作，共同研究网络知识产权保护面临的新问题和新挑战，推动立法的不断完善和创新。

2.司法协助的加强

跨国知识产权侵权案件的管辖和执行是网络知识产权保护的难点问题之一。为了加强司法协助，各国政府积极推动建立跨国诉讼机制和司法协助机制。通过这些机制，可以实现对跨国知识产权侵权案件的有效管辖和执行，提高司法效率和公正性。同时，各国政府还将加强司法人员的培训和交流，提高司法人员的专业素养和国际化水平，为跨国知识产权侵权案件的审理提供有力的人才保障。

3.信息共享的加强

信息共享在网络知识产权保护国际化合作中扮演着至关重要的角色。为了进一步加强信息共享，各国政府和国际组织致力于完善和创新信息共享机制，包括但不限于建立更加高效、便捷的信息交流平台，促进各国之间实时共享知识产权侵权线索、案件进展、法律法规更新等信息。通过这样的机制，可以极大地提高各国打击跨国知识产权侵权行为的协同效率和响应速度。

4.跨国执法合作的深化

跨国执法合作也是网络知识产权保护国际化合作的重要组成部分。各国执法机构将加强在打击网络知识产权侵权方面的合作，通过联合行动、线索通报、证据交换等方式，共同打击跨国知识产权犯罪活动。同时，还将加强执法人员的国际交流与合作，提高执法人员的跨国执法能力和水平，为跨国知识产权侵权案件的查处提供有力支持。

5.国际合作项目的推动与实施

为了进一步加强网络知识产权保护的国际化合作，各国政府和国际组织将积极推动相关合作项目的实施。这些项目可能涉及网络知识产权保护的技术研发、人才培养、法律法规完善等多个方面。通过这些项目的实施，可以促进各国在网络知识产权保护领域的合作与交流，共同提高网络知识产权保护的水平和效率。

6.国际宣传与教育的加强

提高公众对网络知识产权保护的认识和意识也是国际化合作的重要方面。各国政府和国际组织将加强在网络知识产权保护方面的宣传与教育工作，通过举办国际论坛、研讨会、培训班等活动，提高公众对网络知识产权保护的重视程度和认知水平。同时，将加强与国际媒体的合作，扩大网络知识产权保护的宣传范围和影响力，营造全球范围内尊重和保护网络知识产权的良好氛围。

（六）用户参与度的提升

1.用户教育与培训

为了提升用户在网络知识产权保护中的参与度，企业和政府应加强对用户的知识产权教育和培训。通过开设在线课程、发布知识产权保护指南、举办讲座等方式，向用户普及知识产权的基本知识和法律法规，提高用户的知识产权意识和保护能力。这样，用户不仅能更好地保护自己的知识产权，还能积极参与打击侵权行为的行动。

2.用户激励机制的建立

为了鼓励用户更积极地参与到网络知识产权保护中来，企业可以建立相应的用户激励机制。例如，对于举报侵权行为并成功协助查处的用户，可以给予一定的奖励或积分，以表彰他们的贡献。这样的激励机制可以激发用户的参与热情，形成全社会共同参与网络知识产权保护的良好局面。

3.用户反馈机制的完善

为了更好地听取用户的意见和建议，企业应建立完善的用户反馈机制。通过设立专门的反馈渠道、定期举办用户座谈会等方式，及时了解用户在网络知识产权保护方面的需求和诉求，并积极响应和处理用户的反馈。这样的机制可以增强用户对企业的信任和支持，促进网络知识产权保护的持续发展。

二、面对新挑战的网络知识产权保护策略创新

随着网络技术的飞速发展和经济全球化的深入推进，网络知识产权保护面临着前所未有的新挑战。为了有效应对这些挑战，我们必须不断创新保护策略，以适应网络环境的变化和发展。以下将从构建多元化的保护体系、加强网络平台的责任与监管、推动行业自律与规范，以及加强国际合作与协调 4 个方面，详细阐述面对新挑战的网络知识产权保护策略创新。

（一）构建多元化的保护体系

网络知识产权保护是一个复杂而系统的工程，需要法律、技术和道德等多种手段的综合运用。为了形成对网络知识产权的全方位、多层次保护，必须构建多元化的保护体系。

1.完善法律法规体系，加强司法和行政执法力度

法律是保护网络知识产权的基础和保障。未来，应继续完善相关法律法规体系，明确网络知识产权的保护范围、保护期限、侵权责任等关键要素，为权利人提供有力的法律支撑。同时，要加强司法和行政执法力度，对侵权行为进行严厉打击和处罚，形成有效的法律威慑力。司法机关应加强对网络知识产权侵权案件的审理和执行工作，确保权利人的合法权益得到及时、有效的维护。行政执法部门应加大对网络市场的监管力度，

对违法行为进行查处和整治，维护良好的市场秩序。

2.积极研发和应用新技术手段，提高保护效率和准确性

技术是网络知识产权保护的重要手段之一。随着网络技术的不断发展，侵权手段也在不断更新和变化。为了有效应对这些新挑战，必须积极研发和应用新技术手段，提高保护效率和准确性。一方面，要加强对网络知识产权侵权行为的监测和识别技术的研究，通过大数据分析、人工智能等技术，及时发现和定位侵权行为，为权利人提供有力的证据支持。另一方面，要加强对网络知识产权保护技术的研发和应用，为权利人提供有效的技术保护措施，防止侵权行为的发生。

3.加强道德教育和宣传普及工作，提高公众的知识产权保护意识和自觉性

道德是网络知识产权保护的重要补充。为了营造良好的知识产权保护氛围，必须加强道德教育和宣传普及工作，提高公众的知识产权保护意识和自觉性。一方面，要加强对公众的知识产权法律法规宣传和教育，让公众了解知识产权的重要性和法律保护的必要性，增强公众的法律意识和法治观念。另一方面，要加强对公众的道德教育，引导公众树立正确的价值观和道德观，尊重他人的知识产权，自觉抵制侵权行为的发生。同时，还可以通过举办知识产权知识竞赛、开展知识产权宣传活动等方式，提高公众对知识产权保护的关注度和参与度。

综上所述，构建多元化的保护体系是网络知识产权保护的重要策略之一。通过完善法律法规体系、积极研发和应用新技术手段，以及加强道德教育和宣传普及工作等多种手段的综合运用，可以形成对网络知识产权的全方位、多层次的保护，从而有效应对网络环境下的新挑战。

（二）加强网络平台的责任与监管

网络平台作为网络知识产权侵权行为的重要发生地，其在知识产权保护中的作用不容忽视。为了有效遏制网络知识产权侵权行为的蔓延，必须进一步加强网络平台的责任与监管。

1.建立健全知识产权保护制度和机制

网络平台作为信息传播的重要渠道，应承担起相应的知识产权保护责任。为了有效履行这一责任，网络平台应建立健全知识产权保护制度和机制，明确知识产权保护的流程和规范，确保侵权行为得到及时发现和处理。具体来说，网络平台应设立专门的知识产权管理部门或岗位，负责监测和识别侵权行为，及时采取措施对其予以制止和处罚。同时，网络平台还应建立完善的投诉举报机制，鼓励用户积极举报侵权行为，为权利人提供便捷的维权渠道。

2.加强对用户行为的监测和管理

网络平台应加强对用户行为的监测和管理，通过技术手段对用户的上传、发布、传播等行为进行实时监控和分析，及时发现和制止侵权行为。具体来说，网络平台可以采用内容过滤、关键词屏蔽等技术手段，对涉及侵权的内容进行自动识别和拦截。同时，网络平台还应加强对用户身份的验证和审核工作，确保用户信息的真实性和准确性，为权利人提供有效的追溯和索赔依据。

3.政府相关部门加强监管和执法力度

政府相关部门在加强网络平台监管方面发挥着重要作用。为了有效遏制网络知识产权侵权行为的蔓延，政府相关部门应加强对网络平台的监管和执法力度，对存在严重侵权行为的平台进行处罚和制裁。具体来说，政府相关部门可以建立网络平台黑名单制度，将存在严重侵权行为的平台列入黑名单，限制其相关业务活动。同时，政府相关部门还应加大对网络平台的执法检查力度，对违法行为进行查处和整治，维护良好的市场秩序。

综上所述，加强网络平台的责任与监管是网络知识产权保护的重要策略之一。通过建立健全知识产权保护制度和机制、加强对用户行为的监测和管理，以及政府相关部门加强监管和执法力度等多种手段的综合运用，可以有效遏制网络知识产权侵权行为的蔓延，从而维护权利人的合法权益。

（三）推动行业自律与规范

行业自律与规范在网络知识产权保护中发挥着重要作用。为了营造良好的市场竞争环境，必须积极推动相关行业的自律与规范建设。

1.制定行业标准和规范

行业标准和规范是行业自律的基础和核心。为了推动网络知识产权保护的行业自律与规范建设，应制定相关的行业标准和规范，明确行业内的知识产权保护要求和标准。具体来说，可以针对不同行业的特点和需求，制定相应的知识产权保护指南或手册，为行业内企业提供具体的操作指导和建议。同时，还可以建立行业内的知识产权保护认证体系，对符合标准的企业进行认证和表彰，激励更多企业积极参与知识产权保护工作。

2.加强行业内的监督和管理

行业内的监督和管理是推动行业自律与规范建设的重要保障。为了加强行业内的监督和管理，可以建立行业内的知识产权保护监督机制，对行业内企业的知识产权保护情况定期进行检查和评估。同时，还可以建立行业内的知识产权保护投诉举报机制，鼓励用户积极举报侵权行为，为权利人提供便捷的维权渠道。此外，还可以通过行业协会或组织等渠道，加强对行业内企业的培训和指导工作，提高企业的知识产权保护意识和能力。

3.引导企业遵守法律法规，尊重和保护知识产权

企业是网络知识产权保护的重要主体。为了推动行业自律与规范建设，必须引导企业遵守法律法规，尊重和保护知识产权。具体来说，可以通过宣传和教育等方式，提高企业的法律意识和法治观念，让企业了解知识产权的重要性和法律保护的必要性。同时，还可以通过建立企业信用体系等方式，对尊重和保护知识产权的企业进行奖励和表彰，激励更多企业积极参与知识产权保护工作。此外，还可以加强对企业的监管和执法力度，对存在侵权行为的企业进行处罚和制裁，维护良好的市场秩序。

综上所述，推动行业自律与规范是网络知识产权保护的重要策略之一。通过制定行业标准和规范、加强行业内的监督和管理，以及引导企业遵守法律法规等多种手段的综合运用，可以营造良好的市场竞争环境，从而推动网络知识产权保护深入发展。

（四）加强国际合作与协调

网络知识产权保护需要国际社会共同努力。为了有效应对跨国知识产权侵权行为的挑战，必须加强国际合作与协调。

1.积极参与 WIPO 和相关国际组织的活动和工作

WIPO 和相关国际组织在推动国际知识产权制度完善和发展方面发挥着重要作用。为了加强国际合作与协调，应积极参与这些组织的活动和工作，了解国际知识产权保护的最新动态和趋势，学习、借鉴国际先进经验和做法。具体来说，可以参加 WIPO 和相关国际组织的会议和研讨活动，积极发言和提出建议、意见；还可以与 WIPO 和相关国际组织开展合作项目和研究课题，共同推动国际知识产权保护的深入发展。

2.推动国际知识产权制度的完善和发展

国际知识产权制度的完善和发展是加强国际合作与协调的重要目标之一。为了推动这一目标的实现，可以积极参与国际知识产权制度的制定和修订工作，为国际知识产权制度的完善和发展贡献中国智慧和力量。具体来说，可以针对国际知识产权制度存在的不足，提出建设性的修改意见和建议。

3.加强与各国政府、企业、科研机构、社会组织的交流与合作

加强与各国政府、企业、科研机构、社会组织的交流与合作是加强国际合作与协调的重要途径之一。为了加强与这些主体的交流与合作，可以开展多种形式的合作项目和活动，如联合研发、技术转移、人才培训等。具体来说，可以与其他国家政府签订知识产权保护合作协议或备忘录，加强双方在知识产权保护方面的合作与交流；还可以与外国企业、科研机构和社会组织开展合作项目和研究课题，共同推动技术创新和产业发展；此外，还可以通过举办国际知识产权论坛或研讨会等方式，加强与各国相关主体的沟通与交流，增进相互了解和信任。

思　考　题

1.在鼓励创新的同时，如何确保知识产权得到充分保护？

2.如何研发更难以破解的技术手段，并降低实施成本？

3.如何提高公众对知识产权保护的认识和重视程度？

4.在经济全球化背景下，如何加强跨国知识产权保护的国际合作与协调？

5.如何根据网络技术的发展和侵权形式的变化，不断完善网络知识产权保护策略？

第八章　网络知识产权保护的实践指导

摘要：本章主要探讨了网络知识产权保护的实践指导，包括企业网络知识产权管理、个人网络知识产权保护，以及网络知识产权教育的普及与提高。

重点：企业网络知识产权管理；个人网络知识产权保护；网络知识产权教育的普及与提高。

难点：企业网络知识产权管理的制度完善与优化、风险防控；个人网络知识产权保护的意识培养、维权行动；网络知识产权教育的内容创新、效果评估。

第一节　企业网络知识产权管理

在数字化迅速发展的背景下，我国企业网络知识产权管理的重要性越发凸显，知识产权作为企业的核心资产，是创新成果的结晶。有效的管理能激励创新，企业深知创新成果会得到有力保护，便会加大研发投入，勇攀科技高峰。例如，华为持续投入研发，5G 专利数量领先，铸就了强大竞争力。从市场竞争角度看，独特的商标、专利产品能使企业脱颖而出，腾讯的 QQ、微信商标，深入人心，助其在社交领域独占鳌头，稳固市场地位。同时，可防范对手恶意模仿，避免市场份额被蚕食。企业一旦侵权，将面临巨额赔偿和声誉受损，如某知名企业曾因未经授权使用他人图片用于网络宣传，遭起诉后赔偿高额费用，品牌形象大打折扣。反之，管理好自身的知识产权，在被侵权时能够依法维权，保障合法权益。所以，企业务必重视网络知识产权管理，为长远发展筑牢根基。

一、企业网络知识产权管理制度的建立与完善

（一）制度建立的重要性

在数字时代背景下，企业网络知识产权管理制度的建立显得尤为重要。随着互联网的普及和信息技术的发展，企业越来越依赖于网络开展业务活动，网络知识产权成为企业核心竞争力的重要组成部分。有效的网络知识产权管理制度能够保护企业的创新成果，防止知识产权被侵犯，维护企业的合法权益，促进企业可持续发展。

（二）制度内容的设计

企业网络知识产权管理制度应涵盖知识产权的创造、运用、保护和管理等各个环节。具体而言，应包括知识产权的申报与注册、保密与管理、侵权监测与应对、知识产权培

训与宣传等内容。制度设计应充分考虑企业的实际情况和行业需求，确保制度的可操作性和有效性。

（三）制度的完善与优化

企业网络知识产权管理制度并非一成不变，而是需要根据外部环境的变化和企业内部的发展需求不断进行完善和优化。企业应定期对制度执行情况进行评估，及时发现并解决制度执行中存在的问题。同时，企业还应关注相关法律法规的更新和变化，确保制度内容与法律法规保持一致，以有效应对网络知识产权领域的新挑战。

二、企业网络知识产权风险的识别与防控

（一）风险识别的方法

企业网络知识产权风险识别是风险防控的第一步。企业可以通过多种途径识别潜在的风险，如定期进行知识产权审计、监测网络上的侵权行为、分析竞争对手的知识产权布局等。此外，企业还可以利用专业的知识产权服务机构或咨询机构，借助其专业的知识和经验识别潜在的风险点。

（二）风险类型的分析

企业网络知识产权风险主要包括侵权风险、被侵权风险及合同管理风险等。侵权风险指企业可能因未经授权使用他人知识产权而面临法律纠纷和赔偿责任；被侵权风险则指企业的知识产权可能被他人非法使用或盗用，导致企业利益受损；合同管理风险则涉及知识产权许可、转让等合同中的法律条款和约定，若合同内容不完善或执行不当，可能给企业带来法律风险。

（三）风险防控的措施

针对不同类型的网络知识产权风险，企业应采取相应的防控措施。对于侵权风险，企业应加强知识产权审查和监控，确保所使用的知识产权合法合规；对于被侵权风险，企业应建立健全侵权监测和应对机制，及时发现并制止侵权行为；对于合同管理风险，企业应加强对合同内容的审查和管理，确保合同条款的合法性和有效性。

三、企业网络知识产权保护的策略与实践

（一）保护策略的制定

企业应根据自身的实际情况和行业需求，制定切实可行的网络知识产权保护策略。保护策略应明确保护的目标、范围、方式和手段，确保保护工作的针对性和有效性。同时，企业还应将网络知识产权保护纳入企业的整体发展战略中，确保保护工作与企业的长期发展相协调。

（二）技术手段的应用

在技术层面，企业可以采用多种技术手段来保护网络知识产权。例如，通过数字水

印、加密技术等手段来保护作品的版权；通过专利申请和布局来保护企业的技术创新成果；通过商标注册和保护来维护企业的品牌形象等。此外，企业还可以利用大数据、人工智能等先进技术监测和分析网络上的侵权行为，提高保护工作的效率和准确性。

（三）法律手段的运用

除了技术手段外，法律手段也是企业保护网络知识产权的重要手段。企业应充分了解相关法律法规和政策规定，确保自身行为的合法合规。同时，企业还应积极运用法律手段来维护自身的合法权益，如通过诉讼、仲裁等方式来制止侵权行为并寻求赔偿。此外，企业还可以与相关部门和机构合作，共同打击网络知识产权侵权行为，维护良好的市场环境。

（四）实践案例的分析

在实践中，许多企业成功运用网络知识产权保护策略和技术手段维护了自身的合法权益。例如，某知名科技公司通过专利布局和申请来保护其技术创新成果，有效防止了竞争对手的模仿和侵权；某电商平台则通过大数据分析和人工智能技术来监测网络上的售假行为，及时制止了侵权行为并维护了消费者的权益。这些实践案例为企业提供了宝贵的经验和启示，有助于企业更好地开展网络知识产权保护工作。

第二节　个人网络知识产权保护

在互联网深度融入生活的当下，个人网络知识产权保护的必要性越发凸显。如今，人人皆可成为内容创作者，朋友圈分享的照片、微博发布的视频、知乎撰写的文章等，都属于个人的著作权范畴，蕴含着个人的智力投入与独特创意，但网络环境复杂，导致侵权行为防不胜防。由于互联网具备可复制、可编辑、可传播的特性，个人的智力成果极易被他人随意盗用。例如，原创文章被原封不动地转载到其他平台上。依据《著作权法》和相关规定，微信公众号运营者未经作者授权许可，擅自转载原创作品，即便注明原作者姓名和来源，也属于侵权行为。一旦个人网络知识产权遭受侵害，创作者不仅会面临经济损失，如作品本应带来的收益被剥夺，其创作积极性也会受到严重打击。若侵权行为持续且未得到有效遏制，还可能扰乱整个网络创作生态，使得优质内容产出减少。因此，为维护自身创作权益、确保创作热情不受挫，同时，促进网络创作环境的良性发展，个人必须重视网络知识产权保护。

一、个人在网络环境中的知识产权保护意识培养

（一）意识培养的重要性

在数字时代背景下，个人网络知识产权保护意识的培养显得尤为重要。随着互联网的普及和信息技术的发展，个人越来越依赖于网络进行创作、交流和分享。然而，网络环境的开放性和匿名性也使得个人知识产权面临更大的风险。因此，提高个人的网络知

识产权保护意识，对于维护个人的合法权益和促进创新创造具有重要意义。

（二）意识培养的途径

个人可以通过多种途径来培养网络知识产权保护意识。首先，可以参加相关的培训和学习活动，了解知识产权的基本概念和法律法规。其次，可以关注网络知识产权保护的热点问题和案例，了解侵权行为的危害和后果。最后，还可以积极参与网络知识产权保护的实践活动，如举报侵权行为、参与维权行动等，通过实际行动增强保护意识。

（三）意识培养的效果评估

为了评估个人网络知识产权保护意识培养的效果，可以通过问卷调查、访谈等方式收集个人的反馈意见和看法。同时，也可以通过观察个人在网络环境中的行为变化来评估意识培养的实际效果。例如，个人是否更加注重保护自己的创作成果、是否更加积极地参与维权行动等。

二、个人网络知识产权侵权风险的防范

（一）风险防范的必要性

个人网络知识产权侵权风险的防范是保护个人合法权益的重要保障。一旦个人的知识产权被侵犯，可能导致经济损失、声誉损害等严重后果。因此，个人应充分认识到防范侵权风险的重要性和必要性，积极采取措施降低风险发生的可能性。

（二）风险防范的措施

个人可以采取多种措施防范网络知识产权侵权风险。首先，应加强对自己创作成果的保护意识，如设置密码、限制访问权限等。其次，应谨慎选择网络服务平台和合作伙伴，确保其具有良好的信誉和合规性。最后，还应定期监测网络上的侵权行为，及时发现并制止侵权行为的发生。

（三）风险防范的案例分析

在实践中，许多个人成功运用风险防范措施保护了自己的网络知识产权。例如，某作家通过自己的博客平台发布作品时，设置了访问权限和版权声明，有效防止了作品未经授权传播；某设计师在与客户合作时，签订了详细的合同并明确了知识产权的归属和使用方式，避免了后续的纠纷和争议。这些案例为个人提供了有益的参考和借鉴。

三、个人网络知识产权维权的途径与方法

（一）维权途径的选择

当个人的网络知识产权受到侵犯时，可以选择多种途径来维护自己的合法权益。首先，可以通过与侵权方进行协商和谈判来解决纠纷。其次，可以向相关行政部门或行业协会投诉举报侵权行为。最后，还可以通过诉讼或仲裁等法律手段来寻求赔偿和制止侵权行为。

（二）维权方法的运用

在维权过程中，个人可以运用多种方法来提高自己的维权效率和成功率。首先，应收集并保存好相关证据材料，如侵权作品的截图、侵权行为的记录等。其次，应充分了解相关法律法规和政策规定，确保自己的维权行为合法合规。最后，还可以寻求专业的法律援助或咨询机构的帮助和支持。

（三）维权案例的启示

在实践中，许多个人成功通过维权途径和方法维护了自己的网络知识产权。例如，某摄影师发现自己的作品被某网站未经授权使用，通过向网站投诉并提供相关证据材料，最终成功维护了自己的版权权益；某作家发现自己的作品被盗版出版，通过诉讼手段追究了侵权方的法律责任并获得了经济赔偿。这些案例为个人提供了宝贵的经验和启示，有助于个人更好地开展网络知识产权维权工作。

第三节　网络知识产权教育的普及与提高

目前，我国数字化发展速度加快，网络知识产权教育的普及与提高具有不可忽视的必要性。随着互联网的迅猛发展，信息传播的速度与范围达到了前所未有的程度，网络空间中充斥着大量的知识产权成果，从网络文学、音乐、影视作品到软件、数据库等，涵盖诸多领域。但与此同时，侵权行为也日益猖獗，未经授权的复制、传播、盗用等现象屡见不鲜，严重损害了创作者与权利人的合法权益。普及网络知识产权教育，能够增强公众的法律意识，使人们明晰侵权行为的界定与后果，从而在日常网络活动中自觉规范自身行为，减少侵权事件的发生。对于创作者而言，了解相关知识能更好地保护自己的创作成果，及时采取诸如版权登记等保护措施，在权益受侵害时懂得如何运用法律武器维权。从社会创新发展的角度看，良好的网络知识产权教育能营造尊重知识、鼓励创新的氛围。当创作者的努力得到应有的尊重与保护，将激发更多人投身创新创造，推动科技进步与文化繁荣。相反，若侵权行为肆意横行且未得到有效遏制，创新的积极性将被严重打击，阻碍整个社会的发展步伐。所以，大力推进网络知识产权教育的普及与提高，是维护网络空间秩序、促进创新发展的关键之举。

一、加强网络知识产权教育的必要性与紧迫性

（一）网络知识产权教育的必要性

随着互联网的普及和信息技术的发展，网络知识产权问题日益凸显。加强网络知识产权教育对于提高公众的知识产权保护意识、促进创新创造、维护市场秩序具有重要意义。通过教育，可以使公众充分了解知识产权的基本概念和相关法律法规，增强保护意识，减少侵权行为的发生。

（二）教育的紧迫性

当前，网络知识产权侵权行为频发，给个人和企业带来了严重的经济损失和声誉损害。然而，许多公众对网络知识产权的了解和认识仍然不足，缺乏必要的保护意识和能力。因此，加强网络知识产权教育显得尤为紧迫。只有通过教育，才能提高公众的保护意识和能力，从而有效应对网络知识产权领域的新挑战。

二、网络知识产权教育的内容与形式创新

（一）网络知识产权教育内容的设计

网络知识产权教育的内容应涵盖知识产权的基本概念、法律法规、保护策略和实践案例等方面。通过系统的教育，使公众全面了解知识产权的重要性和保护方法，提高保护意识和能力。同时，教育内容还应结合实际情况和行业需求，注重实用性和针对性。

（二）网络知识产权教育形式的创新

为了提高网络知识产权教育的效率和吸引力，应不断创新教育形式。可以采用线上、线下相结合的方式，如开展网络课程、举办讲座和研讨会等；还可以利用新媒体平台，如微信公众号、短视频等，进行知识普及和宣传；此外，还可以通过案例分析、互动问答等形式增强教育的趣味性和互动性。

（三）网络知识产权教育资源的整合

在开展网络知识产权教育时，应充分整合各方资源，形成合力。政府相关部门可以加强政策引导和资金支持；高校和科研机构可以提供专业的师资力量和研究成果；企业可以分享实践经验和案例；社会组织可以发挥桥梁和纽带作用，促进各方交流与合作。

三、网络知识产权教育存在的问题及其表现

在数字技术与网络媒体蓬勃发展的今天，知识产权的范畴不断拓展，延伸至数字内容、网络创意等新兴领域，网络文学、音乐、影视、软件及电子商务等新业态催生出海量的知识产权成果。与此同时，网络的开放性与匿名性特质，使得知识产权的界定与保护工作难度倍增，侵权行为不仅难以追踪与认定，其复制和传播速度更是达到了前所未有的程度，给知识产权权利人带来了极为严重的损失。在此背景下，强化网络知识产权教育，提升公众的知识产权保护意识，已然成为当务之急。

（一）教育资源分配不均

网络虽然加速了信息传播，但知识产权教育资源在网络上分布失衡。发达地区凭借雄厚的经济实力和完善的基础设施，在知识产权教育方面投入充足，汇聚了丰富的师资力量、先进的教学设备及多样化的教学资料，教育形式也灵活多样，如线上与线下相结合的课程、专题讲座、模拟法庭等。然而，欠发达地区或偏远地区难以充分获取和利用优质的网络教育资源。当地学校可能缺乏专业的知识产权教师，教学设备陈旧，学生接

触知识产权知识的渠道有限，导致知识产权教育的普及程度和质量存在显著的地区差异。

（二）教育内容更新滞后与教学团队能力不足

网络时代，行业动态日新月异。新的技术不断涌现，如人工智能、大数据、区块链等，这些新技术带来了诸多全新的知识产权问题，如人工智能生成内容的版权归属、大数据的权属界定等。然而，部分知识产权教育内容未能及时跟上时代的步伐，仍然侧重于传统知识产权领域的讲解，对新兴技术引发的知识产权问题涉及较少。与此同时，有的教师由于缺乏持续学习和实践锻炼的机会，知识结构老化，无法将最新的法律法规和行业案例融入教学中，难以满足网络时代知识产权教育对教学内容新颖性和实用性的要求。

（三）网络安全与知识产权保护的矛盾凸显

在网络时代，信息传播的便捷性与知识产权的专有性之间存在着天然的矛盾。一方面，信息的快速传播有利于知识的共享与创新，促进社会的进步与发展。另一方面，过度强调信息的自由流通可能导致知识产权侵权行为的频发，损害创作者和权利人的合法权益。在知识产权教育过程中，如何引导学生正确认识和平衡这两者之间的关系，成为一个重要的挑战。教育者不仅需要传授知识产权的相关知识，包括权利的内容、范围、取得方式等，还需要培养学生在网络环境下的版权保护意识，使其明白在享受信息资源的同时，必须尊重他人的知识产权，履行相应的法律义务。然而，在实际教学中，这一平衡点的把握较为困难，部分教育者在教学过程中未能充分阐释这一复杂关系，导致学生对网络环境下的知识产权保护缺乏深入理解。

（四）学生网络行为监管困难

网络的匿名性和开放性使得学生的网络行为难以被有效监管。在网络世界中，学生可以轻松地获取各种信息资源，同时，也容易受到不良信息的影响。部分学生由于对知识产权缺乏足够的认识，可能会无意识地参与到知识产权侵权行为中，如未经授权非法下载、上传受版权保护的内容，抄袭他人的网络作品等。此外，有的学生可能出于好奇或追求个人利益，故意从事侵权活动。由于网络环境的复杂性和监管技术的局限性，学校和家长难以实时监控学生的网络行为，及时发现并纠正侵权行为，这对知识产权教育的实际效果构成了挑战。

（五）跨国知识产权问题带来的复杂性

随着经济全球化进程的加速，网络的无国界性使得跨国知识产权问题日益突出。不同国家和地区的知识产权法律制度存在显著差异，包括权利的保护范围、期限、侵权认定标准和救济方式等。在网络环境下，学生可能会接触到来自世界各地的知识产权信息和作品，同时，也可能在国际交流与合作中涉及知识产权问题。例如，学生在参与国际学术交流、在线课程学习或跨境电子商务活动时，可能会面临知识产权法律适用的困惑。此外，跨国知识产权纠纷的解决往往涉及复杂的国际司法程序和法律冲突，这增加了学生理解和应对跨国知识产权问题的难度。当前的知识产权教育涉及跨国法律和文化背景方面的内容相对较少，难以满足学生在经济全球化背景下对知识产权知识的需求。

四、网络知识产权教育存在问题的解决路径

网络知识产权教育对于保护知识产权、促进创新发展具有不可忽视的重要性。尽管当前在教育资源分配、内容更新、教学团队建设、学生网络行为监管及应对跨国知识产权问题等方面存在诸多挑战，但通过完善教育资源分配机制，更新教育内容，提升教学团队素质，强化网络安全与知识产权保护关系的教育，加强学生网络行为的监管与引导，以及拓展国际视野等一系列措施的实施，能够有效提升网络知识产权教育的质量和效果，培养出具有较强知识产权意识和创新能力的高素质人才，为推动我国乃至全球的知识产权保护事业创新发展贡献力量。

（一）完善教育资源分配机制

政府应加大对知识产权教育的投入力度，尤其要向欠发达地区和偏远地区倾斜。一方面，加强网络基础设施建设，扩大和提升网络覆盖范围和质量，确保这些地区的学校和学生能够顺畅地获取丰富的网络教育资源。另一方面，整合优质的知识产权教育资源，通过在线教育平台、数字图书馆等方式，免费或低成本向欠发达地区开放。此外，还可以建立教育资源共享联盟，鼓励发达地区的学校与欠发达地区的学校开展结对帮扶活动，通过远程教学、教师交流等形式，实现教育资源的优势互补。同时，积极引导社会力量参与知识产权教育资源的建设，如企业、基金会等可以通过捐赠、设立奖学金、举办培训活动等方式，为知识产权教育提供支持。

（二）更新教育内容，提升教学团队素质

教育机构和教师应密切关注知识产权法律法规的修订和行业动态的变化，及时更新教学内容，增加对新兴技术领域知识产权问题的研究和讲解，如开设人工智能知识产权、大数据知识产权等专题课程或讲座。鼓励教师参加各类知识产权培训、学术研讨会和实践活动，与行业专家、法律实务工作者保持密切联系，不断拓宽知识视野，提升实践教学能力。此外，还可以邀请行业内的资深专家、律师、企业法务人员等走进校园，举办专题讲座、案例分析会等，为学生带来最新的行业信息和实践经验。同时，可以利用互联网技术，建立知识产权教学资源库，整合丰富的教学案例、法律法规解读、学术研究成果等资料，方便教师随时查阅和更新教学内容。

（三）强化网络安全与知识产权保护关系的教育

在知识产权教育课程体系中，专门设置关于网络安全与知识产权保护关系的教学模块。通过理论讲解、案例分析、小组讨论等多种教学方法，深入剖析信息自由流通与知识产权专有性之间的辩证关系。选取具有代表性的网络知识产权侵权案例，引导学生分析侵权行为发生的原因、造成的危害，以及如何在网络环境下合法地获取和使用信息资源。同时，加强对学生网络道德和法律意识的培养，教育学生树立正确的价值观，自觉遵守网络规则和知识产权法律法规。此外，还可以组织学生参与网络知识产权保护的实践活动，如开展网络版权保护宣传志愿者活动、参与企业的知识产权风险防控调研等，让学生在实践中加深对网络安全与知识产权保护关系的理解。

（四）加强学生网络行为的监管与引导

学校和家长应共同承担起对学生网络行为的监管责任。学校可以利用网络监控技术，对校园网络进行实时监测，及时发现学生的异常网络行为，并进行预警和干预。同时，制定完善的校园网络使用规范和知识产权保护规章制度，明确对学生网络侵权行为的处罚措施。加强对学生的网络安全教育，引导学生合理使用网络资源，并提高自我保护意识。家长要关注孩子的网络活动，与孩子建立良好的沟通机制，了解孩子在网络上的行为和兴趣爱好，及时发现并纠正孩子的不良网络行为。此外，还可以通过开展网络素养教育课程、举办网络文明主题活动等方式，培养学生良好的网络行为习惯和知识产权保护意识。

（五）拓展国际视野

在知识产权教育内容中，增加跨国知识产权法律和文化背景的相关知识。开设国际知识产权法、比较知识产权法等课程，系统介绍不同国家和地区的知识产权法律制度，分析其差异和特点。组织学生开展跨国知识产权案例研讨活动，让学生了解跨国知识产权纠纷的解决机制和国际司法实践。鼓励学生参与国际学术交流活动、在线国际课程学习及跨境实习项目等，拓宽国际视野，提升跨文化交流能力。此外，还可以邀请国外的知识产权专家、学者来校讲学，分享国际知识产权领域的最新研究成果和实践经验。同时，加强与国际知识产权组织、国外高校和研究机构的合作与交流，共同开展知识产权教育研究和人才培养项目，为学生提供更多接触国际知识产权前沿信息的机会。

五、网络知识产权教育的效果评估与改进建议

（一）效果评估的方法

为了全面、客观地评估网络知识产权教育的效果，需要采用多元化的评估方法，确保评估结果的准确性和全面性。

1.问卷调查

设计涉及知识产权基本概念、法律法规认知、保护意识、实际行为变化等多方面的问卷。向不同年龄段、职业背景、教育水平的公众发放问卷，确保样本的多样性和代表性。通过在线调查平台或线下纸质问卷的形式收集数据，分析公众对网络知识产权教育的反馈和看法。

2.行为观察

通过网络监测工具或人工观察，记录公众在网络环境中的行为变化，如是否更加注重版权保护、是否积极参与维权行动等。对比教育前后的行为数据，评估教育对公众行为的影响。

3.侵权行为发生率对比

收集教育前后网络知识产权侵权行为的相关数据，如盗版、侵权作品传播等。通过统计分析，对比教育前后的侵权行为发生率，评估教育对于减少侵权行为的效果。

4.专业评估

邀请知识产权领域的专家、学者对教育效果进行专业评估。专家、学者可以通过审阅教育材料、观察教育活动、分析评估数据等方式，提出专业的意见和建议。

（二）评估结果的分析

在收集到评估数据后，需要对评估结果进行深入分析，以了解网络知识产权教育的实际效果和存在的问题。

1.公众认知程度的变化

分析问卷调查数据，了解公众对知识产权基本概念、法律法规的认知程度是否有所提高。对比教育前后的认知数据，评估教育对于提升公众认知水平的效果。

2.保护意识和能力的变化

通过问卷调查和行为观察数据，分析公众的保护意识和能力是否有所增强。关注公众在实际行为中是否更加注重知识产权保护，如是否主动设置密码、限制访问权限等。

3.教育过程中存在的问题和不足

分析问卷调查中的开放性问题、专家评估意见等，识别教育过程中存在的问题和不足。问题可能包括教育内容不够全面、教育形式不够吸引、教育资源分配不均等。

（三）改进建议

分析评估结果，提出针对性的改进建议，以进一步完善网络知识产权教育。

1.丰富教育内容

根据公众的需求和反馈，不断更新和完善教育内容，确保教育内容的实用性和针对性。增加关于新兴技术（如区块链、人工智能等）对知识产权的影响的内容，使教育更加与时俱进。

2.创新教育形式

继续探索线上与线下相结合的教育形式，如开展网络直播、在线互动课程等。利用新媒体平台（如短视频、社交媒体等）进行知识普及和宣传，提高和扩大教育的吸引力和覆盖面。

3.加强教育资源整合

政府、高校、企业和社会组织应加强合作，共同推动网络知识产权教育的发展。政府可以提供政策引导和资金支持；高校和科研机构可以提供专业的师资力量和研究成果；企业可以分享实践经验和案例；社会组织可以发挥桥梁和纽带作用，促进各方交流与合作。

4.强化效果评估

建立定期评估机制，对网络知识产权教育的效果持续进行跟踪和评估。根据评估结果及时调整教育策略和方法，确保教育的有效性和针对性。

5.提高公众参与度

鼓励公众积极参与网络知识产权教育活动，如举报侵权行为、参与维权行动等。通过设立奖励机制、提供培训和支持等方式，激发公众的参与热情和积极性。

思　考　题

1.在鼓励创新的同时，企业如何确保知识产权得到充分保护，避免因侵权风险而阻碍创新步伐？

2.在网络环境中，个人如何提升自身知识产权保护意识，有效防范和应对侵权行为，维护自身合法权益？

3.随着新兴技术的不断涌现，网络知识产权教育如何与时俱进？

4.在经济全球化背景下，如何加强跨国网络知识产权保护的国际合作？

参 考 文 献

[1] 程新晓. 网络盗版侵权新动向及其应对思路[J]. 新闻爱好者，2019（10）：56-59.

[2] 肖建华，陈莉. 网络出版洗稿侵权行为的法律规制向度[J]. 现代出版，2019（1）：47-49.

[3] 李扬. 网络知识产权法[M]. 长沙：湖南大学出版社，2002.

[4] 郭丹. 网络知识产权法律保护[M]. 哈尔滨：哈尔滨工业大学出版社，2008.

[5] 陈明涛. 网络服务提供商版权责任研究[M]. 北京：知识产权出版社，2010.

[6] 刘宇晖. 网络服务提供者内容审查义务的相关法律问题研究[J]. 山东社会科学，2023（5）：100-106.

[7] 马海韵. "共建共治共享社会治理格局"的理论内涵——基于社会治理创新的视角[J]. 北京交通大学学报（社会科学版），2018，17（4）：137-145.

[8] 陈和芳，茅友生. 网络版权保护研究[M]. 北京：商务印书馆，2025.

[9] 王迁. 滥用"技术措施"的法律对策——评美国 Skylink 案及 Static 案[J]. 电子知识产权，2005（1）：42-45.

[10] 谢惠加. 版权权利管理信息的法律保护[J]. 中国出版，2013（16）：36-40.

[11] 刘杨东，侯婉颖. 论信息网络传播权的刑事保护路径[J]. 法学，2013（7）：155-160.

[12] 梁志文. 技术措施界定的比较与评价[J]. 知识产权，2003（2）:11-14.

[13] 秦珂. 试论数据库的特殊权利保护[J]. 现代图书情报技术，2001（6）:47-49，67.

[14] 吴汉东. 数据财产赋权：从数据专有权到数据使用权[J]. 法商研究，2024，41（3）:3-16.

[15] 董潇丽. 网络环境下商标权法律保护新思考[J]. 人民论坛，2015（21）:120-122.

[16] 刘贵增. 美国元标签应用与商标权冲突之分析及许可建议[J]. 知识产权，2005（3）:55-59.

[17] 崔国斌. "计算机+程序"的可专利性分析[J]. 法学杂志，2005（6）：132-134.

[18] 陈健. 商业方法可专利性判断标准研究[J]. 暨南学报（哲学社会科学版），2013（1）：45-58，162.

[19] 庄天舒，刘文峰，李东. 基于区块链的 DNS 根域名解析体系[J]. 电信科学，2018，34（3）:17-22.